陕西社科丛书

IMPROVING
THE EMERGENCY MANAGEMENT
ABILITY OF
LOGISTICS ENTERPRISES

FROM THE PERSPECTIVE OF
RESPONSE TO
THE PUBLIC HEALTH EVENTS

物流企业应急管理能力提升

基于突发公共卫生事件应对视角

李 健 著

社会科学文献出版社
SOCIAL SCIENCES ACADEMIC PRESS (CHINA)

前　言

　　党的二十大报告明确指出，要健全公共卫生体系，提高重大疫情早发现能力，加强重大疫情防控救治体系和应急能力建设；要坚持安全第一、预防为主，建立大安全大应急框架，完善公共安全体系，推动公共安全治理模式向事前预防转型。习近平总书记强调，要充分发挥我国应急管理体系特色和优势，积极推进我国应急管理体系和能力现代化，并提出要推动形成以国内大循环为主体、国内国际双循环相互促进的新发展格局，构建现代物流体系。在新冠疫情期间，我国物流企业多次暴露出应对突发公共卫生事件的能力不足，导致物资供应不及时，无法满足一线物资需求等问题。而在疫情防控和推动供应链上下游企业复工复产中，物流发挥着"生命线""先行军"的保障作用。此外，新冠疫情虽然对我国经济发展、人民生活造成了很大困扰，但为健全防范化解重大风险的体制机制、推进我国应急管理体系现代化提供了重要契机，也是加强对应急管理体制机制的研究，认真分析疫情防控过程中的不足，总结经验、发现规律、完善制度，推进国家应急管理体系和能力现代化建设的重要机会。

　　在上述背景下，笔者以突发公共卫生事件下的物流企业为研究对象，运用 CiteSpace 可视化分析、fsQCA 定性比较分析、SPSS 与结构方程模型等研究方法，从理论基础、风险管理、物流效率、保障机制等多个视角进行系统性研究，将物流企业应急管理能力影响因素、风险评估、应急管理能力评价、成本控制优化、高质量发展、应急管理体系、运作与安全保障机制、应急协同联动机制等方面结合起来，分析如何实

1

现物流企业应急管理能力的提升。首先，通过运用 CiteSpace 对国内外文献进行可视化分析，明确突发公共卫生事件概念，梳理突发公共卫生事件的研究动态，确定物流企业发展中存在的问题与不足。其次，对突发公共卫生事件下物流企业的风险因素及应急管理能力影响因素进行识别，构建相应的评价指标体系，完善了物流企业风险及应急管理能力评价体系。再次，研究物流企业如何以较低的成本应对突发公共卫生事件，为我国物流企业高质量发展提供理论依据，为公共危机管理提供新的研究视角。从次，将应急管理理论、方法及技术与企业供应链研究结合起来，拓宽了应急管理理论研究的领域，丰富了应急管理的相关内涵和外在理论。最后，通过分析突发公共卫生事件对物流企业及其供应链的影响，构建突发公共卫生事件下物流企业供应链应急能力协同联动机制的概念模型，阐明突发公共卫生事件下物流企业供应链协同的内外部动因与目的，探索其协同思想、形成机制的过程，促进突发公共卫生事件下物流企业协同联动机制相关理论的发展。

全书分四大部分，共十章内容。第一部分为理论基础篇，包括第一章和第二章。第一章首先阐述了突发公共卫生事件对物流企业持续发展的影响，指出目前多数学者将研究聚焦于政府与企业在突发公共卫生事件导致企业遭受破坏后所采取的应急管理措施，未来还需针对行业和企业面临的内外部风险进行深层次研究。第二章运用 CiteSpace 对物流企业应急领域相关文献的发文量、关键词共现、作者合作网络、机构合作网络、高被引文献等进行可视化分析。研究表明，突发公共事件下物流企业应急领域的研究呈现明显的阶段性变化，特别是在 2020 年前后，研究主题发生了较大的变化。2020 年前，突现关键词主要集中在发生自然灾害时的物流问题与解决方案方面，注重系统与体系的建立。自 2020 年起，研究的重心偏向线上化与智能化，研究背景以新冠疫情为主。未来，区块链、演化博弈、政府补贴等视角是物流企业应急领域的重点研究方向。

第二部分为风险管理篇，包括第三章和第四章。第三章深入探讨了突发公共卫生事件对物流企业应急管理能力的影响，通过 fsQCA 定性比较分析法揭示了企业间关系、技术组织、产业环境、内部资源以及宏观环境等因素之间的互动关系与作用路径，提出宏观环境因素对物流企业的发展有着至关重要的作用，在宏观环境强的条件下，物流企业被影响程度深的条件组合各有差异；物流企业自身技术能力与组织能力、企业与合作企业之间的关系、企业市场环境以及内部资源也在很大程度上影响企业发展。第四章通过构建风险评估指标体系对物流企业面临的风险进行评估，并提出采用端到端的数字技术，降低需求风险；创新物流运作流程，降低物流风险；提高信息化水平，提升信息反馈能力；等等。

第三部分为物流效率篇，主要包括第五章至第七章。第五章为突发公共卫生事件下物流企业应急管理能力评价，通过构建评价指标体系，对物流企业的应急管理能力进行了实证分析。研究结果表明，物流企业在应对突发公共卫生事件方面存在一定的不足，需要从制定协同管理策略、构建供应链数字化平台、提高快速响应能力、构建现代化应急管理体系等方面加以改进。第六章为突发公共卫生事件下物流企业成本控制优化。研究发现，物流企业在成本控制方面存在问题，需要从完善仓储部门运行与管理措施、提升运输部门运营管理能力、加强各部门员工综合素质管理等方面进行优化。第七章探讨了物流企业高质量发展，研究发现，物流企业需要关注经济发展质量、创新发展质量、绿色生态发展、政府政策支持、信息共享能力等方面，以实现高质量发展。

第四部分为保障机制篇，主要包括第八章至第十章，涉及应急管理体系、运作与安全保障机制和应急协同联动机制等内容。第八章通过对物流企业的应急管理体系进行研究，提出构建物流企业应急管理体系需要多方支持，政府相关部门要为物流企业应急管理体系提供制度保障、财政资金保障和各种资源保障，完善相关法律法规；同时，物流企业自身需要加强物流基础设施建设、构建科学的应急物流信息平台、完善企业内部的安全保障机制和供应链企业间的应急协同联动机制。第九章探讨了物流企业运作与安全保障机制，一方面，国家和政府要在政策、行政法规、金融等方面对物流企业加大支持力度；另一方面，物流企业要在财务管理、科学技术、人员管理与基础设施建设等方面加强保障。第十章进一步深化了对物流企业应对突发公共卫生事件的研究，特别是在应急协同联动方面。从完善法律法规与资金保障、提升响应能力、优化信息共享系统、建立应急指挥中心四个方面提出突发公共卫生事件下完善物流企业应急协同联动机制的对策建议，为在突发公共卫生事件下物流企业快速实现应急协同联动提供参考。

本书研究历时 5 年，研究团队先后完成国家级、省级课题等相关研究，在国内外核心期刊上发表了 10 余篇学术论文和 9 篇决策咨询报告，其中 5 篇决策咨询报告分别获省市级主要领导肯定性批示。在本书的调研与写作过程中，我的本科学生邱泽华、薛钮、袁承杰、吴萍、路庆宇、曾久雨等提供了帮助和便利，在此表示感谢。特别感谢社会科学文献出版社编辑田康老师和陈凤玲老师对本书细致入微的辛勤付出。感谢我的老师李程骅教授的悉心指导，以及对本书的修改帮助。感谢我所在单位延安大学经济与管理学院各位领导和同人给予的支持和帮助。

李　健

2025 年 1 月

目　录

第一篇　理论基础篇

第一章　研究基础 ……………………………………………… 4

第一节　研究背景与意义 ………………………………… 4

第二节　国内外研究现状 ………………………………… 8

第三节　相关概念界定 …………………………………… 36

第四节　理论基础 ………………………………………… 44

第二章　突发公共事件下中国物流文献研究

趋势与热点 ……………………………………… 57

第一节　CiteSpace 的概念和相关理论 ………………… 57

第二节　基于 CiteSpace 的应急物流研究文献的可视化

分析 ……………………………………………… 59

第三节　突发公共事件下物流企业应急管理研究文献的

可视化分析 ……………………………………… 72

第二篇　风险管理篇

第三章　突发公共卫生事件对物流企业应急管理能力的

影响 ……………………………………………… 86

第一节　突发公共卫生事件对物流企业发展的影响 …… 86

第二节　突发公共卫生事件对物流企业发展影响的实证

　　　　分析 ……………………………………………………… 88

第四章　突发公共卫生事件下物流企业风险评估 ……………… 107

第一节　突发公共卫生事件下物流企业风险评估指标构建…… 107

第二节　突发公共卫生事件下物流企业风险评估的实证

　　　　分析 ……………………………………………………… 113

第三节　关于突发公共卫生事件下物流企业风险应对的

　　　　对策建议 ………………………………………………… 124

第三篇　物流效率篇

第五章　突发公共卫生事件下物流企业应急管理能力评价 …… 130

第一节　突发公共卫生事件下物流企业应急管理能力评价

　　　　指标构建 ………………………………………………… 130

第二节　突发公共卫生事件下物流企业应急管理能力评价的

　　　　实证分析 ………………………………………………… 134

第三节　关于突发公共卫生事件下物流企业应急管理能力

　　　　提升的对策建议 ………………………………………… 151

第六章　突发公共卫生事件下物流企业成本控制优化 ………… 154

第一节　突发公共卫生事件下物流企业成本管理现状 ……… 154

第二节　突发公共卫生事件下物流企业成本控制优化的

　　　　案例分析 ………………………………………………… 159

第三节　突发公共卫生事件下物流企业成本核算的模型

　　　　构建 ……………………………………………………… 164

第七章　物流企业高质量发展 …………………………………… 184

第一节　突发公共卫生事件下物流企业发展现状 …………… 184

第二节　突发公共卫生事件下物流企业绩效影响因素的

实证分析 …………………………………………… 194

第三节　物流企业转型升级驱动力分析 ………………… 212

第四节　物流企业高质量发展评价 ……………………… 216

第五节　关于物流企业高质量发展的对策建议 ………… 226

第四篇　保障机制篇

第八章　突发公共卫生事件下物流企业应急管理体系 ………… 233

第一节　中国物流企业应急管理体系发展现状 ………… 233

第二节　国外应急管理体系的经验借鉴 ………………… 238

第三节　物流企业应急管理体系的要素构成与现状 …… 244

第四节　关于物流企业应急管理体系的对策建议 ……… 248

第九章　突发公共卫生事件下物流企业运作与安全保障机制 …… 253

第一节　物流企业运作与安全保障机制存在的问题 …… 253

第二节　基于4R模型的物流企业运作与安全保障机制 …… 255

第三节　关于物流企业运作与安全保障机制的对策建议 …… 264

第十章　突发公共卫生事件下物流企业应急协同联动机制 ……… 268

第一节　物流企业应急协同联动机制相关主体的地位

及作用 …………………………………………… 268

第二节　物流企业应急协同联动存在的问题 …………… 271

第三节　物流企业应急协同联动机制的建立 …………… 276

第四节　关于物流企业应急协同联动机制的对策建议 ………… 288

附　录 ……………………………………………………… 293

附录1　突发公共卫生事件下物流企业影响因素研究 ………… 293

附录2　突发公共卫生事件下物流企业风险评估研究 ………… 296

附录3　突发公共卫生事件下物流企业应急管理能力评价
　　　　研究 ………………………………………………… 298

附录4　国务院办公厅关于印发"十四五"现代物流发展
　　　　规划的通知 ………………………………………… 301

附录5　国务院关于印发"十四五"国家应急体系规划的
　　　　通知 ………………………………………………… 314

主要参考文献 ……………………………………………………… 327

图目录

图 1-1　危机过程 ·· 49

图 2-1　2003~2024 年应急物流领域文献发文量 ············· 60

图 2-2　应急物流领域关键词共现图谱 ····················· 61

图 2-3　应急物流领域关键词聚类图谱 ····················· 63

图 2-4　应急物流领域关键词聚类时间线 ··················· 64

图 2-5　应急物流领域关键词时区分布 ····················· 65

图 2-6　应急物流领域作者共现图谱 ······················· 66

图 2-7　应急物流领域机构共现图谱 ······················· 67

图 2-8　学科领域分布 ······································· 69

图 2-9　2003~2024 年突发公共事件下物流企业应急管理研究
　　　　发文量趋势 ··· 73

图 2-10　突发公共事件下物流企业应急管理研究关键词共现
　　　　 图谱 ·· 73

图 2-11　突发公共事件下物流企业应急管理研究关键词聚类
　　　　 图谱 ·· 76

图 2-12　突发公共事件下物流企业应急管理研究关键词聚类
　　　　 时间线 ·· 77

图 2-13　突发公共事件下物流企业应急管理研究关键词时区
　　　　 分布 ·· 77

图 2-14　突发公共事件下物流企业应急管理研究作者共现
　　　　 图谱 ·· 78

图 2-15　突发公共事件下物流企业应急管理研究发文机构共现

　　　　　图谱 ·· 79

图 2-16　突发公共事件下物流企业应急管理研究学科领域

　　　　　分布 ·· 81

图 6-1　2019 年 10 月至 2020 年 4 月中国物流业景气指数

　　　　（LPI）·· 155

图 6-2　2018~2020 年各快递公司资本开支 ···················· 159

图 6-3　2014~2020 年 J 物流企业营业总收入及增长情况 160

图 6-4　2018~2020 年 J 物流企业第一季度运输员工数量 163

图 6-5　2018~2020 年 J 物流企业第一季度员工薪资开支 164

图 6-6　J 物流企业产能细分示意 ······························· 165

图 6-7　J 物流企业生产能力关系 ······························· 166

图 6-8　J 物流企业陕西省运营中心作业流程 ················ 168

图 6-9　陕西省运营中心客服部操作流程 ····················· 169

图 6-10　陕西省运营中心仓储部操作流程 ·················· 170

图 6-11　陕西省运营中心运输部操作流程 ·················· 171

图 7-1　2019 年 10 月至 2020 年 6 月中国物流业景气指数 ··········· 186

图 7-2　2015~2019 年江苏省物流企业货运量 ················ 188

图 7-3　2015~2019 年江苏省物流企业货物周转量 ·········· 188

图 7-4　2015~2019 年江苏省快递业务收入 ··················· 189

图 7-5　2012~2019 年江苏省社会物流总费用占 GDP 的比重 ····· 190

图 7-6　2015~2019 年江苏省快递业务量 ······················ 190

图 7-7　江苏省物流企业货运量 ································· 191

图 7-8　江苏省物流企业货物周转量 ···························· 192

图 7-9　2020 年第一季度江苏省物流企业营业收入下降的比例

　　　　　分布 ·· 193

图 7-10　2020 年第一季度江苏省物流企业接单量下降的比例

　　　　　分布 ·· 193

图 7-11　研究框架 ……………………………………………… 200

图 7-12　结构方程模型 ………………………………………… 209

图 7-13　2013~2020 年江苏省物流企业高质量发展综合评价

指数 …………………………………………………… 224

图 9-1　基于 4R 模型构建的物流企业运作与安全保障机制 …… 258

图 9-2　安全保障机制运行模式 ………………………………… 260

图 10-1　新冠疫情下物流企业受损与补贴情况 ……………… 272

图 10-2　新冠疫情下物流企业现金维持时间 ………………… 272

图 10-3　物流企业应对突发公共卫生事件的情况 …………… 273

图 10-4　供需对接不畅的原因 ………………………………… 274

图 10-5　新冠疫情下应急物流管理存在的主要问题 ………… 275

表目录

表 1-1　危机管理模型 ………………………………… 47

表 2-1　科学知识图谱的定义 ………………………… 57

表 2-2　应急物流领域高频关键词 …………………… 62

表 2-3　应急物流领域关键词聚类 …………………… 64

表 2-4　中国知网高被引文献 ………………………… 67

表 2-5　应急物流领域突现关键词 …………………… 70

表 2-6　突发公共事件下物流企业应急管理研究高频关键词 …… 74

表 2-7　突发公共事件下物流企业应急管理研究关键词聚类 …… 76

表 2-8　突发公共事件下物流企业应急管理研究发文机构 …… 80

表 2-9　突发公共事件下物流企业应急管理研究突现关键词 …… 81

表 3-1　解释变量的测度 ……………………………… 92

表 3-2　11 家调研企业的名称 ……………………… 94

表 3-3　样本基本信息统计 …………………………… 95

表 3-4　总量表的信度检验 …………………………… 96

表 3-5　各变量的信度检验 …………………………… 96

表 3-6　总量表的效度检验 …………………………… 96

表 3-7　各变量赋值 …………………………………… 98

表 3-8　物流企业被影响程度 ………………………… 98

表 3-9　物流企业被影响程度深真值 ………………… 101

表 3-10　被影响程度深的中间解 …………………… 101

表 3-11　物流企业被影响程度一般真值 …………… 104

表 3-12　被影响程度一般的中间解 ⋯⋯⋯⋯⋯⋯⋯ 104

表 4-1　物流企业风险评估指标体系 ⋯⋯⋯⋯⋯⋯ 113

表 4-2　参与问卷调查的人员基本情况 ⋯⋯⋯⋯⋯ 114

表 4-3　九个重要性等级及其赋值 ⋯⋯⋯⋯⋯⋯⋯ 115

表 4-4　平均随机一致性指标 *RI* ⋯⋯⋯⋯⋯⋯⋯⋯ 117

表 4-5　专家一对各项风险评估指标的打分 ⋯⋯⋯ 118

表 4-6　突发公共卫生事件下物流企业风险评估指标体系 ⋯⋯⋯ 119

表 4-7　可靠性统计量 ⋯⋯⋯⋯⋯⋯⋯⋯⋯⋯⋯⋯ 120

表 4-8　KMO 和 Bartlett 球形度检验 ⋯⋯⋯⋯⋯⋯ 120

表 4-9　敏感度分析 ⋯⋯⋯⋯⋯⋯⋯⋯⋯⋯⋯⋯⋯ 121

表 4-10　风险评估统计 ⋯⋯⋯⋯⋯⋯⋯⋯⋯⋯⋯ 122

表 5-1　物流企业应急管理能力初步评价指标 ⋯⋯ 132

表 5-2　评价指标 ⋯⋯⋯⋯⋯⋯⋯⋯⋯⋯⋯⋯⋯⋯ 135

表 5-3　问卷调查信度 ⋯⋯⋯⋯⋯⋯⋯⋯⋯⋯⋯⋯ 136

表 5-4　效度检验 ⋯⋯⋯⋯⋯⋯⋯⋯⋯⋯⋯⋯⋯⋯ 136

表 5-5　方差解释率 ⋯⋯⋯⋯⋯⋯⋯⋯⋯⋯⋯⋯⋯ 136

表 5-6　成分得分系数矩阵 ⋯⋯⋯⋯⋯⋯⋯⋯⋯⋯ 137

表 5-7　事前预防能力相关性检验 ⋯⋯⋯⋯⋯⋯⋯ 139

表 5-8　事中应对能力相关性检验 ⋯⋯⋯⋯⋯⋯⋯ 139

表 5-9　事后恢复能力相关性检验 ⋯⋯⋯⋯⋯⋯⋯ 139

表 5-10　事后保障能力相关性检验 ⋯⋯⋯⋯⋯⋯ 139

表 5-11　标度意义 ⋯⋯⋯⋯⋯⋯⋯⋯⋯⋯⋯⋯⋯ 140

表 5-12　平均随机一致性指标 ⋯⋯⋯⋯⋯⋯⋯⋯ 142

表 5-13　准则层对目标层的判断矩阵 ⋯⋯⋯⋯⋯ 142

表 5-14　目标层的权重 ⋯⋯⋯⋯⋯⋯⋯⋯⋯⋯⋯ 143

表 5-15　事前预防能力判断矩阵 ⋯⋯⋯⋯⋯⋯⋯ 143

表 5-16　事前预防能力权重 ⋯⋯⋯⋯⋯⋯⋯⋯⋯ 143

表 5-17　事中应对能力判断矩阵 ⋯⋯⋯⋯⋯⋯⋯ 143

表 5-18　事中应对能力权重 ·· 144

表 5-19　事后恢复能力判断矩阵 ·· 144

表 5-20　事后恢复能力权重 ·· 144

表 5-21　事后保障能力判断矩阵 ·· 144

表 5-22　事后保障能力权重 ·· 145

表 5-23　指标体系权重 ·· 145

表 5-24　模糊综合评价得分 ·· 148

表 5-25　一级综合评价结果 ·· 150

表 5-26　二级综合评价结果 ·· 151

表 6-1　国内主要快递公司疫情发生前后市场占有率 ············ 156

表 6-2　2019 年下半年与 2020 年上半年营业收入及利润 ······ 157

表 6-3　2019 年下半年与 2020 年上半年单票成本拆分 ········· 157

表 6-4　2018~2020 年 J 物流企业第一季度财报数据 ············ 161

表 6-5　2016~2020 年 J 物流企业第一季度存货周转分析 ······ 162

表 6-6　陕西省运营中心的作业划分 ·· 171

表 6-7　2020 年 4 月陕西省运营中心成本统计 ······················ 173

表 6-8　三部门子作业数据 ·· 174

表 6-9　三个部门总作业耗时统计分析 ··································· 175

表 6-10　三个部门作业耗时和分摊物流成本的数据对比 ········· 176

表 6-11　传统成本方法和时间驱动作业成本法数据对比 ········· 177

表 6-12　三个部门的产能消耗对比 ·· 177

表 7-1　物流企业绩效影响因素的评价指标体系 ·················· 195

表 7-2　物流企业绩效的评价指标体系 ··································· 195

表 7-3　变量描述性统计结果 ·· 201

表 7-4　信度分析结果 ·· 202

表 7-5　KMO 和 Bartlett 球形度检验 ··································· 203

表 7-6　总方差解释 ·· 203

表 7-7　探索性因子分析结果 ·· 204

表 7-8　KMO 和 Bartlett 球形度检验 ················· 204

表 7-9　总方差解释 ··························· 205

表 7-10　探索性因子分析结果 ····················· 205

表 7-11　物流企业绩效影响因素的验证性因子分析 ········· 206

表 7-12　物流企业绩效验证性因子分析 ················ 207

表 7-13　模型拟合度指数 ························ 208

表 7-14　外生变量对内生变量验证性因子分析结果 ·········· 208

表 7-15　假设检验 ··························· 210

表 7-16　物流企业高质量发展评价指标体系 ············· 218

表 7-17　原始数据 ··························· 220

表 7-18　原始数据标准化处理结果 ·················· 222

表 7-19　各级指标权重 ························· 222

表 7-20　2013~2020 年江苏省物流企业高质量发展排名 ·········· 224

第一篇

理论基础篇

提升应急能力　保障经济安全

21 世纪以来，突发公共卫生事件在全球时有发生，如 2003 年非典疫情、2014 年埃博拉病毒肆虐以及 2020 年被世界卫生组织宣布为"国际关注的突发公共卫生事件"的"新型冠状病毒感染"疫情（下文简称"新冠疫情"）等。此类突发公共卫生事件严重威胁着世界各国的社会稳定，其所特有的紧迫性与不确定性也为全球经济发展带来了极大的挑战。在我国构建以国内大循环为主体、国内国际双循环相互促进的新发展格局背景下，物流是循环的重要动力，但突发公共卫生事件的不确定性、破坏性给物流的畅通带来很大的阻碍，各种生产要素不能自由流动。因此，在此背景下，准确考察突发公共卫生事件对我国宏观经济与物流企业的冲击，推进物流企业应急管理体系和能力现代化，成为物流企业应对突发公共卫生事件时亟待解决的重大问题。

国内外学者对突发公共卫生事件的研究已经取得丰富的成果。国外对突发公共卫生事件的研究较早，众多学者认为突发公共卫生事件常常会在短时间内扰乱国家正常的生产秩序，在很大程度上减缓社会生产生活的节奏，对企业、消费者等市场主体造成了巨大的威胁。而我国学者对突发公共卫生事件的研究是从 2003 年非典疫情的暴发逐渐深入的，学界从公共卫生学、新闻传播学、心理学、管理学等学科视角出发，围绕突发公共卫生事件的应急能力、信息传播、社会影响、综合管理等维度进行了研究。从整体来看，国内外学者对突发公共卫生事件的研究主要集中在政府的公共危机管理和经济效应等方面，而对物流企业在突发公共卫生事件中的应急反应和发展状况的研究欠缺。国内外学者为我们奠定了理论基础，在面对突发公共卫生事件时，物流企业如何快速反应以应对危机，提升应急管理能力，从而进一步促进我国经济可持续发展，是我们研究的重点。

　　本篇通过运用科学知识图谱对相关文献进行分析，为突发公共卫生事件下物流企业应急管理能力提升的研究提供理论依据，在一定程度上丰富了突发公共卫生事件的理论研究内容。

第一章 研究基础

第一节 研究背景与意义

一 研究背景

伴随着环境的不断变化，频繁发生的各类突发公共事件因其突发性、扩散性、不确定性和破坏性对全球经济造成了严重冲击。比如2001年美国"9·11"事件、2003年SARS疫情在我国扩散、2008年发生的汶川大地震等不确定性环境因素，给社会公众的生命财产造成了巨大损失。2020年新冠疫情在全球范围发生，新型冠状病毒在全球的传播、扩散，造成了世界范围的社会公众心理恐慌和信心缺失。根据权威机构对全球经济发展的调查，2020年全球GDP大幅收缩3%。[①] 新冠疫情产生的严重危害让各个国家都密切关注疫情防控以及经济的维稳与减损工作。

在疫情防控和推动供应链上下游企业复工复产中，物流发挥着"生命线"和"先行军"的保障作用。疫情发生初期，由于供应链断裂，不少物流企业处于"吃不饱"的状态，部分物流企业面临较大的生存压力。2020年5月，中国物流与采购联合会正式发布《2020年物流与供应链企业复工达产营商环境调查报告》，调查数据显示，第一季度，51.7%的企业处于亏损状态，超过半数；盈利企业仅占29.2%，其中

---

① 林跃勤、郑雪平、米军：《重大公共卫生突发事件对"一带一路"的影响与应对》，《南京社会科学》2020年第7期。

20%的企业盈利在 10%以内；19.2%的企业经营状况基本持平。企业融资环境趋紧，银行无法根据流水判断企业的还款能力，造成新的融资困难。物流业是国民经济发展的基础性产业，物流业景气指数（LPI）主要包括业务总量、人员数量、库存周转率、设备利用率和物流服务价格等指数，可直观反映物流企业的发展水平。根据中国物流信息中心数据，2020 年 1～2 月，我国物流企业的 LPI 值大幅下降，降至最低点26.20%，约为最高点的 1/2。此时正值新冠疫情的暴发期，物流企业的正常运营受阻，导致物流企业的绩效受到了巨大冲击。比如，物流企业业务总量指数较同期下降了 23.7 个百分点；设备的利用率仅为 39.1%，较同期下降了 11.1 个百分点；从业人员指数下降 18.5 个百分点，降至30.1%；返岗复工率大大低于往常水平；等等。[①] 由于新冠疫情的影响，物流企业各项指数降低，这是我国物流企业 LPI 值下降的重要原因，也是我国物流企业绩效难以提升的重要原因。

经过长期研究分析，国外学者 Gostin 等认为突发公共卫生事件的显著特点是其形成与暴发迅速，会对卫生系统造成巨大压力。如果没有高效的医疗卫生服务体系，给其带来的危害将无法有效避免。[②] 因此有学者建立了应对突发公共卫生事件的相关模型，Burkholder 和 Toole 提出了紧急事件演进模型。[③] Gostin 认为在突发公共卫生事件发生期间要对人进行严格管理，在特殊情况下严加隔离，这样才能有效减少病毒传播。[④] 由于突发公共卫生事件的特殊性、严重性，需要执法部门对相关

---

① 《物流活动严重受阻 2 月物流业景气指数 26.2%（附商贸物流开发区一览）》，中商情报网，2020 年 3 月 2 日，https://www.askci.com/news/chanye/20200302/1417331157462_2.shtml。

② Gostin L. O., Hodge J. G., Wiley L. F., "Presidential Powers and Response to COVID-19," *JAMA* 323（16）（2020）：1547.

③ Burkholder B. T., Toole M. J., "Evolution of Complex Disasters," *The Lancet* 346（8981）（1995）：1012.

④ Gostin L., "Public Health Strategies for Pandemic Influenza：Ethics and the Law," *JAMA* 295（14）（2006）：1700.

人员进行管理监督，确保相关人员遵守规定，将危害降到最低。① Hick 等提出了"危机护理标准"，即若想在突发公共卫生事件中提供最好的医疗应急护理，就必须对常规的卫生服务体系做出巨大改变。②

在 SARS 事件发生后，中国学者开始对突发公共卫生事件进行深入研究。龙俊认为突发公共卫生事件容易激化社会矛盾，会导致商品的价格、质量、行业竞争、监管及消费者权益保障等领域的问题层出不穷。③ 我国经济法具有宏观调控与微观规制的功能，为应对突发公共卫生事件提供了应急保障。现行市场机制也足以保障突发公共卫生事件下的民生供给需求，但《中华人民共和国市场监督管理法》《中华人民共和国反垄断法》对此类事件中衍生的诸多问题仍缺乏具体的规定。游士兵等认为突发公共卫生事件会对经济和社会造成大规模破坏。④ 对突发公共卫生事件经济易损性进行分析，可以判断社会对突发公共卫生事件的处理能力，有助于人们根据未来经济形势进行调整。当前，我国经济所处发展周期发生了重大改变，突发公共卫生事件造成的危害和损失极大。突发公共卫生事件的发生会放大市场的缺陷，再加上市场自身存在的自发性、趋利性以及市场调整的滞后性，国家会通过税收政策调节宏观经济，以缓解突发公共卫生事件对当下经济的冲击。因此，研究重大突发公共卫生事件对我国经济稳步复苏和高质量发展意义重大。2020 年，新冠疫情在全球范围内发生，使我国和世界经济受到严重冲击。杨洋等提出我国政府在面对重大突发公共卫生事件时，在短期内通过有效措施帮助企业快速复工复产，促进

---

① Gostin L. O., "Pandemic Influenza: Public Health Preparedness for the Next Global Health Emergency," *Journal of Law Medicine & Ethics* 32 (4) (2004): 565.

② Hick J. L., Hanfling D., Wynia M. K., et al., "Duty to Plan: Health Care, Crisis Standards of Care, and Novel Coronavirus SARS-CoV-2," *Nam Perspectives Zoro* (2020).

③ 龙俊：《重大突发公共事件中价格管制的正当性及其法律规制》，《中国政法大学学报》2020 年第 3 期。

④ 游士兵、王恒丽、张苗等：《COVID-19 湖北省"封省"月度经济损失评估研究》，《中国软科学》2020 年第 6 期。

经济快速恢复，向世界提供了"中国经验"。①

综上所述，国内外学者对突发公共卫生事件的研究主要集中在政府的公共危机管理和经济效应等方面，而对物流企业发展现状、物流企业及其供应链企业应急管理能力提升及其优化机制等方面还需进一步探索。本书通过对物流企业在突发公共卫生事件前后运营状况的数据进行解读与分析，探究物流企业应急管理能力及其优化机制，帮助物流企业走出困境，同时为政府、行业和社会公众等主体做出及时反应提供智力支持。

二　研究意义

（一）理论意义

第一，研究在突发公共卫生事件下物流企业如何高质量发展的相关问题，运用科学知识图谱、fsQCA 定性比较分析法等多种研究方法，试图为突发公共卫生事件下的物流企业应急管理能力提升提供行之有效的对策建议，为物流企业的高质量发展研究提供理论依据，在一定程度上丰富了突发公共卫生事件的理论研究内容。

第二，深入分析突发公共卫生事件下物流企业的发展现状、物流企业高质量发展的影响因素及其存在的问题，结合相关企业数据和量化研究方法进行实证分析，将理论分析与实证研究相结合。

第三，现有国内外学者对突发公共卫生事件的研究大多集中在政府的公共危机管理和经济恢复等方面，而缺少对突发公共卫生事件下如何促进物流企业高质量发展的研究。因此，本书对物流企业在突发公共卫生事件前后运营状况的数据进行分析，对突发公共卫生事件下物流企业应急管理能力进行评价，并以此构建优化机制，丰富突发公共卫生事件下的物流企业应急管理理论，为物流企业高质量发展提供理论支持。

第四，将物流企业在突发公共卫生事件下的应急管理理论、方法及

---

① 杨洋、李仲秋、谢国强等：《重大突发公共卫生事件下政府主导的企业复工复产机制》，《公共管理学报》2021 年第 2 期。

技术与物流企业高质量发展结合起来，丰富和发展了应急管理学的相关内涵，有利于进一步完善与突发公共卫生事件相关的理论体系。同时，基于4R模型的安全保障体系运作模式，对突发公共卫生事件下物流企业运作与安全保障机制理论进行了进一步完善和更新，充实了危机管理理论。

（二）实践意义

第一，通过对突发公共卫生事件下物流企业的影响因素进行识别和分析，为物流企业提升物流服务水平、有效应对突发公共卫生事件的影响等提供了对策建议。从物流企业角度出发，构建物流企业影响因素指标体系，通过分析找出关键影响因素，帮助物流企业集中优势资源放在关键因素上，从而提升物流企业抵抗外来风险的能力，降低突发公共卫生事件带来的损失，以此为物流企业运营管理提供参考。

第二，利用层次分析法、AHP-模糊综合评价法等研究方法分析物流企业面临的风险，根据物流企业所面临的风险，制定相应的应急预案，降低物流企业在突发公共卫生事件下遭受的损失，为物流企业高质量发展奠定基础。

第三，伴随着突发公共卫生事件的频繁发生，现有的应急管理体系与应急管理机制已不能满足发展需求。因此，完善现有应急管理体系、构建运作与安全保障机制以及应急协同联动机制，以期能够在突发公共卫生事件发生时采取及时有效的措施帮助物流企业及其供应链上各主体企业迅速恢复运作，从而降低突发公共卫生事件造成的损失，也为促进我国物流企业在突发公共卫生事件下高质量发展提供经验借鉴。

第二节　国内外研究现状

一　突发公共卫生事件的研究现状

（一）关于突发公共卫生事件的研究

学术界对突发公共卫生事件的研究已经取得较为丰硕的成果。突发公共卫生事件的形成与暴发会对经济运行产生巨大干扰与冲击，使得经济发展偏离正常轨道，从而导致市场经济运行不稳定、物流成本增加等问题。美国于 1988 年通过的《斯塔福德灾难与紧急援助法》认为，突发公共卫生事件是指突然发生的，造成或者可能造成重大人员伤亡、财产损失，并威胁到公共安全的公共紧急事件，相较于其他类似的一般性事件有着自身独有的特点，如突发性与不稳定性等。在美国，此类事件被称为紧急事件，即需要美国政府介入以提供政策援助，帮助各州恢复社会秩序来确保社会安全的重大突发事件。在目前的国际范围内，美国是在应对突发公共卫生事件方面最为先进与典型的国家，也是突发公共卫生事件管理主要理论的发源地。突发公共卫生事件管理的本质就是全面紧急事态管理，在对突发公共卫生事件进行详细分类时，必须确保为各种新的形势、新的状态留有适当空间，并及时进行更新与调整。另外，突发公共卫生事件的不确定因素将随着社会形势的变化而不断出现。Paciarotti 和 Cesaroni 以意大利突发公共卫生事件为研究对象，提出突发公共卫生事件与社会公众之间具有关联。①

2003 年 SARS 事件后，国内学者开始广泛关注突发公共卫生事件相关研究。关于突发公共卫生事件的特征，现有研究认为突发公共卫生事件具有联动性和群体性特征，除了公共卫生事件和事故灾难之外，社会安全事故以及自然灾害也与突发公共卫生事件有关，只有构建多部门协调统一的合作机制，并选用科学合理的应对方案，才能对其进行有效处理。也有其他学者从不同的角度对突发公共卫生事件进行研究，肖诗依和文庭孝认为突发公共卫生事件是具有突发性、严重性、国际性特点的公共事件。② 赵云泽和薛婷予指出突发公共卫生事件会引发公众恐慌、

---

① Paciarotti C., Cesaroni A., "Spontaneous Volunteerism in Disasters, Managerial Inputs and Policy Implications from Italian Case Studies," *Safety Science* 122 (2020): 104521.

② 肖诗依、文庭孝：《后疫情时代重大突发公共卫生事件信息公开质量影响因素分析——立足公众视角》，《图书情报工作》2021 年第 23 期。

社会舆论，并且会阻碍社会经济的发展。① 经历了 2003 年非典和 2020 年新冠疫情这两次大的突发公共卫生事件的考验后，我国在应对突发公共卫生事件的能力方面有了长足进步，但也暴露出一些需要改进的问题。周梅芳等指出新型冠状病毒对全球经济造成重大冲击，而目前我国缺乏突发公共卫生事件与经济发展关系的理论研究，政府在制定专项政策时存在理论缺位的问题。② 杨洋洋和谢雪梅指出随着互联网技术的飞速发展，在突发公共卫生事件下网络谣言传播方式多种多样，目前对其的监督与治理还需要进一步加强。③ 江国华和沈翀从社会公众的视角进行研究发现，由于突发公共卫生事件的突发性、异常性，人们缺乏思想准备、无法预先掌握，可能会造成严重损害社会公众健康的重大传染病疫情、群体性不明原因疾病以及其他严重影响公众健康的事件④。常玲慧和马斌认为突发公共卫生事件是突发公共事件的一个重要类别，我国应急管理体系与能力建设需要进一步完善和加强，以应对不同类别的突发公共事件⑤。

（二）关于突发公共卫生事件对社会经济影响的研究

国内外学者对突发公共卫生事件影响的研究已经取得了丰富成果。国外对突发公共卫生事件的研究较早，众多学者认为突发公共卫生事件常常会在短时间内扰乱国家正常的生产秩序，在很大程度上减缓社会生产生活的节奏，对企业、消费者等市场主体造成了巨大的威胁。从长远来看，突发公共卫生事件甚至会对消费者长期消费偏好和经济地理的空间布局等产生极大影响。Green 认为突发公共卫生事件的形成与

---

① 赵云泽、薛婷予：《危机事件中恐慌情绪传播及群体认知研究》，《当代传播》2021 年第 2 期。
② 周梅芳、刘宇、张金珠等：《新冠肺炎疫情的宏观经济效应及其应对政策有效性研究》，《数量经济技术经济研究》2020 年第 8 期。
③ 杨洋洋、谢雪梅：《网络谣言风险测度与治理路径研究》，《情报科学》2021 年第 9 期。
④ 江国华、沈翀：《论突发公共卫生事件中的信息权力及法律规制》，《湖北社会科学》2020 年第 11 期。
⑤ 常玲慧、马斌：《突发公共卫生事件应急决策中的知识管理研究》，《科技管理研究》2013 年第 4 期。

暴发会对经济运行产生巨大的干扰与冲击，使得经济发展偏离正常轨道，导致包括物流成本在内的各项运营成本增加、市场经济运行不稳定等问题。① Qari 等认为突发公共卫生事件会对投资产生消极影响②，但随着研究的深入，学者们发现突发公共卫生事件不仅影响国家和地区的经济发展，同时也对人类自身的安全造成威胁，正逐步成为威胁世界各地区公共安全的重要影响因素③。

国内学者朱晓峰等指出，政府在应对重大突发公共事件的过程，在管理方面存在诸多不足，如应急管理体制尚不完善、风险管理意识不足等。④ 黄承芳等认为受疫情的影响，我国小微企业面临经营不善、融资难、成本负担重等众多问题，并分析了突发公共卫生事件对小微企业的冲击及数字普惠金融支持小微企业的复苏策略。⑤ 温桂荣等采用带有随机波动率的时变参数向量自回归模型（TVP - VAR），基于 1999 年 1 月~2020 年 8 月的月度数据动态识别中国积极财政政策对宏观经济的影响，进一步刻画不同时点的突发公共卫生事件下积极财政政策与宏观经济之间的变动关系。⑥ 郑昌兴和刘喜文通过对汶川地震的基本信息与汶川地震中利益相关者的策略知识进行分析，建立面向突发事件的知识服务模型。⑦ 李少星等认为 2020 年的新冠疫情是一次典型的突发公

① Green C. R. , "School Shootings: International Research, Case Studies, and Concepts for Prevention," *Journal of Child & Adolescent Trauma* 10 (2) (2017): 203.

② Qari S. H. , Abramson D. M. , Kushma J. A. , et al. , "Preparedness and Emergency Response Research Centers: Early Returns on Investment in Evidence-based Public Health Systems Research," *Public Health Reports* 129 (6) (2014): 1.

③ Chen S. W. , Wang X. S. , Xiao S. P. , "Urban Damage Level Mapping Based on Co-polarization Coherence Pattern Using Multitemporal Polarimetric SAR Data," *IEEE Journal of Selected Topics in Applied Earth Observations and Remote Sensing* 11 (8) (2018): 2657.

④ 朱晓峰、盛天祺、张卫：《重大突发公共事件冲击下政府数据开放的共生运行机制研究：构建与演进》，《情报理论与实践》2020 年第 12 期。

⑤ 黄承芳、李宁、张正涛等：《新冠肺炎疫情冲击后的中国经济恢复发展预估》，《灾害学》2020 年第 4 期。

⑥ 温桂荣、黄纪强、李艳丰：《积极财政政策对中国宏观经济的动态时变影响——以重大突发公共卫生事件为视角》，《财经理论与实践》2021 年第 3 期。

⑦ 郑昌兴、刘喜文：《基于规则推理和案例推理的应用模型构建研究——以地震类突发事件为例》，《情报理论与实践》2016 年第 2 期。

共卫生事件，突发公共卫生事件时有发生，而每一次突发公共卫生事件的发生都会给经济、企业和人们的工作生活带来很大影响。[①]

（三）关于突发公共卫生事件应对措施的研究

为了对突发公共卫生事件采取有效应对措施，国内外学者进行了丰富的研究。通过对国外突发公共卫生事件相关文献进行可视化分析，发现学科分布主要集中于临床医学（12.74%）与外科学（11.54%），这表明国外对突发公共卫生事件的研究主要集中在医学方面。有学者提出了应对突发公共卫生事件的相关模型，比如国外学者 Shaluf 等提出的人为灾害前阶段模型[②]、Burkholder 和 Toole 提出的紧急事件演进模型[③]、Seaberg 等建立的动态博弈模型[④]以及 Tokakis 等建立的三阶段模型[⑤]。除此之外，联合国人权理事会认为社会危害不可避免，各国政府必须为保险不足和没有保险的人提供一定的医疗服务，并满足其对药物、食物和水等的基本需求。Pieterse 等结合了治理方法、政府政策以及各国政治问题，通过对世界各地突发公共卫生事件发展状态的分析，从公共卫生系统、政府应急能力以及社会凝聚力等方面，重点关注了突发公共卫生事件的治理机制和应对方法，提出了有关应对突发公共卫生事件的应急管理工作的有效建议。[⑥] 美国最早在 1803 年《国会法》中提出推进应急管理法制化建设，此后有大量的学者从不同的角度对应急管理进行

---

① 李少星、高杨、黄少安：《新冠肺炎疫情对脆弱群体收入及全面小康目标的影响测算：以山东省为例》，《山东大学学报》（哲学社会科学版）2020 年第 5 期。

② Shaluf I. M., Ahmadun F., Said A. M., et al., "Technological Man-made Disaster Precondition Phase Model for Major Accidents," *Disaster Prevention and Management* 11 (5) (2002): 380.

③ Burkholder B. T., Toole M. J., "Evolution of Complex Disasters," *The Lancet* 346 (8981) (1995): 1012.

④ Seaberg D., Devine L., Zhuang J., "A Review of Game Theory Applications in Natural Disaster Management Research," *Natural Hazards* 89 (3) (2017): 1461.

⑤ Tokakis V., Polychroniou P., Boustras G., "Crisis Management in Public Administration: The Three Phases Model for Safety Incidents," *Safety Science* 113 (2019): 37.

⑥ Pieterse J. N., Lim H., Khondker H., *COVID-19 and Governance: Crisis Reveals* (New York: Routledge, 2021), p. 9.

研究。1932 年，社会学家 Carr 首次提出了灾难的序列模式。[①] Donaldson 主要从公共危机管理的角度研究突发公共卫生事件。[②] Clausen 等将应急管理的概念运用于造船、航空、电信等领域，拓展了应急管理的应用范围。[③] Lee 等认为构建有效的应急管理机制是应对突发公共卫生事件的重要手段，在此过程中实现有效的信息共享是关键。[④] Rose 等认为行业标准和事件管理系统的发展变化是突发公共卫生事件应急管理的核心内容。[⑤] Perez 和 Zeadally 从宏观角度对突发公共卫生事件进行研究，发现各国对突发公共卫生事件的发展演化规律认知不清，并且缺乏有效的科学决策依据。[⑥] 美国在 1994 年颁布的《公共卫生服务法》，为防治传染病提供了法律支持，除此之外，其他相关法律对突发公共卫生事件处理过程中每一个流程，包括参与人员责任、物资调配流程、司法参与、支援部门、事件指挥系统等都做出了明确规定。

国内对突发公共卫生事件应对措施的研究从整体上可以分为萌芽阶段和发展阶段，其分水岭是 2003 年的 SARS 事件。在此事件前的文献研究主要集中在国际政治冲突、自然灾害防御与恢复等方面。在此之后，国内学者对突发公共卫生事件的应急措施开启了全面研究，并从理论和实践角度对突发公共卫生事件进行了综合性研究。孔竞等认为政府应建立和完善突发公共卫生事件的应急反应机制，加强公共卫生危机的预防和治理，并提出了事前要建立预警系统，保持信息系统的畅通；事

---

① Carr L. J. , "Disaster and the Sequence-pattern Concept of Social Change," *American Journal of Sociology* 38 （2）（1932）: 207.

② Donaldson L. , "Coping with Crises: The Management of Disasters, Riots and Terrorism," *Australian Journal of Management* 16 （1）（1991）: 99.

③ Clausen J. , Larsen J. , Larsen A. , et al. , "Disruption Management-operations Research between Planning and Execution," *ORMS Today* 28 （5）（2001）: 40.

④ Lee A. C. K. , Phillips W. , Challen K. , et al. , "Emergency Management in Health: Key Issues and Challenges in the UK," *BMC Public Health* 12 （1）（2012）: 1.

⑤ Rose D. A. , Murthy S. , Bryant J. , et al. , "The Evolution of Public Health Emergency Management as a Field of Practice," *American Journal of Public Health* 107 （S2）（2017）: S126.

⑥ Perez A. J. , Zeadally S. , "A Communication Architecture for Crowd Management in Emergency and Disruptive Scenarios," *IEEE Communications Magazine* 57 （4）（2019）: 54.

中要有良好的危机公关，保持社会稳定；事后要进行反思，调整危机管理系统。① 季学伟等通过对突发公共事件预警分级的定量模型进行研究，建立了预警分级综合模糊评判模型，并将其应用于突发公共事件中，以期能够合理调配应急救援资源。② 林振从分析政府应对突发公共事件网络舆情的业务流程着手，对现有的网络舆情信息采集与分析的难点进行剖析，构建了突发公共事件下网络舆情多主体协同治理机制。③ 武晶等分析了突发公共卫生事件的特征，为更好防控突发公共卫生事件提供了理论支持。④ 刘纪达和麦强根据协同治理理论提出了针对突发公共卫生事件的风险识别、早期预警防范和化解重大隐患的应对策略，该策略被应用于突发危机应急管理过程中。⑤ 赵云泽和薛婷予对突发公共卫生事件下公众恐慌情绪的传播及其群体性认知障碍的原因进行深入分析并得出结论：恐慌情绪会使人们的认知系统产生认知障碍，从而形成"恐慌情绪唤起—认知障碍"螺旋，并导致群体性非理性行为的酝酿和发酵。⑥ 刘霞和严晓提出"一案三制"应急管理措施，提高了对突发事件的响应能力。⑦ 林音和祝雪花运用德尔菲法初步构建了突发公共卫生事件应对能力的综合评价指标体系，完善了卫生医疗方面应对突发公共卫生事件的相关研究。⑧

---

① 孔竞、马敬东、王静：《突发公共卫生事件应急机制研究》，《中国卫生事业管理》2008 年第 1 期。

② 季学伟、翁文国、倪顺江等：《突发公共事件预警分级模型》，《清华大学学报》（自然科学版）2008 年第 8 期。

③ 林振：《突发公共事件网络舆情协同治理机制建构研究》，《华中科技大学学报》（社会科学版）2019 年第 2 期。

④ 武晶、祖荣强、梁祁等：《江苏省传染病突发公共卫生事件特征分析》，《中国公共卫生》2010 年第 3 期。

⑤ 刘纪达、麦强：《自然灾害应急协同：以议事协调机构设立为视角的网络分析》，《公共管理与政策评论》2021 年第 3 期。

⑥ 赵云泽、薛婷予：《危机事件中恐慌情绪传播及群体认知研究》，《当代传播》2021 年第 2 期。

⑦ 刘霞、严晓：《突发事件应急决策生成机理：环节、要素及序列加工》，《上海行政学院学报》2011 年第 4 期。

⑧ 林音、祝雪花：《社区护士突发公共卫生事件应急救援能力的研究进展》，《护理研究》2021 年第 6 期。

在处理突发公共卫生事件的实践中，钱洪伟等强调指挥与协调机制是密不可分的。处理突发公共卫生事件的过程经常涉及多个部门和多名人员，所以在应对事件时，协调机制具有不可或缺的作用。① 缪昌武在研究中发现应对突发公共卫生事件的过程中最重要的是事件暴发之前的预警环节。预警是以风险预防为原则，在危险扩大之前发出警示，帮助政府尽早地采取应急措施，帮助公众做好预防准备，最大限度地减少突发公共卫生事件带来的损害。② 薛澜等介绍了美国等发达国家的应急管理机制，为学习国外的应急管理经验提供了科学合理的模板。③ 杨洋等提出在面对重大突发公共卫生事件时，政府主导具有重要作用。④ 以新冠疫情为例，我国政府在短期内通过有效引导企业快速复工复产，促进社会经济快速恢复，体现了我国应急反应能力在不断增强，也为日后应对突发公共卫生事件积累了经验。在应急管理方面，雷晓康认为完善社会动员机制能够促进社会力量有序参与突发公共事件应急管理的过程⑤；杜晶晶等提出从结构赋能、资源赋能和心理赋能三个层面完善数字化赋能应急管理的内在机制⑥；张广胜基于物流企业自身视角和外部视角提出突发公共卫生事件应急管理的对策，该研究对应对突发公共卫生事件和实现物流企业的可持续发展具有指导意义⑦。

（四）关于突发公共卫生事件对物流企业影响的研究

从突发公共卫生事件对物流企业的影响研究来看，国外学者提出了

---

① 钱洪伟、郭晶、尹香菊：《我国现代应急学科体系建设溯源、构想及展望》，《中国安全科学学报》2021 年第 5 期。

② 缪昌武：《完善突发公共卫生事件预警制度之思考》，《学海》2020 年第 5 期。

③ 薛澜、张强、钟开斌：《危机管理 转型期中国面临的挑战》，清华大学出版社，2003，第 15 页。

④ 杨洋、李仲秋、谢国强等：《重大突发公共卫生事件下政府主导的企业复工复产机制》，《公共管理学报》2021 年第 2 期。

⑤ 雷晓康：《突发公共事件应急管理的社会动员机制构建研究》，《四川大学学报》（哲学社会科学版）2020 年第 4 期。

⑥ 杜晶晶、胡登峰、张琪：《数字化赋能视角下突发公共事件应急管理系统研究——以新型冠状病毒肺炎疫情为例》，《科技进步与对策》2020 年第 20 期。

⑦ 张广胜：《新冠肺炎疫情下物流服务供应链突发事件：内涵、情景与治理对应》，《企业经济》2021 年第 5 期。

很多重要观点。Özdamar 等提出突发公共卫生事件会影响物流企业的车辆调度、运输路线和运输手段，并通过建立规划模型解决动态的运输问题。[①] Sheu 指出突发公共卫生事件会严重影响物流企业的物资运输及配送环节，增加物资运输环节中的时间损耗，并针对物资配送的问题提出了混合模糊聚类方法，在三层物流配送框架的基础上，构建出两种回归机制。[②] Berkoune 和 Renaud 对突发公共卫生事件下物流企业面临的实际运输问题进行描述和定义，并通过分析选取遗传算法对这些问题进行求解，保证物流企业能够高效开展物流活动。[③] Seid 等认为在物流企业面临突发公共卫生事件时，资金的投入与企业员工的核心能力影响着物流企业的效率。[④] 在突发公共卫生事件发生后，一个重要问题就是应急物资的运输与调度，分配不均、配送不及时等问题严重影响了应急物流的发展。Long 等发现面对突发公共事件时，在物资到达灾区前后，将应急物资的供应机制从推动式改为拉动式，可以有效分配应急物资。[⑤] Tuzkaya 等基于肯塔基州的一个突发公共事件案例，设计了一个大规模应急物流网络，以此来研究突发公共事件对物流业的影响。[⑥]

国内学者认为突发公共卫生事件在实际运营层面给物流企业发展带来了多重威胁，物流企业的发展受到了前所未有的挑战。张得志等通过

① Özdamar L., Ekinci E., Küçükyazici B., "Emergency Logistics Planning in Natural Disasters," *Annals of Operations Research* 129 (1) (2004)：217.

② Sheu J. B., "Special Issue on Emergency Logistics Management Transportation Research Part E：Logistics and Transportation Review," *Transportation Research Part E：Logistics and Transportation Review* 41 (5) (2005)：459.

③ Berkoune D., Renaud J., Rekik M., et al., "Transportation in Disaster Response Operations," *Socio-economic Planning Sciences* 46 (1) (2012)：23.

④ Seid M., Lotstein D., Williams V. L., et al., "Quality Improvement in Public Health Emergency Preparedness," *Annual Reviews Public Health* 28 (1) (2007)：19.

⑤ Long D. C., Wood D. F., Barne A., et al., "Logistics of Famine Relief," *Joumal of Business Logistics* 16 (1) (1995)：213.

⑥ Tuzkaya U. R., Heragu S. S., Evans G. W., et al., "Designing a Large-scale Emergency Logistics Network—A Case Study for Kentucky," *European Journal of Industrial Engineering* 8 (4) (2014)：513.

现场调研和总结分析，对突发公共卫生事件发生后低碳发展的物流服务网络优化问题进行了系统分析和研究。[①] 杨冕等认为企业作为营利性组织，在寻求其他发展方式的同时，希望通过采取一定措施保证其能够在新冠疫情防控中存活下来。[②] 李宁通过研究新冠疫情期间的物流响应能力，认为在新冠疫情加速扩散的大背景下，全国性的隔离防控等应急响应措施导致物流供应链上下游受阻，在面对突发的环境变化时，大多数物流企业无法及时有效地应对危机。[③] 韩嵩和周丽从全球供应链角度分析中国物流行业及其他行业与 43 个国家间的空间关联度，发现外界因素对中国物流行业影响程度较高。[④] 张广胜从物流企业业务量、收入、员工复工复产、运营成本、应收成本以及员工到岗六个方面分析了突发公共卫生事件对物流企业的影响，并从企业自身视角和外部环境视角两个角度提出物流企业应对突发公共卫生事件的策略。[⑤] 李涛提出疫情导致跨境物流成本增加、压力增大，为缓解跨境物流的压力，应加强全球运输网络建设。[⑥]

（五）关于突发公共卫生事件下物流企业应对策略的研究

从突发公共卫生事件下物流企业应对策略的相关研究来看，Pinedo 等强调了应急物流准备阶段的重要性，提出应急物流应在灾害准备与灾害反应之间建立桥梁。[⑦] 曾艾婧等通过调研新冠疫情背景下城市物流末端

---

① 张得志、贺润中、祝伟丽等：《基于低碳经济视角的多模式快递物流服务网络优化研究》，《铁道科学与工程学报》2018 年第 6 期。

② 杨冕、袁亦宁、肖尧：《公共卫生事件对企业出口的影响：以 SARS 疫情为例》，《世界经济研究》2021 年第 6 期。

③ 李宁：《新型冠状病毒肺炎疫情应急供应链协同管理研究》，《卫生经济研究》2020 年第 4 期。

④ 韩嵩、周丽：《全球供应链视角下中国物流业国际空间关联测度与分析》，《中国流通经济》2020 年第 8 期。

⑤ 张广胜：《新冠肺炎疫情下物流服务供应链突发事件：内涵、情景与治理应对》，《企业经济》2021 年第 5 期。

⑥ 李涛：《复杂形势下我国跨境出口电商增长问题探讨》，《商业经济研究》2021 年第 8 期。

⑦ Pinedo M., Zacharias C., Zhu N., "Scheduling in the Service Industries: An Overview," *Journal of Systems Science and Systems Engineering* 24 (1) (2015): 1.

配送发展现状，并收集疫情期间城市物流末端配送存在的问题，提出构建智慧物流体系、发展协同配送以及完善现有智能配送设备的建议。[①] 王术峰等提出物流企业应利用现代化数字技术加快企业数字化转型、创新发展路径、强化应急管理能力、合理构建人才阶梯，以更好地适应重大公共卫生事件防控常态化的需求。[②] 赵建有等通过研究重大突发公共卫生事件下城市医疗物资的应急物流效率，构建了总配送费用最少与需求紧迫度最高的需求点优先配送的双重目标模型。[③] 林勇等创新性地提出构建赈灾应急物资分配-运输优化模型以提高物资运输的效率。[④] 陆文星等提出在新冠疫情期间，复杂多变的环境会提高公众对物流信息查询及溯源的敏感度，其认为研究设计一个可应对突发公共卫生事件的快递物流系统至关重要。[⑤]

（六）关于突发公共卫生事件下供应链的研究

随着突发公共卫生事件研究的深入，如何在突发公共卫生事件的背景下高效地进行供应链管理也引起了学者们的高度关注。为了达到提高供应链弹性的目的，国内外学者提出了供应链应急管理、供应链风险管理等观点。就突发公共卫生事件下应急管理方面的研究来看，Hodges和 Larra 从复杂自适应系统（CAS）着手，寻找一种能够在动态、不确定和不清楚的环境中发挥更大作用的自适应风险管理方法[⑥]。Benavides等提出建立多语言的国家应急管理网站，以应对全球化的突发公共卫生

---

① 曾艾婧、刘永姜、陈跃鹏等：《基于数字孪生的物流配送调度优化》，《科学技术与工程》2021 年第 21 期。

② 王术峰、何鹏飞、吴春尚：《数字物流理论、技术方法与应用——数字物流学术研讨会观点综述》，《中国流通经济》2021 年第 6 期。

③ 赵建有、韩万里、郑文捷等：《重大突发公共卫生事件下城市应急医疗物资配送》，《交通运输工程学报》2020 年第 3 期。

④ 林勇、肖骅、张立等：《震灾应急物资分配-运输优化模型及算法研究》，《中国安全科学学报》2020 年第 10 期。

⑤ 陆文星、曾燕、李克卿：《突发公共卫生事件下基于区块链的快递物流系统设计》，《管理现代化》2021 年第 3 期。

⑥ Hodges L. R., Larra M. D., "Emergency Management as a Complex Adaptive System," *Journal of Business Continuity & Emergency Planning* 14 (4) (2021): 354.

事件的应急需求。①

　　国内学者在突发公共卫生事件对物流企业供应链弹性影响方面的研究如下。程蕾和艾新宇从综合性视角出发，对突发公共卫生事件下的供应链弹性与失效风险下的供应链弹性进行综合研究，发现物流企业可以通过提高应急物流的运作效率，有效降低失效风险给供应链弹性带来的不良影响。② 赵淑红通过对比应急分销网络管理和传统分销网络管理，总结了相较于传统分销网络管理的应急分销网络管理的特点与职能。③ 李晓梅和崔靓认为可以通过大数据、云计算、人工智能等数字技术帮助物流企业优化升级，从而提高企业的风险预测与管理能力。④ 李旭东等指出可通过区块链技术提升供应链效率以减轻突发公共卫生事件给物流企业供应链带来的冲击。⑤ 王彦伟和宋林从生产商社会责任的视角，给出了生产商在供应链中应对突发事件的协调策略，以帮助供应链快速恢复。⑥ 王旭等在对新冠疫情的研究中，深入剖析了核心企业应急型组织合作模式的建构逻辑，为提升企业应急管理能力和缓解重大突发事件引发的关键物资短缺问题提供了科学建议。⑦ 李宏等从政府角度出发，介绍了政府在突发公共卫生事件应急管理中的重要作用，从制度、科技、创新、理念四个方面分析了疫情时期政府的应

① Benavides A. D., Nukpezah J., Keyes L. M., et al., "Adoption of Multilingual State Emergency Management Websites: Responsiveness to the Risk Communication Needs of a Multilingual Society," *International Journal of Public Administration* 44（5）（2021）：409.

② 程蕾、艾新宇：《要素市场化配置、供应链弹性与流通企业绩效》，《商业经济研究》2022 年第 5 期。

③ 赵淑红：《逆向应急物流管理机制构建》，《商业时代》2014 年第 36 期。

④ 李晓梅、崔靓：《数字物流、区域经济与碳环境治理耦合及影响因素——基于我国 30 个省级面板数据的实证检验》，《中国流通经济》2022 年第 2 期。

⑤ 李旭东、王耀球、王芳：《突发公共卫生事件下基于区块链应用的应急物流完善研究》，《当代经济管理》2020 年第 4 期。

⑥ 王彦伟、宋林：《供应链突发事件应急管理策略与仿真分析》，《统计与决策》2019 年第 10 期。

⑦ 王旭、王兰、杨有德：《重大突发事件背景下应急型组织合作模式与运作逻辑》，《科研管理》2020 年第 12 期。

急管理能力。[1]

二 物流企业应急管理能力的研究现状

"9·11"事件以后，应急管理受到广泛关注。国外学者 Adini 等以具体能力划分，将企业应急管理分为计划与策划能力、设备与基础设施保障能力、人员的知识能力、培训与演练能力。[2] Bjerkholt 应用网络分析法研究应急管理系统，认为物流企业应采取应急措施以在突发公共卫生事件发生后实现复工复产。[3] Cuadrado-Ballesteros 等认为国家要建立应急服务体制，帮助企业进行资源重组，从而实现更有效的应急响应。[4] Thorleuchter 等利用情景技术、路线图以及调查等定性方法，识别应急物流存在的弱点并预测松散耦合型物流系统的发展趋势。同时，利用文本挖掘、Web 挖掘的定量方法对预测进行优化。[5] Lee 提出制造业容易受到突发公共卫生事件的影响，制造企业应集中人力物力提高物流应急能力。[6] Liu 等提出了物流企业应急管理能力的影响因素，并构建了影响因素的假设方程，为物流企业应急管理能力体系提供了科学的研究方法。[7] Shojaei 和 Haeri 建立了应急资源分布模型，通过对物流企业的应急资源进行研究，利用应急资源分布模型提高应急资源的利用率，

---

① 李宏、邓芳杰、唐新：《论新时代政府应急管理的四大核心能力》，《中国人民公安大学学报》（社会科学版）2020 年第 3 期。

② Adini B., Goldberg A., Laor D., et al., "Assessing Levels of Hospital Emergency Preparedness," *Prehospital and Disaster Medicine* 21（6）（2006）：451.

③ Bjerkholt O., "On the Founding of the Econometric Society," *Journal of the History of Economic Thought* 39（2）（2017）：175.

④ Cuadrado-Ballesteros B., Santis S., Citro F., "Does Financial Health Influence the Re-election of Local Governments?" *Journal of Public Budgeting*, *Accounting & Financial Management* 31（3）（2019）：345.

⑤ Thorleuchter D., Schulze J., Van den Poel D., "Improved Emergency Management by a Loosely Coupled Logistic System," *Springer Berlin Heidelberg* 318（2012）：5.

⑥ Lee H. L., "Aligning Supply Chain Strategies with Product Uncertainties," *California Management Review* 44（3）（2002）：105.

⑦ Liu D., Li Y., Fang S., et al., "Influencing Factors for Emergency Evacuation Capability of Rural Households to Flood Hazards in Western Mountainous Regions of Henan Province, China," *International Journal of Disaster Risk Reduction* 21（2017）：187.

从而提升物流企业的应急能力。[①] Hodges 及 Larra 对应急管理经验进行了研究总结，为物流企业应急管理部门提供了理论参考依据。[②]

国内学者侯玉和刘焕明认为在突发公共卫生事件发生时，社会组织要辅助政府，从多方面依托既有资源快速构建应急物流体系。[③] 柴会明和陈兰杰指出在突发公共卫生事件发生时，新媒体平台要利用其强大的信息搜索能力、数据分析能力对突发公共卫生事件及时做出应急反应。[④] 李明穗等认为科技在突发公共卫生事件中发挥着重要作用，通过分析我国科技应急支撑体系，提出加强我国科技应急支撑体系建设的路径。[⑤] 武晶等根据突发公共卫生事件的特征，提出物流企业需要做好应急物流管理保障工作。[⑥] 张杰和汤齐从应急物流的角度评价突发事件的风险大小，并建立了相关风险预警模型。[⑦] 颜伟政简要探讨了港口物流企业安全生产应急管理工作的基本内涵，并分析了当前港口物流企业安全生产应急管理工作过程中存在的问题，并基于分析结果提出改进的建议，以进一步提高港口物流企业的安全生产应急管理水平，从而促进港口物流企业高质量发展。[⑧]

赵道致等综合分析了国内外物流企业中众多的典型应急预案，构建

①　Shojaei P. , Haeri S. A. S. , "Development of Supply Chain Risk Management Approaches for Construction Projects：A Grounded Theory Approach," *Computers & Industrial Engineering* 128（2019）：837.

②　Hodges L. R. , Larra M. D. , "Emergency Management as a Complex Adaptive System," *Journal of Business Continuity & Emergency Planning* 14（4）（2021）：354.

③　侯玉、刘焕明：《基层社区提升应急治理能力的考量》，《学校党建与思想教育》2021年第 8 期。

④　柴会明、陈兰杰：《国内外突发事件中公众应急信息行为研究述评》，《图书馆学研究》2020 年第 1 期。

⑤　李明穗、王卓然、武乐等：《我国突发公共卫生事件科技应急支撑体系建设》，《中国工程科学》2021 年第 6 期。

⑥　武晶、祖荣强、梁祁等：《江苏省传染病突发公共卫生事件特征分析》，《中国公共卫生》2010 年第 3 期。

⑦　张杰、汤齐：《基于 BP 神经网络的企业应急物流风险管理》，《物流技术》2012 年第 15 期。

⑧　颜伟政：《当前港口物流企业安全生产应急管理工作的形势与对策探讨》，福建省煤炭学会、福建省煤炭工业协会 2016 年学术年会，福建，2016 年 8 月 30 日。

了针对物流企业的应急管理模型，为物流企业的应急管理部门提供了应急理论指导。① 吴国斌和张凯通过定量研究对物流企业应急管理中的协同效率进行分析，认为提升物流企业的协同效率，可以提高物流企业的应急管理效率。② 李创将应急评价的范围与目标作为物流企业应急管理的核心，并从不同的维度分析了应急评价体系，认为应急评价为物流企业应急管理工作流程的优化、调整以及物流企业应急管理体系的完善奠定了基础。③ 韩亚娟等以灾后救援为研究对象，围绕带有时间窗的应急物流车辆路径问题，分析总结该问题中的各种需求，同时建立应急救援车辆路径模型并设计对应的模拟退火算法，为实际决策提供有价值的参考。④ 马卫峰等对突发公共卫生事件下不同管理部门、物流模块以及受益群体间的协作问题进行研究，整合了混合型框架以开展应急物流管理。⑤ 常健利用聚类分析方法对运输物资高效调动及分配进行研究。⑥ 王英辉和吴济潇结合新冠疫情、河南洪涝等公共安全事件的处理经验，搭建基于云平台的应急物流模式并运用遗传算法对基于云平台的应急物流路径进行优化，以减少信息不对称带来的成本，提高应急物资分配效率。⑦

三　物流企业供应链的研究现状

（一）关于供应链的研究

供应链的概念是由 Peter F. Drucker 在经济供应链的概念中提出的。

① 赵道致、李华、朱先民等：《基于 SUMO 的应急专项领导小组组织模型》，《未来与发展》2008 年第 6 期。
② 吴国斌、张凯：《多主体应急协同效率影响因素实证研究——以湖北省高速公路为例》，《工程研究-跨学科视野中的工程》2011 年第 2 期。
③ 李创：《国内外应急物流研究综述》，《华东经济管理》2013 年第 6 期。
④ 韩亚娟、杨宇航、彭运芳：《考虑救援点资源分布的救援车辆路径优化》，《上海大学学报》（自然科学版）2018 年第 4 期。
⑤ 马卫峰、杨赛霓、潘耀忠等：《自然灾害下的应急物流协调研究》，《北京师范大学学报》（自然科学版）2011 年第 5 期。
⑥ 常健：《"智慧应急"的应用与发展》，《中国应急管理》2018 年第 6 期。
⑦ 王英辉、吴济潇：《基于云平台的突发公共安全事件下应急物流路径优化研究》，《技术经济》2021 年第 12 期。

在此之后，Nelson 等指出供应链是产品从供应商开始，经过生产、加工、销售以及物流等一系列环节的物质流动。[①] Bijman 和 Hendrikse 指出供应链是以供应商为起点、以用户为终点，在物流分销过程中所形成的一对一、多对多或一对多的企业买卖与网络关系。[②] Kulkarni 和 Halder 认为供应链不仅是对供应商的管理，更是对不同节点相互连接的企业进行综合管理的一种新型管理模式。[③]

国内对供应链的研究始于 20 世纪 90 年代，研究内容主要包括供应链的概念、供应链的风险以及供应链的协同管理等。王丽杰认为供应链是将供应商、制造商、分销商、零售商以及最终用户连成一个整体的功能网络结构模式。[④] 何丽娜等提出供应链风险可以影响供应链上一个或者多个节点企业的正常运作，降低供应链的运营效率，严重时可能会导致供应链中断等问题。[⑤]

（二）关于物流企业供应链的研究

在供应链的实践管理方面，国内外学者开展了大量的研究。国外学者 Lu 和 Chen 提出突发公共卫生事件下物流企业供应链管理成为物流企业重点关注的问题，物流企业需要优化当前的企业资源以提高应急管理能力。[⑥] Karlin 通过对丰田、福特和 CAMI 的物流系统进行评估，提出成功的学习能力是企业长期可持续发展的关键竞争优势。[⑦]

---

① Nelson C., Lurie N., Wasserman J., et al., "Conceptualizing and Defining Public Health Emergency Preparedness," *American Journal of Public Health* 97 (S1) (2007): S9.

② Bijman J., Hendrikse G., "Co-operatives in Chains: Institutional Restructuring in the Dutch Fruit and Vegetable Industry," *Journal on Chain and Network Science* 3 (2) (2003): 95.

③ Kulkarni A., Halder S., "A Simulation-based Decision-making Framework for Construction Supply Chain Management (SCM)," *Asian Journal of Civil Engineering* 21 (2) (2020): 229.

④ 王丽杰：《供应链管理中的合作伙伴关系研究》，《经济纵横》2006 年第 3 期。

⑤ 何丽娜、王国涛、刘珏：《基于犹豫模糊 DEMATEL 与风险屋的供应链风险管理》，《计算机集成制造系统》2021 年第 5 期。

⑥ Lu C., Chen M., "Research on Supply Chain Management and Talent Assurance of Emergency Logistics Personnel under Public Health Emergencies," *American Journal of Industrial and Business Management* 11 (1) (2021): 60.

⑦ Karlin J. N., "Defining the Lean Logistics Learning Enterprise: Examples from Toyota's North America Supply Chain," Ph. D diss., University of Michigan, 2004.

国内学者解永进认为突发公共卫生事件会带来一定的社会危害，会对企业经营造成巨大挑战，尤其是对物流企业供应链造成巨大挑战，并根据实际情况提出突发公共卫生事件下物流企业的应急策略。① 陈彤等从物流模式、应急管理能力等方面对辽宁农产品供应链进行分析，针对性地提出突发公共卫生事件下供应链的应急策略，从而对物流企业供应链管理运作路径进行优化。② 周云等首先剖析了我国物流企业供应链绩效评价现状，其次在财务、客户、内部经营流程、学习与成长四个维度的基础上，加入绿色环保维度，构建出基于环保视角的物流企业供应链绩效评价体系。③ 陈霞对突发公共卫生事件下应急资源的有效分配路径进行研究分析，提出在新形势下我国应进行标准化应急管理以科学处理突发公共卫生事件。④

（三）关于物流企业供应链管理的研究

国外对供应链管理的研究较早，Macbeth 和 Ferguson 在研究中发现物流供应链纵向一体化管理可以有效控制和降低成本。⑤ Porteus 认为在供应链管理中应建立一个电子化的管理信息系统，用于监控库存和装运量，并在企业之间进行转移支付，从而提高物流供应链管理的全面性。⑥ 国内学者张泳分析了供应链管理所包含的内容，从战略管理的角度构建了供应链管理层次结构模型。⑦ 陈安和刘鲁通过使用企业内部供应链的优化模型和快速算法，结合外部供应链协作机制进行研究，提出供应链协作中的"双优"策略，分析了供应链信息传递中的

---

① 解永进：《全球金融危机对物流企业的影响及对策》，《中国商贸》2011 年第 26 期。
② 陈彤、姜爱林、道格尔：《蒙古国羊绒产业供应链发展战略研究》，《亚太经济》2021年第 5 期。
③ 周云、尹露、贾岩亮：《以绿色供应链为依托的农产品冷链物流企业绩效评价》，《商业经济研究》2016 年第 16 期。
④ 陈霞：《突发公共卫生事件档案管理机制分析》，《档案与建设》2021 年第 3 期。
⑤ Macbeth D. K., Ferguson N., "Strategic Aspects of Supply Chain Management," *Integrated Manufacturing Systems* 2 (1) (1991): 8.
⑥ Porteus E. L., "Responsibility Tokens in Supply Chain Management," *Manufacturing & Service Operations Management* 2 (2) (2000): 203.
⑦ 张泳：《供应链战略管理现状及对策研究》，《商业研究》2006 年第 2 期。

扭曲现象。[①]

在针对物流企业供应链管理的研究中，Khanna 等分析了不同的区块链在物流企业中的应用模型，通过对区块链不同框架的讨论，提出了利用区块链来增强供应链可跟踪性的资产转移模型。[②] 何晓光通过对国内外企业物流管理发展模式进行对比，根据企业物流管理的相关理论知识，从管理观念、法律法规、人才缺口、信息化程度、部门协调性五个角度，分析供应链模式下饲料企业物流管理的突出性问题，提出创新企业物流管理理念、培养专业型管理人才、注重物流信息化管理、降低企业物流成本等有效解决企业物流管理问题的建议。[③] 郑双怡和马自欣对现代企业物流供应链、企业市场竞争力等相关内容进行研究和分析，围绕企业核心竞争力的提升提出企业物流供应链现代化管理理念与管控逻辑，以期给予相关领域从业人员力所能及的帮助和支持。[④] 蒲定东提出为适应电子商务的发展，物流企业供应链管理创新需要不断完善。[⑤] 赵素娥认为，在突发公共卫生事件下，物流企业在保障人们的生活物资、医疗资源的供应中扮演着重要的角色，并以新冠疫情为研究背景，分析了城市物流供应链存在的问题，提出了大数据时代物流企业供应链管理的运作路径。[⑥] 陆杉和高阳通过对供应链系统下的企业物流管理进行研究，详细阐述了供应链和供应链系统的相关理论，认为在突发公共卫生事件下我国可以通过供应链协同来提高应急能力。[⑦] 刘志东等在对新冠疫情的研究中发现，市场供需不平衡的问题频繁出现，物流整合领域的

---

① 陈安、刘鲁：《供应链管理问题的研究现状及挑战》，《系统工程学报》2000 年第 2 期。

② Khanna T., Nand P., Bali V., "Permissioned Blockchain Model for End-to-end Trackability in Supply Chain Management," *International Journal of E-Collaboration* 16（1）（2020）：45.

③ 何晓光：《供应链管理模式下饲料企业物流管理现状及应对措施》，《中国饲料》2021 年第 1 期。

④ 郑双怡、马自欣：《供应链管理与企业现代物流管理》，《科技进步与对策》2001 年第 11 期。

⑤ 蒲定东：《电子商务时代的物流管理（一）》，《中国物资流通》2000 年第 3 期。

⑥ 赵素娥：《电子商务时代物流配送的思考》，《企业经济》2003 年第 1 期。

⑦ 陆杉、高阳：《供应链协同理论体系探讨》，《商业时代》2007 年第 30 期。

范围还在不断扩大，供应链管理成为现代物流发展的主要趋势。[①]

（四）关于物流企业供应链弹性的研究

物流企业的供应链弹性是衡量物流企业供应链能力的重要因素。近年来，国内外学者从不同角度对供应链弹性展开研究。Govindan 等认为在不确定的环境中，供应商管理必须围绕客户的最大需求展开，从某种程度上表明了供应链必须更具有弹性，增强供应链的弹性与灵活性可以提升供应链的竞争水平与绩效。[②] 供应链弹性是一种能够快速响应供应链中断并能及时恢复的供应链能力，可以有效阻止物流企业供应链出现中断，从而提高物流企业供应链的柔性管理水平。Blome 和 Schoenherr 通过分析八个欧洲企业的实际运营情况，进一步解释了如何在金融危机中做好供应链管理工作，并保证供应链弹性，同时阐述了供应链应急管理和风险管理的关系。[③] Gouda 和 Saranga 指出只有在供应链成熟的基础上，具有预防性质的供应链风险缓解措施才能发挥效用。[④] 基于以上观点，不难看出风险管理与物流企业供应链弹性建设之间相辅相成的关系。

国内学者对物流企业供应链弹性的研究主要集中在弹性提升、弹性构建、弹性评价与优化以及弹性测度四个方面。在弹性提升方面，赵林度和王新平认为供应链运行需要充分考虑供应链的柔性，通过提高供应链的柔性进而提升供应链的弹性，同时提高节点企业间的相互信任水平

---

① 刘志东、高洪玮、王瑶琪等：《"新冠肺炎疫情"背景下我国突发公共卫生事件应急管理体系的思考》，《中央财经大学学报》2020 年第 4 期。

② Govindan K., Azevedo S. G., Carvalho H., et al., "Lean, Green and Resilient Practices Influence on Supply Chain Performance: Interpretive Structural Modeling Approach," *International Journal of Environmental Science and Technology* 12 (1) (2015): 15.

③ Blome C., Schoenherr T., "Supply Chain Risk Management in Financial Crises—A Multiple Case-study Approach," *International Journal of Production Economics* 134 (1) (2011): 43.

④ Gouda S. K., Saranga H., "Sustainable Supply Chains for Supply Chain Sustainability: Impact of Sustainability Efforts on Supply Chain Risk," *International Journal of Production Research* 56 (17) (2018): 5820.

也可以提升供应链的弹性。① 在弹性构建方面，魏晶晶提出物流企业应从供应链的弹性生产、供应链设计的预嵌性、供应链的柔性和供应链所处的环境来构建供应链弹性体系。② 另外，王宇奇和刘金玲研究发现可以在弹性供应链构建过程中，利用弹性资源投入和供应链风险相匹配的方法，降低供应链运营成本，提高供应链的绩效。③ 在弹性评价与优化方面，朱新球通过建立 SCRA 操作模式对供应链能力及供应链脆弱性进行分析，根据分析结果评价物流企业的供应链弹性，根据最终结果提出供应链弹性优化策略。④ 在弹性测度方面，刘家国指出物流企业供应链弹性可以通过优化模型和模型影响因素及其之间的相互关系进行衡量。⑤

（五）关于物流企业供应链协同的研究

供应链协同的概念是由著名的供应链管理专家 David Anderson 和 Hau Lee 首先提出。随着研究的深入，国内外学者从不同的方面对物流企业供应链协同概念进行界定。Simatupang 和 Sridharan 认为供应链协同合作的目的是提高整条供应链竞争力，通过各节点企业间信息共享、计划协商、共担风险、共享收益实现收益最大化。⑥ 国内学者张莹认为供应链协同是指在产品或服务在供应链上流动过程中，通过供应链中各个部分协调努力，创造出的总价值大于每个部分价值的简单总和的过程。⑦ 葛亮和张翠华认为供应链协同以在合作中竞争、在竞争中合作为

---

① 赵林度、王新平：《供应链弹性管理研究进展》，《东南大学学报》（哲学社会科学版）2013 年第 4 期。
② 魏晶晶：《基于适应性能力提升供应链弹性的组态研究——以智能供应链企业为例》，《商业经济研究》2021 年第 2 期。
③ 王宇奇、刘金玲：《适度弹性视阈下我国原油供应链系统结构优化模型》，《系统工程》2018 年第 11 期。
④ 朱新球：《应对突发事件的弹性供应链研究》，社会科学文献出版社，2015，第143 页。
⑤ 刘家国：《供应链弹性：跨越冲击 赢得竞争》，经济科学出版社，2014，第 173 页。
⑥ Simatupang T. M., Sridharan R., "The Collaborative Supply Chain," *The International Journal of Logistics Management* 13 (1) (2002): 15.
⑦ 张莹：《供应链协同效应的理念误区》，《经济问题探索》2004 年第 6 期。

指导思想，通过沟通协商、契约谈判等协调方式来降低供应链的总运营成本，从而达到提高整体绩效与个体性能的目的。[1] 杨瑾认为供应链协同指的是供应链各节点企业之间互相协调、信息共享、相互信任、高效整合资源并最终提高供应链的整体效益。[2] 吴群等认为供应链协同是通过各节点企业间相互协调，优化资源配置，最终提高供应链柔性与整体竞争力。[3]

Srivastava 在供应链协调的研究中详细阐述"协调"一词，并列举了重要的协调机制，认为外包和信息技术的不断创新导致供应链成员之间的依赖性增强，需要有效协调风险和不确定性以应对这种依赖性。[4] 谢磊分析了加工装配式供应链供应环节的特点，综合运用多种实证方法，研究加工装配式供应链供应物流协同的影响因素及其作用机制。研究结果证实了合作伙伴关系、信息共享对供应物流协同的直接与间接作用，供应物流协同对供应链敏捷性有很强的正向影响，并以此为中间变量间接影响供应链企业绩效。[5] 金玉然等以辽宁省为例，系统梳理了我国钢铁企业与港口协同运营中存在的战略与运营层面的问题，提出了战略协同、组织协同、信息协同、物流协同、资本协同、激励协同等方案，设计了物流企业协同运作模式。[6]

（六）关于物流企业供应链成本控制的研究

Jiang 讨论了通过控制仓储成本、运输成本以及人力成本等有效降

---

① 葛亮、张翠华：《供应链协同技术与方法的发展》，《科学学与科学技术管理》2005 年第 6 期。

② 杨瑾：《网络关系嵌入对高端装备制造业供应链协同能力和绩效的影响研究》，《商业经济与管理》2015 年第 8 期。

③ 吴群、唐亚辉、李梦晓等：《物流技术创新对供应链柔性的影响：一个有调节的中介模型》，《管理评论》2020 年第 11 期。

④ Srivastava M. K., "Coordination Mechanisms for Supply Chain: A Review," *Journal of Supply Chain Management System* 6（4）（2017）：22.

⑤ 谢磊：《加工装配式供应链供应物流协同影响机制实证研究》，博士学位论文，华中科技大学，2013，第 112 页。

⑥ 金玉然、侯海云、李林林等：《港口-钢铁企业的供应链协同机制与对策——以辽宁省为例》，《物流技术》2014 年第 21 期。

低物流企业供应链成本的途径和方法。[1] Woo 等从两个方面对物流企业供应链成本进行了分析。一方面，物流企业供应链成本分布在库存、人工薪资、原材料采购、包装、运输、仓储等多个环节；另一方面，将成本划分为物流企业供应链系统总成本和合作机会带来的成本，认为在实际运用中可以从不同角度对成本进行归类，有针对性地对物流企业供应链成本进行调整。[2] Skerlic 和 Muha 为了确定供应链上不同的客户需求对供应商的业务流程和物流成本的影响，对拥有 30 家汽车行业供应商的斯洛文尼亚公司进行了抽样调查，调查结果显示使用系统来控制物流成本的公司在满足客户需求的过程中，业务流程的中断较少。[3] Priya 分析了位于泰米尔纳德邦 SIPCOT 内的公司整体的物流成本，并确立了物流成本与各种因素之间的关系。[4]

国内学者殷俊明和王跃堂认为企业供应链成本控制可以跨越单一的企业边界、内部生产周期与作业流程，使时间、空间以及流程范围得到延伸和扩展，在现代信息技术和企业供应链成本控制思想下，将企业供应链上各主体、各时段、各流程的成本和各种控制方法融合成一个统一的控制系统，并提出了与合作伙伴进行信息共享有利于企业供应链成本控制的观点。[5] 雷宏等认为社会经济的全面发展，为物流企业的发展注入了充足的动力，其深入分析了供应链视角下物流企业成本控制的策略，认为根据物流企业的发展需求将物流成本控制在合理范围内，不仅

---

[1] Jiang M.，"The Enterprise Logistics Cost Control under the Supply Chain Condition," *Journal of Beijing Institute of Economic Management* 26（1）（2011）：70.

[2] Woo Y. Y.，Hsu S. L.，Wu S.，"An Integrated Inventory Model for a Single Vendor and Multiple Buyers with Ordering Cost Reduction," *International Journal of Production Economics* 73（3）（2001）：203.

[3] Skerlic S.，Muha R.，"The Importance of Systems for Controlling Logistics Costs in the Supply Chain：A Case Study from the Slovenian Automotive Industry," *Promet-traffic & Transportation* 28（3）（2016）：299.

[4] Priya P. V.，"End to End Logistics Cost of Companies Operating in Sipcot, Tamilnadu," *Asian Journal of Research in Social Sciences and Humanities* 6（5）（2016）：891.

[5] 殷俊明、王跃堂：《供应链成本控制：价值引擎与方法集成》，《会计研究》2010 年第 4 期。

有助于物流企业运营成本的降低，而且为物流企业获取更多的经济和社会效益奠定了坚实的基础。① 刘彤和滕春贤主要立足于供应链视角下成本控制相关理论以及物流企业成本控制的发展现状，通过分析影响物流企业成本控制的因素，探究如何加强物流企业成本控制，并认为企业供应链成本控制是提升企业整体竞争能力的有效措施，也是企业实现更高层次发展的重要途径。② 李艳冰和汪传旭以成本利润率为目标函数，研究了由供应商和零售商组成的两级企业供应链成本的优化与协调问题，在分散决策、集中决策和回购策略下构建了新的企业供应链成本决策模型。③

四 物流企业风险评估的研究现状

在物流企业风险评估方面，国内外学者从不同角度对物流企业在突发公共卫生事件下的风险展开研究。Ye 和 Tiong 通过构建模型提出风险指数的概念，并指出了影响物流企业风险的主要因素。④ Ke 等对突发公共卫生事件下影响物流企业风险投资的因素进行了分析，总结出了突发公共卫生事件下风险管理的研究方法。⑤ 孙伟和李炜毅认为应该将突发状态下的物流企业的社会风险上升至与财务风险、经营风险等相同的地位，通过对突发公共卫生事件风险的识别与控制降低风险带来的损

---

① 雷宏、杨芳、郭奇：《基于供应链的茶叶企业物流成本控制策略研究》，《福建茶叶》2016 年第 9 期。

② 刘彤、滕春贤：《时间驱动作业成本法下的家电供应链成本核算》，《财会月刊》2013 年第 8 期。

③ 李艳冰、汪传旭：《基于成本利润率的两级供应链优化与协调》，《管理工程学报》2018 年第 1 期。

④ Ye S., Tiong R. L. K., "The Effect of Concession Period Design on Completion Risk Management of BOT Projects," *Construction Management and Economics* 21 (5) (2003): 471.

⑤ Ke Y., Wang S. Q., Chan A. P. C., "Risk Allocation in Public-private Partnership Infrastructure Projects: Comparative Study," *Journal of Infrastructure Systems* 16 (4) (2010): 343–351.

失。① 郭晓林和李军在考虑突发事故分级的条件下，验证了基于突发事故分级的运输路径风险模型的正确性，为物流企业运营风险下的运输管理提供了理论指导。② 黄世忠等指出在突发公共卫生事件下并不是所有企业的财务风险影响因素都能够得到有效控制，并将突发公共卫生事件下的财务风险分为投资风险、经营风险、融资风险和外汇风险。③ Chakravarty 等提出财务预算的编制可以为物流企业的经营项目提供方向和目标，对物流企业风险控制起到积极作用。④ 王棣华认为资金不能回收是突发公共卫生事件下物流企业财务风险中最大的风险。⑤ Oyetayo 和 Eboigbe 在分析风险时指出，物流企业通过组合风险能够较好地提升其面临风险时的应急管理能力，促进其稳定发展。⑥ 孙静提出了物流企业全面风险管理的方法。⑦ 张川和张涛通过对比总结不同类型物流企业的经营风险因素和评价指标，利用实证研究的方法对中国交通物流上市公司进行分析，结果表明应收资金、利润所得和合规经营是影响企业经营风险的三个重要维度。⑧ 刘喜民基于供应链金融理论，针对南沙自贸区内物流企业的特点，提出了存货、预付款及应收款相结合的组合质押融资模式以分散和控制物流企业的融资风险，并引入了支持向量机（SVM）回归理论，构建了一种融资风险评估模型，对物流企业融资风

---

① 孙伟、李炜毅：《基于 COSO ERM 框架的企业社会责任风险管理研究》，《中国注册会计师》2012 年第 12 期。

② 郭晓林、李军：《有害物品运输风险度量过程中的计算误差分析》，《统计与决策》2010 年第 1 期。

③ 黄世忠、周守华、叶丰滢等：《重大突发公共卫生事件下的企业财务业绩确认问题研究——以新冠疫情为背景的折旧问题理论分析》，《会计研究》2021 年第 3 期。

④ Chakravarty D., Hsieh Y. Y., Schotter A. P. J., et al., "Multinational Enterprise Regional Management Centres: Characteristics and Performance," *Journal of World Business* 52 (2) (2017): 296.

⑤ 王棣华：《突发事件下的企业财务管理》，《经济管理》2006 年第 3 期。

⑥ Oyetayo O. J., Eboigbe S. U., "Analysis of Financial Risk Management Strategies of Microfinance Banks," *Journal of Financial Risk Management* 7 (3) (2018): 223.

⑦ 孙静：《全面风险管理案例评析——以振远工程机械企业为例》，《财会月刊》2015 年第 31 期。

⑧ 张川、张涛：《经营风险与财务风险对物流企业成本的影响》，《系统工程理论与实践》2019 年第 9 期。

险进行了实证评估。① 在数字经济快速发展的背景下，安素霞等认为大数据对物流企业的风险控制能力提出了更高的要求，物流企业应积极使用数字技术，以此来实现高效稳定发展。②

五　物流企业成本管理优化的研究现状

突发公共卫生事件下影响物流企业成本管理优化的因素较为复杂，Sanders 和 Graman 认为突发公共卫生事件会造成对市场的需求预测产生偏差，在深入探究了需求预测偏差对物流企业供应链成本造成的影响后，强调降低物流企业供应链成本可以提高资源利用率。③ Jiang 研究了物流企业成本的内容，强调要控制供应链节点企业在仓储、运营等方面的成本，以达到降低成本的目的。④ Azi 等和 Max 使用 TDABC 法分析运输时效性与成本的关系，为优化企业的作业流程、降低企业运营成本、有效利用企业闲置资源与产能尤其是运输部门闲置资源与产能等提出合理建议⑤。Szychta 将 TDABC 法运用于第三方物流企业，丰富了物流企业成本管理相关的理论研究。⑥ Andersson 等认为对物流企业成本数据进行解析以及根据解析结果对物流企业成本进行有效控制，是物流企业取得竞争优势的关键，并强调 TDABC 法在物流企业成本核算中的重要作用。⑦ Lin

---

① 刘喜民：《南沙自贸区物流企业融资模式创新风险评估》，《商业经济研究》2018 年第 20 期。

② 安素霞、王磊、赵德志：《"互联网+"与企业财务风险》，《金融论坛》2022 年第 1 期。

③ Sanders N. R., Graman G. A., "Impact of Bias Magnification on Supply Chain Costs: The Mitigating Role of Forecast Sharing," *Decision Sciences* 47 (5) (2016): 881.

④ Jiang M., "The Enterprise Logistics Cost Control under the Supply Chain Condition," *Journal of Beijing Institute of Economic Management* 26 (1) (2011): 70.

⑤ Azi N., Gendreau M., Potvin J. Y., "An Exact Algorithm for a Single-vehicle Routing Problem with Time Windows and Multiple Routes," *European Journal of Operational Research* 178 (3) (2007): 755; Max M., "Leveraging Process Documentation for Time-driven Activity Based Costing," *Journal of Performance Management* 20 (3) (2007): 16.

⑥ Szychta A., "Time-driven Activity-based Costing in Service Industries," *Social Sciences* 67 (1) (2010): 49.

⑦ Andersson M., Berglund M., Flodén J., et al., "A Method for Measuring and Valuing Transport Time Variability in Logistics and Cost Benefit Analysis," *Research in Transportation Economics* 66 (2017): 59.

等对新型物流中的城市配送整合进行了研究，认为新型物流能够为企业带来成本节约和环境效益，通过整合城市配送体系可以优化企业物流成本。[1]

国内关于物流企业成本管理优化的研究，张延平等认为在大型突发事件下，应急物流尤其是应急食品物流成本管理，既要考虑企业经济效益，还要考虑更深层次的社会效益，提出了经济效益与社会效益相统一的研究物流成本管理及优化的新视角。[2] 张成将时间驱动作业成本法应用于冷链物流企业研究领域，研究表明此方法可提高冷链物流企业的经济效益，为国内物流企业成本控制提供参考与借鉴。[3] 周志方和蔡严斐将循环经济价值流分析理念引入企业逆向物流成本核算、分析与优化之中，建立物流成本核算与优化模型。[4] 胥洪娥对供应链视角下的物流企业成本控制策略进行了分析与探讨，完善了精细化管理理念，认为在社会分工进一步细化的基础上，以服务质量为核心对物流企业管理进行变革，可最大限度地提高物流企业资源的利用率、优化资源配置，从而降低物流企业的运营成本。[5] 周瑜研究多主体的协同参与，并将其作为应对突发性公共卫生事件的有效措施，对企业运营的各作业流程进行成本优化。[6]

六　物流企业绩效的研究现状

（一）关于物流企业绩效评价的研究

早期学者主要对物流企业的绩效进行评价研究。在企业绩效评价指

① Lin J., Chen Q., Kawamura K., "Sustainability SI: Logistics Cost and Environmental Impact Analyses of Urban Delivery Consolidation Strategies," *Networks and Spatial Economics* 16 (1) (2016): 227.

② 张延平、谢如鹤、黄小军：《大型突发事件应急食品物流成本分析及计算》，《江苏商论》2010 年第 7 期。

③ 张成：《时间驱动作业成本法在冷链物流企业运用研究》，《财会通讯》2014 年第 20 期。

④ 周志方、蔡严斐：《基于价值流分析的汽车回收企业逆向物流成本优化研究》，《软科学》2016 年第 1 期。

⑤ 胥洪娥：《基于物流能力体系的物流成本构成及控制方法的探讨》，《华东经济管理》2009 年第 8 期。

⑥ 周瑜：《突发性公共卫生事件应急成本管控与优化》，《财会月刊》2020 年第 15 期。

标的构建方面，国外学者 Karia 和 Wong 从非财务绩效的角度对成本和顾客两个层面进行指标划分，进而对物流企业绩效进行评价。[①] Kucukaltan 等通过基于利益管理者信息的 BSC 模型，把财务指标和非财务指标进行结合，从而将物流企业绩效的评价指标拓展至多个维度。[②] Lai 和 Wong 通过研究指出，物流企业运作和供应链紧密相连，并将供应链管理作为物流企业运营评价指标，对物流企业绩效进行综合评价。[③]

国内学者从历史发展和现状两个方面对国内外有关物流企业绩效的理论和方法进行探讨。张宝友等从财务层面研究物流企业的经营状况，对物流企业的财务绩效进行评价。[④] 随着物流企业的发展，刘光认为第三方物流企业的出现使得物流企业绩效的考核延伸到了非财务层面。[⑤] 在此基础上，赵林和李天在研究物流园区发展状况时，把与园区特点相关的环境污染控制等指标作为物流企业绩效的衡量标准。[⑥] 随着物流企业发展多元化，国内学者对其绩效评价的角度也呈现多样化。姜旭和胡雪芹主要从顾客服务、内部运营、经济状况、持续发展状况四个方面对物流企业绩效进行评价。[⑦] 近年来，在科技创新的引领下，周晓晔等又引入了物流产业集群绩效评价和物流企业创新绩效评价。[⑧]

[①] Karia N. , Wong C. Y. , "The Impact of Logistics Resources on the Performance of Malaysian Logistics Service Providers," *Production Planning & Control* 24 (7) (2013)：589.

[②] Kucukaltan B. , Irani Z. , Aktas E. , "A Decision Support Model for Identification and Prioritization of Key Performance Indicators in the Logistics Industry," *Computers in Human Behavior* 65 (2016)：346.

[③] Lai K. , Wong C. W. Y. , "Green Logistics Management and Performance：Some Empirical Evidence from Chinese Manufacturing Exporters," *Omega* 40 (3) (2012)：267.

[④] 张宝友、达庆利、黄祖庆：《中国上市物流公司动态绩效评价及对策》，《系统工程》2008 年第 4 期。

[⑤] 刘光：《第三方物流绩效评价管理体系研究》，《物流技术》2012 年第 13 期。

[⑥] 赵林、李天：《物流园区综合绩效评价指标体系及可发展潜力评价》，《天津大学学报》（社会科学版）2013 年第 6 期。

[⑦] 姜旭、胡雪芹：《基于组合赋权模型的物流企业绩效评价指标体系构建研究》，《管理评论》2020 年第 8 期。

[⑧] 周晓晔、孙欢、王喆：《基于云模型的区域物流产业集群绩效评价》，《工业工程》2014 年第 5 期。

（二）关于物流企业绩效影响因素的研究

国外学者从不同的角度出发，对物流企业绩效影响因素进行了相应的探究。Yu 从知识文化角度出发，基于服务创新研究知识管理体系对物流企业绩效的影响。[①] Wu 从企业能力出发，在复杂环境中将物流企业动态能力与资源进行比较，发现物流企业的动态能力对物流企业绩效的影响更大。[②] Guchait 等从客户需求角度出发，发现物流企业绩效受不同客户需求的影响，客户需求越大则满意度越高，物流企业绩效水平越高。[③]

国内学者也对物流企业绩效的影响因素做了研究。王小博和张毅对社会资本对物流企业经营绩效的作用机制进行分析，旨在为促进物流企业经营绩效提升、加快国民经济稳定健康发展提供新的理论依据。[④] 结合现有文献研究，姜旭和胡雪芹提出资产回报能力和客户服务水平的差异，是造成我国 5A 级物流企业之间存在差距的重要原因。[⑤] 吴小卫研究发现，对物流企业发展动力影响较强的因素为资源获取能力、产业环境、企业管理能力、企业文化和创新水平。[⑥] 近年来，相关学者又提出了物流企业的服务创新模式，丰佳栋验证了第三方物流在促进企业联盟的形成和针对用户的有效服务中都占据了重要地位。[⑦]

[①] Yu S. H., "Social Capital, Absorptive Capability, and Firm Innovation," *Technological Forecasting and Social Change* 80 (7) (2013): 1261.

[②] Wu J., "Asymmetric Roles of Business Ties and Political Ties in Product Innovation," *Journal of Business Research* 64 (11) (2011): 1151.

[③] Guchait P., Lei P., Tews M. J., "Making Teamwork Work: Team Knowledge for Team Effectiveness," *The Journal of Psychology* 150 (3) (2016): 300.

[④] 王小博、张毅:《社会资本对物流企业经营绩效的作用机制：基于创新速度与质量》,《商业经济研究》2021 年第 10 期。

[⑤] 姜旭、胡雪芹:《基于组合赋权模型的物流企业绩效评价指标体系构建研究》,《管理评论》2020 年第 8 期。

[⑥] 吴小卫:《我国物流企业发展动力及绩效考察——以 15 家上市物流企业为例》,《商业经济研究》2020 年第 12 期。

[⑦] 丰佳栋:《云计算视角下的第三方物流服务质量创新模型》,《中国流通经济》2015 年第 2 期。

第三节　相关概念界定

一　公共危机

近年来，突发性公共危机的频繁发生在一定程度上阻碍了社会的进步与经济的发展，并给社会公众的生命财产造成了重大损失。为减少或避免公共危机对社会的影响，国内外学者对公共危机展开了深入研究。Hopmann 和 Hermann 提出公共危机会影响事前已经制定的目标，而目标会随着公共危机的发生而改变，是一种情境状态。[①] 公共危机是能够将社会安全和环境等推至危险边缘的严重事件。Fishman 认为公共危机是一个会威胁组织、影响组织沟通等的难以预测的事件。[②] 张成福认为公共危机是一种紧急状态，严重威胁社会经济秩序正常运行，需要政府和社会协同合作，积极应对处理。[③] 吴宜蓁认为危机是一个意外紧急事件，其在没有任何预警的前提下发生，如果不能在较短时间内解决危机，会对企业的生存产生较大威胁。[④] 杨冠琼认为危机是一种影响社会秩序运转、威胁公众生命安全、引起社会恐慌的公共事件。[⑤] 吴忠民从组织学角度认为危机是由于出现了自然和社会问题，打破了组织的规律，使得组织难以维持当前的健康发展状态。[⑥] 魏玖长提出公共范畴和私域范畴都在危机事件的影响范围之内，而公共危机事件则是公共范畴

---

① Hopmann P. T., Hermann C. F., "International Crises: Insights from Behavioral Research," *The American Political Science Review* 68 (4) (1974): 1861.

② Fishman D. A., "Valujet Flight 592: Crisis Communication Theory Blended and Extended," *Communication Quarterly* 47 (4) (1999): 345.

③ 张成福：《公共危机管理：全面整合的模式与中国的战略选择》，《中国行政管理》2003 年第 7 期。

④ 吴宜蓁：《危机传播：公共关系与语艺观点的理论与实证》，苏州大学出版社，2005，第 24 页。

⑤ 杨冠琼：《危机性事件的特征、类别与政府危机管理》，《新视野》2003 年第 6 期。

⑥ 吴忠民：《中国中期社会危机的可能趋势分析》，《东岳论丛》2008 年第 3 期。

中产生影响的危机事件。①

本书认为，公共危机是一种突发的状态，能够阻碍组织的正常运行，所产生的破坏力往往超过了社会的承受能力，从而对组织或个人的各项利益及生命安全产生严重威胁，需要相关主体在短时间内采取有效的方法、手段对其进行应对。

二 公共危机管理

从"9·11"事件到 2020 年全球性新冠疫情暴发，社会对公共危机产生了极大关注，以公共危机管理为主的研究也成为当今学术界的热点。张小明对公共危机管理的主体进行了研究，认为政府和非政府公共部门以及企业和民众对公共危机管理起着重要作用。② 张成福认为公共危机管理过程是有计划、有组织且动态持续的，对于潜在未知或已出现的公共危机，政府应在其发展的各个阶段采取相应措施，以达到预防、应对和消除公共危机的目的。③ 刘晓亮和李思捷认为公共危机管理的过程是动态的，政府和其他社会公共机构应在公共危机发生前或发生时，采取一系列管理手段和方法，以防止和干预公共危机。④

总体来说，公共危机管理具有以下四个方面的特征。一是以人为本。公共危机管理坚持以人为本的原则，始终将受灾民众的生命健康安全放在首位，时刻关心受灾民众的生存环境，尽力减少受灾民众的财产损失。二是全面性。公共危机管理的全过程运行涉及多个层面，需整合并充分调动人力、财力、物力以及信息等资源，顺利构建公共危机管理体系，建立公共危机管理机构并对相关人员进行培训，实现对公共危机

---

① 魏玖长：《公众对突发公共卫生事件的风险感知演化与防护性行为的研究进展与展望》，《中国科学基金》2020 年第 6 期。

② 张小明：《公共危机预警机制设计与指标体系构建》，《中国行政管理》2006 年第 7 期。

③ 张成福：《公共危机管理：全面整合的模式与中国的战略选择》，《中国行政管理》2003 年第 7 期。

④ 刘晓亮、李思捷：《政府部门间协作、公共危机管理与成效影响机制——基于 24 个案例的清晰集定性比较分析》，《华东理工大学学报》（社会科学版）2020 年第 4 期。

的监测、预防、应对以及善后恢复的一体化体系的构建，从而对不确定的自然事件和社会突发公共事件进行系统管理。三是官方性。为了稳定公共危机发生时的社会秩序，并保证公共危机管理工作的有效开展，政府和相关部门会及时通报官方公共危机管理信息及情况，同时，政府工作人员会运用行政权力依法对相关资源进行调度并采取应急措施，保证非常态条件下社会公众生活的正常进行。四是网络性。公共危机管理的有效运行往往涉及社会各主体所发挥的作用，涉及的领域广、专业性强、层次丰富。因此，在公共危机管理过程中需要整合各方资源，统筹部署并协调作战，形成一个响应迅速、公平公开、科学合理的动态网络。

本书认为，公共危机管理是与私人企业等私营部门的危机管理相对的公共危机的管理，它通过科学验证及行之有效的方法对公共危机发生前的风险进行识别，在公共危机发生过程中进行有效响应，并对公共危机后的各项重建恢复工作进行干预指导和控制，达到全方位、全过程的管理效果。由于公共危机的时间顺序通常呈"发生—发展—消亡"的规律，因此，公共危机管理的周期便相对应划分成"预警期—暴发期—善后期"。

三　突发公共卫生事件

Hearit 和 Courtright 认为，突发公共卫生事件是对人类生存产生严重威胁的突发性危险。[①] Gale 等认为突发公共卫生事件不仅会影响社会的秩序、规则，也会威胁到社会的发展，这些突发公共卫生事件很难预测。[②] Grumbach 等认为突发公共卫生事件源自人类自身，其会给人类生

---

① Hearit K. M., Courtright J. L., "A Social Constructionist Approach to Crisis Management: Allegations of Sudden Acceleration in the Audi 5000," *Communication Studies* 54 (1) (2003): 79.

② Gale S. C., Shafi S., Dombrovskiy V. Y., et al., "The Public Health Burden of Emergency General Surgery in the United States: A 10-Year Analysis of the Nationwide Inpatient Sample—2001 to 2010," *Journal of Trauma and Acute Care Surgery* 77 (2) (2014): 202.

存和发展带来危险。[1] 张焕强认为突发事件具有非常规性、突发性和社会破坏性，需要在有限时间内采取措施积极应对。[2] 李苏鸣将突发公共事件分为狭义和广义两类。狭义的突发公共事件是指突然发生，给社会带来不良影响和严重危害的事件；广义的突发公共事件是指在人类历史上发生的不平常的大事件。[3] 曾光和黄建始认为公共卫生是一门促进健康、延长寿命、减少疾病的科学。[4] 郭新彪和刘君卓提出对社会公众身心健康产生直接威胁的事件属于突发公共卫生事件，其特点是在公共场所突然发生、难以事前预测、传播速度快、影响范围广、死亡率高、传染人数多等。[5] 童建指出以突发公共卫生事件的特点和规律为依据，可以得出产生突发公共卫生事件的原因有化工能源产品、食物中毒以及新型传染病等。[6] 陈坤认为突发公共卫生事件发生在某个区域，影响区域内人口健康，并随着时间发展而不断发生变化。[7]

本书认为，突发公共卫生事件是在人们无法预知的情况下突然发生，给社会公共安全造成严重的危害或者带来极其严重的负面影响，并需要采取相应的措施进行应对的事件；是突然发生，造成或者可能造成严重损害社会公众健康的重大传染病疫情、群体性不明原因疾病、重大食物和职业中毒以及其他严重影响公众健康的事件。

四 应急物流管理

应急管理的基本任务是预防准备、预测预警、响应控制、资源协调、抢险救援、信息管理和善后恢复，从而使应急管理体系其他子系统

---

[1] Grumbach K., Keane D., Bindman A., "Primary Care and Public Emergency Department Overcrowding," *American Journal of Public Health* 83 (3) (1993): 372.

[2] 张焕强主编《突发事件处理：案例与技巧》，中国经济出版社，2003，第6页。

[3] 李苏鸣：《军事语言研究》，人民武警出版社，2006，第65页。

[4] 曾光、黄建始：《公共卫生的定义和宗旨》，《中华医学杂志》2010年第6期。

[5] 郭新彪、刘君卓主编《突发公共卫生事件应急指引》，化学工业出版社，2009，第1页。

[6] 童建主编《突发事件公共卫生学》，苏州大学出版社，2005，第2页。

[7] 陈坤：《公共卫生安全》，浙江大学出版社，2007，第47页。

的功能在应对突发公共卫生事件时对物资的需求能够得到充分保障。在人类发展过程中，过去对于灾害的应对经验较少，让社会付出了惨痛代价。为了减少突发性灾难事件对人类社会产生的不利影响，当前社会正构建一种以应急管理为主体的知识架构，旨在通过科学技术与计划管理等方式对自然或人为造成的突发公共卫生事件进行处理和管控，稳定生活秩序，减少公众伤亡、财产损失以及社会动荡。因此，突发公共卫生事件下的应急管理指的是政府相关应急管理部门、其他非政府组织、社会机构在共同应对突发公共卫生事件时，借助应急管理信息系统搜集各种事件信息，包括事件发生的时间、地点、起因、严重程度、传播速度及影响范围等，并根据搜集到的信息制定突发公共卫生事件应急预案，构建应急管理体系和应急处置机制等，最大限度地将突发公共卫生事件带来的负面影响降到最低，并减少突发公共卫生事件给公众的身心健康和经济社会造成的威胁，同时最大限度地保障事件发生时公众的生命财产安全。

应急物流管理是由突发公共卫生事件引发，满足突发公共卫生事件下各级应急处理中心对应急救援物资需求的物流管理活动。应急物流在空间、时间上具有一定程度的效用，且具有流体、流向、流程、流量、流速及载体六大要素，但由于应急物流在此基础上还面临严格的时间要求，因此其还存在特定的时间要素。这意味着应急物流在特殊情况下可以通过提升物流效率的方式实现物流效益的获取。从广义角度来说，一切由突发公共卫生事件引起的应急物资在空间和时间上的移动都可称为应急物流。深入分析引发原因、需求时间及相关约束条件，可将受灾地区的应急物流分为两种类型。① 一是持续性的应急物流。它是主要流转于难民营、区域性饥荒待救济区域等，且工作时间较长的应急物流，此类应急物流在应急救援物资流转上的约束条件较为固定，应急救援物资数量、运送地点以及地区环境都相对确定。二是突发性的应急物流。当

---

① 刘小艳：《我国应急物流现状及体系构建初探》，《特区经济》2010 年第 2 期。

突发公共卫生事件发生时，受影响地区对应急救援物资的需求量激增，这类应急物流就是为了应对突发公共卫生事件下应急救援物资紧缺甚至没有应急救援物资的物流供应活动。它的要求较为严格，在短时间内不仅要筹措相应数量的应急救援物资，构建完善的物资供应网络，还要征集物流运输工具，以最快速度在最短时间内实现应急物流在空间上的效用，从而保障突发公共卫生事件发生时对物资需求的有效满足。与持续性的应急物流不同，突发性的应急物流受突发公共卫生事件的影响，其物流活动的约束条件如应急救援物资供应数量、可用运输工具、运送地点及数量等会随时间、政策等因素发生变化。

本书认为，应急管理在应急管理体系中处于重要地位，是指政府、企业以及其他公共组织为了维护公共安全、环境安全和社会秩序并保护公众人身财产安全，在突发公共卫生事件的事前、事发、事中、事后所进行的预防、响应、处置、恢复等活动的总称。应急物流管理主要是指在发生突发公共卫生事件以及自然灾害时，以及时提供应对各类突发公共卫生事件所需的应急救援物资为目的，在实现受灾损失最小化的同时满足时间效益最优的一种特殊物流管理活动。

五　应急管理机制

"机制"一词最早在希腊文中用来指机器的构造及动作的原理，现广泛运用于社会经济等各个层面，泛指一个工作系统的组织或系统的组成部分之间相互作用的过程与方法。其运行规律由人为设定，符合人的需要。我国的应急管理内容呈"一案三制"的特点。其中，"一案"为处理突发公共卫生事件的应急预案，"三制"即应急管理工作中的法制、运行机制及管理体制。"一案"与"三制"互为表里、相互作用。应急预案是"一案三制"的前提，管理体制则是"一案三制"的基础。专业化的应急管理部门和应急指挥机构可以发挥其组织领导作用，积极调动社会各界力量参与救援工作，第一时间调配各种应急物资，在突发公共卫生事件中做到事前预警、事中应急处理、事后学习反馈。运行机制是"一案三制"的关键。应急管理工作中的运行机制主要包括预警监测、应急协同、信息共享、运作与安全保障、资源调配和应急响应等机制，各项机制相互配合、环环相扣，共同推进突发公共卫生事件的有效应对。

关于社会多主体协同管理方面的研究，Kapucu 和 Hu 通过对美国应急管理工作中政府跨部门合作进行研究，发现政府跨部门合作在应对突发公共卫生事件中具有正向作用。[1] Simo 和 Bies 认为仅仅依靠政府处理突发公共卫生事件远远不够，需要非政府组织的参与，非政府组织在应对突发公共卫生事件中发挥了明显的不可替代的作用。[2] 鲍芳修在政府跨部门合作的基础上建立了应急管理协同机制。[3] 政府应加强在应急管理过程中的跨部门合作和区域间合作，在部门和区域之间构建应急管理协同机制。王薇指出，由于政府的自身属性，其应急联动会受到限制，为了更好地构建跨区域应急管理协同机制，政府需要借助大数据构建信息共享和资源配置平台。[4] 李洪雷和张亮通过研究指出，非政府组织在应对突发公共卫生事件时，有其自身固有优势。相较于政府组织，非政府组织能提供更灵活和更富人性化的服务，以此提高应对效率。[5]

关于应急管理协同效率方面的研究，Wybo 和 Lonka 认为提高应急管理协同效率的根源在于信息网络通信技术的发展和进步。[6] Kapucu 等指出由于应急管理参与者之间缺少沟通和交流，应急管理协同效率低

---

① Kapucu N., Hu Q., "Understanding Multiplexity of Collaborative Networks：A Social Network Analysis Perspective," *American Review of Public Administration* 46 (4) (2014)：399.

② Simo G., Bies A. L., "The Role of Nonprofits in Disaster Response：An Expanded Model of Cross-sector Collaboration," *Public Administration Review* 67 (2007)：125.

③ 鲍芳修：《地方政府应急管理中的跨域合作：基于组织间网络的分析框架》，《甘肃理论学刊》2013 年第 4 期。

④ 王薇：《跨域突发事件府际合作应急联动机制研究》，《中国行政管理》2016 年第 12 期。

⑤ 李洪雷、张亮：《论地方政府在应对突发公共卫生事件中的发布预警职责》，《中国社会科学院研究生院学报》2021 年第 4 期。

⑥ Wybo J. L., Lonka H., "Emergency Management and the Information Society：How to Improve the Synergy？" *International Journal of Emergency Management* 1 (2) (2002)：504.

下，需要对参与者进行管理援助训练。[1] 在构建应急管理协同机制的研究方面，Blome 和 Schoenherr 认为在全国范围内构建应急管理协同机制对国家的安全与稳定非常重要。[2] 在应急协同决策的研究方面，刘洪渭等通过 H1N1 禽流感的例子，分析了突发公共卫生事件的应急协同决策问题，建立了应急决策的拓扑结构。[3] 关雷等运用模糊理论及协作支持系统等方法，得到了应急协同决策方法。[4]

在应急管理协同能力的影响因素与协同模型的研究方面，潘潇和樊博分析了政府跨部门应急管理协同能力的影响因素，构建了政府跨部门应急管理协同能力的模型。[5] 王琳和王海霞指出应急主体、应急策略和应急物资是影响区域应急管理能力的因素。[6] 陈兴等构建了应急决策模型，该模型的特点是多目标、多主体、多部门、多阶段。[7]

突发公共卫生事件应急管理协同联动机制是一种外部机制，其建立是为了最大限度地减少突发公共卫生事件造成的各种风险。在紧急状况下，政府、企业、社会组织、军队等多个主体在合作的基础上，实现信息共享、资源配置优化。在社会多元主体的应急管理研究方面，Cigler 认为社会团体、各种公益组织、社会公众以及志愿者组织等主体在应急

---

① Kapucu N., Augustin M. E., Garayev V., "Interstate Partnerships in Emergency Management: Emergency Management Assistance Compact in Response to Catastrophic Disasters," *Public Administration Review* 69 (2) (2009): 297.

② Blome C., Schoenherr T., "Supply Chain Risk Management in Financial Crises—A Multiple Case-study Approach," *International Journal of Production Economics* 134 (1) (2011): 43.

③ 刘洪渭、张朋柱、李树荣等:《突发公共事件的决策网络及其协同决策分类》,《上海管理科学》2011 年第 1 期。

④ 关雷、佟士祺、颜华琨等:《基于群体网络计划的应急协同决策方法》,《大连海事大学学报》2012 年第 3 期。

⑤ 潘潇、樊博:《应急管理中跨部门协同能力的影响因素研究——以食品药品安全联合监管为实证背景》,《软科学》2014 年第 2 期。

⑥ 王琳、王海霞:《突发事件下应急协同决策主体胜任特征研究》,《领导科学》2019 年第 10 期。

⑦ 陈兴、王勇、吴凌云等:《多阶段多目标多部门应急决策模型》,《系统工程理论与实践》2010 年第 11 期。

管理工作中起着重要作用。[①] Waugh 和 Streib 提出应急管理机制中最基本的构成要素应该是网络协作。[②] Boin 认为需要政府组织和非政府组织一起应对突发事件、灾难危机以锻炼其应对危机的能力。[③]

本书认为，应急管理机制是指在突发公共卫生事件的事前、事发、事中、事后全过程中，为了保障公共安全并有效应对突发公共卫生事件，所采取的各种制度化、程序化的应急管理方法与措施。

第四节　理论基础

一　公共安全管理理论

公共安全管理旨在保障社会正常运作。公共安全是维护社会和谐有序的基础和保证，是保障人民安居乐业、推动国家经济发展、促进国家实现可持续发展的重要前提。

公共安全管理包括针对各种突发事件、事故和灾害的预防监测、应急管理、预警提醒、指挥救援、迅速响应、关闭与恢复、总结与改进等环节。公共安全管理涉及的风险和隐患范围较广，学术界普遍认为公共安全管理主要包括：自然灾害、生产安全、灾难事故、信息安全、社会安全事件、公共卫生事件、食品安全、能源安全、交通安全、环境安全、资源安全和城市安全等。公共安全的影响因素包括社会环境、自然环境、卫生、生态环境和科技水平等因素。社会环境主要指造成社会不安宁的违法犯罪活动；自然环境主要指旱涝、地震、海啸等自然灾害；卫生主要指传染病，比如新冠疫情；生态环境主要指海洋污染、大气污

---

① Cigler B. A., "Hurricane Katrina: Two Intergovernmental Challenges," *Public Manager* 35 (4) (2007): 3.

② Waugh Jr W. L., Streib G., "Collaboration and Leadership for Effective Emergency Management," *Public Administration Review* 66 (2006): 131.

③ Boin A., "Meeting the Challenges of Transboundary Crises: Building Blocks for Institutional Design," *Journal of Contingencies and Crisis Management* 17 (4) (2009): 203.

染等生态遭到破坏的情形；科技水平主要指信息安全等。

政府是公共安全管理的领导者与公共安全的主要提供者，维护公共安全是政府履行管理职能的具体表现。在政府不断向服务型政府转型的背景下，政府应以人为本，提高公共管理的能力，尽可能地为社会公众提供公共安全服务，积极地参与社会援助。新冠疫情不仅是对政府公共安全管理和应急处置能力的考验，也是对各个行业的考验。政府在公共安全管理中承担着重要责任。

我国对公共安全管理的研究起步较晚，发展历程可大致划分为以下三个阶段。

第一阶段（2004～2006年），清华大学率先在国内开展公共安全管理研究，并于2006年发布了以公共安全管理应急平台体系建设为主题的方案规划。同年，国家发布了《国家突发公共事件总体应急预案》，标志着中国的应急预案框架体系建设进入了初级阶段。

第二阶段（2006～2008年），由于政府相关部门对公共安全管理建设的持续投入，全国各地逐步进入了应急联动系统建设时期。在信息化建设过程中，各级政府有关部门已逐步建立起为各自部门服务的应急指挥控制或报警系统，这一举措为全面建设国家公共安全管理智能平台体系创造了有利条件。

第三阶段（2008年至今），2008年首届中国城市安全防范高层论坛讨论了公共安全和城市应急指挥系统的建设等智能解决方案。在此期间，相关技术实现加速创新，包括城市应急响应系统、城市视频监控系统以及车辆防盗系统和网络防盗报警系统等在内的有关公共安全管理的智能系统不断出现。2011年3月16日发布的《国民经济和社会发展第十二个五年规划纲要》明确指出，中国将加强包括食品药品安全、安全生产管理在内的公共安全体系建设，同时将加强水利建设及防灾减灾体系建设。

总的来说，公共安全是维护社会和谐有序的基础和保证，是保障人民安居乐业、实现社会长治久安、推动国家经济发展、促进国家实现可持续发展的重要前提。对于公共安全与管理工作，在中国特色社会主义进入新时代后，更是对其提出了新的要求。

二　危机管理理论

危机（Crisis）是对达成组织的目标过程产生威胁，从而需要组织对其进行快速反应的突发公共事件，包含危险和机会两个层面。危机具有以下四个方面的特性。

（1）突发性。危机往往就是在民众意想不到的情况下发生，在危机暴发前，鲜少有人能够预测或意识到。比如2001年的"9·11"事件，危机暴发的突然性及其强大的破坏力让毫无准备的民众措手不及，需要政府部门与社会公众及时应对，减少损失并化解危机。危机突然暴发，在技术手段更新不及时、信息获取迟缓、应急物资配送不到位的情况下，容易导致决策出现失误、社会公众情绪失控等问题。

（2）不确定性。不确定性是危机最主要的特点，危机后果的严重性往往是其突然暴发、时间紧急、对发生原因不确定等原因所致。如果事先意识到危机即将发生或事先注意到有可能引起危机的细节，那么危机完全可以有机会避免，即使危机产生也能得到及时有效的控制。

（3）破坏性。破坏性是危机最本质的特征，其危害可分为无形和有形、短期和长期。有形的危害是指社会公众的生命安全与财产安全受到损害，如地震、新冠疫情等突发公共事件对有形资产的破坏；无形的危害则是对社会公众的心理健康、精神以及社会价值观的影响，比如在突发公共卫生事件下的一些生存伦理问题等。不管是有形还是无形的危害，其影响都既可能是短期的也可能是长期的。

（4）扩散性。危机的暴发和发展都具有一定的动态性，其产生的危害和影响也具有一定的扩散性。就波及范围而言，其扩散性势必导致连锁反应的发生，例如新冠疫情全球性暴发，使得世界各国经济的发展均在一定程度上受到影响。一个危机的暴发往往也会引发另一个危机，这也充分体现了其扩散性的特点。

　　危机管理理论发展至今，已经形成了众多类型的危机管理模型。如表 1-1 所示，最常见的危机管理模型主要有四阶段划分理论模型、五阶段划分理论模型以及六阶段划分理论模型。Steven Fink 的四阶段划分理论模型认为，在危机的各个时期都需要设计出相应的危机管理计划，以较早地识别和发现危机并及时处理危机。Robert Heath 基于四阶段划分理论的 4R 模型有效地对危机进行管理控制，即危机消减、危机预备、危机反应、危机恢复，本书构建的安全保障体系就是基于此模型。Lan Mitroff 的五阶段划分理论模型主要关注危机的管理者是否在危机产生的各个阶段做出了相应决策，并重点关注执行和解决情况。Norman R. Augustine 的六阶段划分理论模型提出需最大限度地使组织避免陷入危机。危机一旦发生，则要尽快接受并做出相应调整，从而对危机进行有效管控。

表 1-1　危机管理模型

模型	阶段划分		具体内容
四阶段划分理论模型（Steven Fink）	第一阶段	潜伏期	处于量变过程，有迹可循
	第二阶段	发作期	事件已经发生并且带来危害
	第三阶段	延续期	影响开始逐渐平稳
	第四阶段	痊愈期	危机消退，问题解决
四阶段划分理论模型（Robert Heath）	第一阶段	危机消减	消减危机的攻击力和影响
	第二阶段	危机预备	对危机处理进行合理的准备
	第三阶段	危机反应	尽全力应对已经发生的危机
	第四阶段	危机恢复	在危机消除后进行恢复作业
五阶段划分理论模型（Lan Mitroff）	第一阶段	信号的侦测阶段	识别新的警示信号，采取预防措施
	第二阶段	探测与预防阶段	搜集相关危机因素，尽力降低危害
	第三阶段	控制损害阶段	组织成员应对，保障正常运作
	第四阶段	恢复阶段	尽快恢复正常运行状态
	第五阶段	学习阶段	整理反馈，积累经验

续表

模型	阶段划分		具体内容
六阶段划分理论模型（Norman R. Augustine）	第一阶段	危机的避免	减少并尽力避免可能发生的危机
	第二阶段	危机管理的准备	为危机做好准备
	第三阶段	危机的确认	对危机进行判断，提出正确的决策
	第四阶段	危机的控制	根据不同情况确定工作的次序
	第五阶段	危机的解决	快速采取行动化解危机
	第六阶段	从危机中获利	总结经验教训

三 危机生命周期理论

"危机"一词起源于医学用语，人的生命周期会经历出生、成长和死亡，危机犹如人的生命周期，危机的每一发展阶段都有不同的特征。危机生命周期理论侧重于研究危机的发生、发展与消亡的整个过程，在对危机的整个过程的研究中，可以了解并掌握其各个阶段的特点和规律。突发公共卫生事件属于危机的一种，具备危机发展的生命周期规律。因此，需要掌握突发公共卫生事件发生的各个阶段的规律和特点。危机管理学家 Robert Heath 采用集合的方式对突发公共卫生事件的危机过程进行直观描述，如图 1-1 所示。

图 1-1 左侧为利益主体和利益相关者认知，表示两者在突发公共卫生事件中的认知、沟通活动，右侧则表示突发公共卫生事件对社会、经济、政治、环境和公众精神等多方面的影响。上方表示突发公共卫生事件发生和初期处置的阶段，主要体现为利益主体对突发公共卫生事件所做出的反应，下方则表示突发公共卫生事件结束之后的恢复阶段，开始从实际层面逐步转到精神层面。Robert Heath 认为突发性和不确定性是突发公共卫生事件的特征，在突发公共卫生事件发生之后，社会公众对突发公共卫生事件的认知，在对其进行深入调查并在获取基本信息后会发生转变，开始逐步转向主观精神假设。这种精神假设涵盖的过激情绪超出了事件本身，通过更深层次的认知后，精神才会逐渐进入恢复阶段。

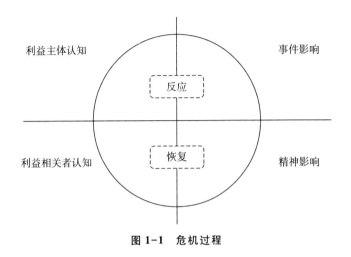

图 1-1 危机过程

四 应急管理理论

应急管理理论是危机管理理论的延伸，是对危机管理理论的补充。应急管理是指为了使突发公共卫生事件的危害降到最低、实现策略优化的目的，在应急管理过程中对突发公共卫生事件发展历程展开分析，并集中调度各种社会资源，实现对突发公共卫生事件的预测、控制和处理。[①] 可以将其分为应急防范、应急准备、应急反应与应急恢复四个阶段，也可以将其分为事前预报、事中处置与事后恢复三个阶段，与突发公共卫生事件下企业恢复运作的过程相吻合。应急管理过程中的每个阶段紧密相连，各个阶段都有各自的特点和目标任务。因此，要实时掌控突发公共卫生事件的发展情况，及时调整应对措施。物流企业以应急管理理论为基础，旨在在突发公共卫生事件影响下通过快速反应、积极应对，采取恰当的安全保障机制以降低风险、减少损失。

城市化进程的加快和交通运输网的扩展，在一定程度上加快了突发公共卫生事件传播的速度，给社会公众身心健康与社会经济发展带来了巨大的危害。因此，在面对突发公共卫生事件时，要善于运用应急管理

---

① 陈安、陈宁、倪慧荟等：《现代应急管理理论与方法》，科学出版社，2009，第46页。

理论，及时地预防、监测和应对突发公共卫生事件，切实保障社会公众的生命和财产安全，维护社会稳定。

突发公共卫生事件的应急管理是公共危机管理的一部分，运用应急管理理论应对突发公共卫生事件时，首先要具备危机意识，事前积极做好防范措施，通过宣传并树立社会公众的危机意识和防范意识，加强应急管理方面的培训和演练，避免在突发公共卫生事件发生时慌乱无措。其次要将受灾群众的生命安全置于首要位置，最大限度地减少事件带来的损失。再次要确定应急指挥机构，组织协同多方主体共同应对，并健全应急管理法律法规和相关制度，加强对应急组织的管理和保障。最后要构建应急管理信息系统，及时、准确地收集事件信息，根据事件发展的态势及时调整应对策略，促进事件信息在应急主体之间的共享。

五　灾害经济学理论

灾害经济思想最早由英国著名经济学家穆勒提出，他主张在短时间内，地震、战争、传染病、洪水等对经济的破坏可以消失。[1] 随着经济发展受到频发性灾害影响而停滞，灾害经济研究才逐渐受到各国学者的重视。Kunreuther 将自然灾害作为研究对象，利用经济学供求模型对自然灾害引起的应急物资价格的变化做了实证分析，此后灾害经济学理论扩展到实证研究范畴。[2] 20 世纪末，我国学者才渐渐开始研究灾害经济问题，我国第一次召开的灾害经济学座谈会首次提出要对灾害经济学进行深入全面研究，并发表了一系列著作，这使得我国在灾害经济学研究方面取得了突破性进展。[3]

灾害经济学理论是研究灾害从发生前的预警和预防阶段到发生后的应对与救援阶段，再到结束后的恢复与学习阶段所涵盖的经济关系的一

---

① 〔英〕约翰·斯图亚特·穆勒：《政治经济学原理》（上），金镝、金熠译，华夏出版社，2009，第 56 页。

② Kunreuther H., "The Peculiar Economics of Disaster," *Papers on Non-market Decision Making* 3（1）（1967）：67.

③ 王艳艳、刘树坤：《灾害经济研究综述》，《灾害学》2005 年第 1 期。

门理论，借鉴经济学、环境学、生态学和社会学等多学科理论，对其进行深入研究，可以为社会公众应对灾害提供理论依据，也可以为社会经济的可持续发展提供理论支撑。

灾害经济学理论的研究对象是灾害的预防、应对及事后恢复过程中所涉及的经济关系，而并非灾害本身的固有属性，其基本原理可以概括为四点。一是灾害反馈原理。灾害从开始到结束会经历发生、持续、增长、减弱和平息等多个阶段，每个阶段持续时长和严重程度各不相同。因此，需要分析和及时反馈各个阶段灾害情况的信息并制定应对对策。二是不可完全避免原理。灾害在人类社会的发展进程中是不可避免的。三是同步治标治本原理。在应对灾害的过程中，要兼顾治标和治本，达到相互促进，实现双赢。四是利害互通原理。虽然灾害带来损失，但是在救灾的过程中可以充分利用灾害应对过程来汲取应对经验。

六　系统论

系统论最早由生物学家 Ludvig Von Bertalanffy 在 1997 年提出。1973 年，他发表的《一般系统理论：基础、发展和应用》一书，为系统论的发展奠定了重要基础。他认为系统是一个由多种元素构成的有机整体，这些元素会受到外界因素的影响，各个元素在外界因素的影响下产生联系并相互制约，形成一个有机集合体。我国学者钱学森认为，一个有机整体是由众多部分组成的，该有机整体可以被称为系统，系统又具有某些特定的功能，系统内各个组成部分之间存在一定的依赖性和相互作用，这个系统又成为一个更大系统的组成部分。

突发公共卫生事件应急管理工作是一项复杂的系统工程，系统整体功能的最大化、效果的最优化是系统论所追求的目标，不要求系统内各个部分单独达到最优。在突发公共卫生事件中，政府、非政府组织、企业、社会公众可以被视为一个系统，可以系统论方法为指导，发挥它们各自的作用，构建更为科学高效的突发公共卫生事件应急管理系统。

七 协同理论

协同理论是由著名的物理学家 Hermann Haken 于 1976 年提出，它是以系统论、信息论、控制论、突变论等为基础，强调"协同合作"，也可以称为"协同学"或者"协和学"。其含义是通过发挥多系统的协同作用，使系统从无序状态转变成有序状态。基于协同理论，构建良好的供应链协同体系，能够对供应链上各主体企业的发展起到支撑和促进的作用。物流企业与其他主体企业为了实现供应链协同的有效性，通过遵循流程规则、签订合同契约等方式进行明确分工，规范各自的行为。同时，供应链上合作关系显著改善。通过供应链协同过程，将所有参与活动的企业主体联系在一起，它们不再是单一的业务关系，而是为了实现共同目标而密切合作的伙伴关系。因此，物流企业要挑选最为匹配的合作伙伴，实现供应链协同效应。

刘冰等提出根据我国应急管理的实际情况，应将法律、资本、资源、信息和权责五个部分纳入应急管理工作中。[①] 康伟等强调了非政府组织在应急管理工作中的重要作用，其可以和政府组织优势互补。[②] 赵金龙等指出区域协同的必要性，区域之间应加强应急管理工作的协同，区域组织体系的构建能推动区域应急管理体系的建设。[③]

协同理论运用了系统论的思想，把无序的状态转化为有序的状态。协同理论认为，系统的协同效应是指系统内部各子系统与外界有着充分开放的联系，能与外界进行物质和能量的交换，系统内部各子系统之间相互协同，才能使整个系统产生协同效应。协同理论指出，不同系统间的属性虽各有差异，但是受一定环境的影响，各个系统之间也会自发地

[①] 刘冰、阎嘉琪、刘稚楠：《国外公共图书馆重大突发事件应急管理机制案例研究》，《国家图书馆学刊》2022 年第 1 期。

[②] 康伟、陈茜、陈波：《基于 SNA 的政府与非政府组织在公共危机应对中的合作网络研究——以"4·20"雅安地震为例》，《中国软科学》2014 年第 5 期。

[③] 赵金龙、黄弘、朱红青等：《我国城市群突发事件应急协同机制研究》，《灾害学》2019 年第 2 期。

相互影响和合作，在特定的前提条件下，系统之间的关系不是一成不变的。协同理论注意到了差异化系统在达到临界状态时的变化，在一定程度上促进了人们对系统内部机制的认知。

本书认为，突发公共卫生事件的发生和持续蔓延，不仅威胁社会公众的安全，也对社会经济、政治等方面造成了损失，严重影响了社会公众的正常生活和社会秩序。在突发公共卫生事件的应急管理过程中，涉及社会多个主体的参与，这些主体在应急管理过程中的优势各不相同，承担的责任和义务也不尽相同。协同理论在于通过促进多元主体协同合作，打破各个主体之间原有孤立的局面，整合优化各方资源，将多个主体纳入系统之中，发挥出最大协同效应。协同理论为我国应对突发公共卫生事件、建立应急管理协同机制提供了重要理论依据。

八 协同治理理论

协同治理是多个社会利益相关主体共同制定政策，协同治理突发事件的过程。Newman 等提出协同治理应由政府出台策略，强调各方参与解决一些突发公共事件问题。① Bryson 等构建了跨部门协同治理的模型。② Emerson 等提出了一个更为动态的协同治理分析框架。③ 刘伟忠认为社会多个主体共同协调、应对社会复杂事务是协同治理的过程。④ 郑巧和肖文涛认为在一个由政府、社会组织、企业、社会公众等构成的协同治理系统中，各主体可以相互配合应对公共事务。⑤ 余亚梅和唐贤兴提出协同治理的本质在于政府与公众合作处理社会事务。⑥ 郁建兴和任泽涛认为

---

① Newman J., Barnes M., Sullivan H., et al., "Public Participation and Collaborative Governance," *Journal of Social Policy* 33（2）（2004）：203.
② Bryson J. M., Crosby B. C., Stone M. M., "The Design and Implementation of Cross-sector Collaborations：Propositions from the Literature," *Public Administration Review* 66（2006）：44.
③ Emerson K., Nabatchi T., Balogh S., "An Integrative Framework for Collaborative Governance," *Journal of Public Administration Research and Theory* 22（1）（2012）：1.
④ 刘伟忠：《协同治理的价值及其挑战》，《江苏行政学院学报》2012 年第 5 期。
⑤ 郑巧、肖文涛：《协同治理：服务型政府的治道逻辑》，《中国行政管理》2008 年第 7 期。
⑥ 余亚梅、唐贤兴：《协同治理视野下的政策能力：新概念和新框架》，《南京社会科学》2020 年第 9 期。

全社会的协同中，政府应发挥引导作用，且拓宽社会组织参与协同治理的渠道是目前我国协同治理的主要原则。①

系统内各个子系统相互协作的方式被称为"协同"，联合国全球治理委员会将"治理"定义为政府与非政府组织相互协作，对社会公共事务进行管理的过程。从学理角度来看，这门学科由协同学和社会科学两门学科交叉形成，协同治理体现了治理主体的多样化，协同治理理论研究的是政府与其他非政府主体之间的多元治理问题。协同治理概括地说就是政府、非政府组织、企业、社会公众等多方主体为了应对突发公共卫生事件，在共同目标下，构建一个资源共享、相互依赖、权责共担、协调统一的治理体系，其具有以下几个特征。

（一）治理主体间的协同性

政府与非政府组织、企业、社会公众构成协同治理系统，它们是协同治理系统的一部分，即相当于子系统，子系统之间应基于平等、依赖与信任的原则相互协商、共同治理突发公共卫生事件。在突发公共卫生事件治理的过程中，仅仅靠政府一方难以应对，政府只有和其他社会主体建立合作关系，加强彼此之间的协同，才能更有效地解决突发公共卫生事件带来的危机。政府不占据绝对主导地位，但是其他社会主体仍需要政府的引导，这样才能更好地发挥协同作用。因此，政府在突发公共卫生事件的治理过程中仍然承担主要责任。

（二）治理主体的多元化

突发公共卫生事件治理主体的多元化是指在事件的治理过程中，不仅有政府的参与，还有非政府组织、企业、社会公众等多方主体的参与。政府由于具有行政机关的性质，其自身的资源和信息有限。在突发公共卫生事件下，政府资源已经无法满足应对突发公共卫生事件的要求，而其他社会主体拥有多样化的资源，他们在应对突发公共卫生事件时有着不可替代的作用。各社会主体间可以充分共享资源和信息，优势

① 郁建兴、任泽涛：《当代中国社会建设中的协同治理——一个分析框架》，《学术月刊》2012 年第 8 期。

互补。政府和其他社会主体在自身领域的突发公共卫生事件治理过程中具有平等的地位，不再是单纯的指挥与被指挥的关系。

（三）协同治理机制的动态性

协同治理机制是一种为了达到最优治理效果，在协同的基础上设置一定的规则，将治理系统内各治理主体、治理方式结合起来的运作模式。由于社会系统在不断发生变化，各治理主体应顺应其变化趋势，不断调整自身行为，协商制定协同规则，构建一个联动性强的治理机制，实现不同主体的跨部门运作。协同程度高，各治理主体的效能才能最大限度地发挥，治理水平才能进一步提升。

（四）网络化治理体系的有序性

在突发公共卫生事件下，简单地依靠以政府为中心的治理体系无法满足实际需求。在有多个治理主体共同参与的情况下，需要借助网络建立一个"多层次""多中心"的治理体系。[1] 因此，在突发公共卫生事件治理过程中，需要建立一个多方主体相互依赖、相互交流的有序的网络化治理体系，充分实现资源和信息的合理配置。在这一网络化治理体系中，政府是关键主体，对治理工作进行全面统筹；非政府组织作为补充力量，帮助政府发挥作用；企业扮演着生产商、制造商及物资运输、分发者的角色；社会公众在社会自治以及参与等方面发挥重要作用。

九 "黑天鹅"理论

"黑天鹅"最早来源于欧洲，原先将其比作不可能存在的事物，但在人们探索领域不断扩大的前提下，第一只黑天鹅的出现，打破了人们原先的"黑天鹅"信念。美国学者 Nassim Nicholas Taleb 在 2008 年出版的《黑天鹅》一书中提出了"黑天鹅"理论，指出"黑天鹅"是生活中难以预测的不寻常事件，该事件会带来一系列的负面影响。"黑天鹅"事件具有突发性、破坏性和事后可解释性等特点。

---

[1] 陈彪、邵泽义、蒋华林：《区域联动机制的建立——基于重大灾害与风险视阈》，《吉首大学学报》（社会科学版）2008 年第 5 期。

"黑天鹅"理论主要包括三个方面。一是事前不可预测性，即在事件发生之前，人们很难依据已有认知对其进行预测，绝大多数人不可能提前知道其何时何地发生与发生的概率。二是重大破坏性，此类事件在暴发之后往往会给社会带来巨大的破坏和危害，严重影响经济社会的正常运行。三是意外性与稀有性，即事件的暴发通常是出乎人的意料之外，在此之前罕见，一旦发生，会打破人们以往的认知。

突发公共卫生事件也属于其中的一种，可以基于"黑天鹅"理论对其进行探究。突发公共卫生事件的传播速度快、传播范围广、传染源极强，若在事件发生之前及时监测、预防，将其控制在源头阶段，则能够避免"黑天鹅"向"灰犀牛"演变。"黑天鹅"是发生概率很小的事件，比较难预测，与之对应的"灰犀牛"是指本应该看到却忽略了的风险，发生概率很高且破坏性更大。因此，对二者都要做到早发现、早控制。

第二章 突发公共事件下中国物流文献研究趋势与热点

第一节 CiteSpace 的概念和相关理论

一 CiteSpace 的概念

CiteSpace 是美国德雷塞尔大学陈超美教授编写的基于 Java 的可视化分析软件，可以生成知识图谱，得出研究现状和未来发展趋势。我国多数学者通过 CiteSpace 绘制科学知识图谱，以呈现研究领域的知识结构和发展进程。科学知识图普定义如表 2-1 所示。

表 2-1 科学知识图谱的定义

作者	定义
陈悦、刘则渊	科学知识图谱在科学计量学的范围之下，能够显示研究内容的发展过程和知识结构之间的关系
侯海燕	科学知识图谱能够显示学科知识的演化和发展，并使用可视化技术描述知识资源和知识媒介，通过探索和分析这些知识，在组织内创造互动和知识共享的环境，以促进合作并进行更深入的科学和技术研究
秦长江、侯汉清	科学知识图谱将图形学、信息科学及其他理论与共现分析等其他方法结合在一起，以显示融合了学科结构、前沿学科及图像的整体知识结构

续表

作者	定义
邱均平、秦鹏飞	科学知识图谱不仅展示了知识发展的过程和结构关系，而且是选择学术研究方向、进行知识管理和支持科学技术决策的有效工具

资料来源：陈悦、刘则渊《悄然兴起的科学知识图谱》，《科学学研究》2005 年第 2 期；侯海燕《基于知识图谱的科学计量学进展研究》，博士学位论文，大连理工大学，2006，第 20 页；秦长江、侯汉清《知识图谱——信息管理与知识管理的新领域》，《大学图书馆学报》2009 年第 1 期；邱均平、秦鹏飞《基于作者共被引分析方法的知识图谱实证研究——以国内制浆造纸领域为例》，《情报理论与实践》2010 年第 10 期。

通过对上述定义进行梳理，可以了解科学知识图谱的作用，它主要建立在信息学和数学等学科的基础上，通过对知识和信息进行研究，理解和把握所要研究领域的结构联系，同时精确完整地对数据进行有效分析，研究其热点前沿，弥补空缺。

二　CiteSpace 的相关理论

CiteSpace 经过长期发展，形成了内涵丰富、科学扎实的理论体系。可将 CiteSpace 理论分为以下五个部分。

（一）科学发展模式理论

科学发展模式理论由库恩首先提出，他指出科学发展的本质是范式的转换和积累，是一场传统科学和现代科学革命的交替性运动。科学发展模式理论是 CiteSpace 的哲学基础，CiteSpace 生成的科学知识图谱，体现了库恩的这一理论。

（二）科学前沿理论

普赖斯运用加菲尔德发明的"引文数据库"以及吸收贝尔纳的"科学发展模式的网状思想"，提出了科学前沿理论。CiteSpace 绘制的科学知识图谱，创造性地运用了科学前沿理论，实现了科学前沿的映射。

（三）结构洞理论

基于结构洞理论，CiteSpace 可以通过观察节点的大小和位置找到知识网络中的关键节点，从而了解和把握某个研究领域的重点方向。

（四）信息觅食理论

对"觅食"进行字面理解，即寻找食物的意思。该理论顾名思义，好比生物想要获得食物一样，目的是用少量的成本取得高额的收益。CiteSpace 生成的科学知识图谱，体现了信息觅食理论的思想。

（五）知识单元离散与重组理论

一切的科学创造都是先把一个知识单元游离出来，然后再用新思想、新思维重新结晶的过程。CiteSpace 提供了将大量引用文献聚类的渠道，以便对知识单元进行研究。

第二节　基于 CiteSpace 的应急物流研究文献的可视化分析

随着突发公共事件的频繁发生，通过研究如何保证在应对突发公共事件时物资能够快速到位，发现突发公共事件对应急物流的要求非常严格。应急物流具有非正常性、突发性与时间紧迫性等特点，通常情况下是通过提高物流效率实现其效益。然而，我国的应急物流仍然存在规划不完善、科学技术水平相对滞后、基础设施建设不够完善等问题。本节通过运用 CiteSpace 绘制可视化知识图谱，深入了解关键词的分布情况。同时，通过分析作者合作网络以及机构合作网络的相关内容，采用关键词共现、聚类分析等方法，对我国应急物流及相关领域发展的部分文献进行分析。

一　应急物流研究的文献梳理

（一）数据来源与研究方法

本节以中国知网的文献作为调查对象，在中国知网的高级检索界面中，以"应急物流"为关键词来获取相关文献。文献检索时间为 2024年 5 月 10 日，检索式为关键词＝"应急物流"，检索时间范围为 2003年 12 月至 2024 年 4 月。"应急物流"的概念起源于美国军事物流，但在我国的发展始于 2003 年非典疫情之后国家应急管理体系的建立，因此本节研究的起始时间为 2003 年，能够较为完整地反映应急物流的研究进程。最终得到 2280 篇有效文献，将检索所得文献导出为 RefWorks 格式文本文件作为数据来源并对其进行分析。

运用 CiteSpace 分析关键词共现图谱、作者与机构共现图谱时，节点类型（Node Types）分别设置为关键词（Keywords）、作者（Author）、机构（Institution），时间范围（Time Slicing）选定为 2003～2024 年，其中时间切片（Year Per Slice）设为 1 年，阈值设定为（2，2，20）（4，3，20）（3，3，20），网络剪裁方式为"Pathfinder"、"Pruning the Merged Networks"和"Pruning Sliced Networks"，并将应急物流领域相关文献导入。①

（二）研究力量分析

1. 发文量分析

以检索得到的 2280 篇应急物流领域相关文献为基础，绘制 2003～2024 年应急物流领域文献发文量折线图。由图 2-1 可知，应急物流领域研究可分为三个阶段：2003～2010 年、2011～2019 年和 2020～2024 年。

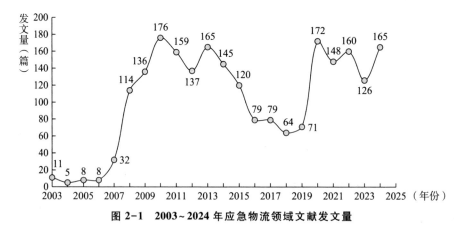

图 2-1 2003～2024 年应急物流领域文献发文量

---

① 李健：《基于 CiteSpace 的应急物流研究文献可视化分析》，《盐城师范学院学报》（人文社会科学版）2021 年第 5 期。

　　第一阶段是 2003～2010 年，在 2003～2006 年的 4 年间，应急物流领域每年发表文献不到 20 篇，但自 2007 年起，应急物流领域相关文献发文量急速上升。尤其是 2003 年的非典疫情、2008 年的雪灾与地震、2010 年的玉树地震等突发公共事件的暴发，使得学者意识到应急物流在应对突发公共事件中的重要性，文献发文量急速增长，在 2010 年达到峰值 176 篇。

　　第二阶段是 2011～2019 年，在这一阶段的早期，发文量出现了小幅度下降，后期则出现了持续性的下降。文献占 2003 年 12 月至 2024 年 4 月收集到的 2280 篇文献总数的 44.69%，与第一阶段相比，这一时期应急物流的发展取得了一些成绩，平均每年发文量达到 113 篇。

　　第三阶段是 2020～2024 年，自 2020 年新冠疫情暴发，各地物资短缺现象持续演化，这无疑是对中国近十年来的应急物流的一次突发的且持续的重要考验。因此，第三阶段发表的文献数量又迎来了高峰。

　　2. 关键词共现分析

　　关键词是文章主题的精练概括，反映了研究的核心内容，可以凸显其所在研究领域的热点及其理论前沿，为预测某一个领域的发展趋势提供帮助。本节提取 2280 篇文献的关键词，共得 610 个节点、972 条连线，生成关键词共现图谱（见图 2-2）。其中，节点大小反映了该关键

图 2-2　应急物流领域关键词共现图谱

词在样本数据中出现的频次，节点之间的连线反映了关键词之间的相互关系。表 2-2 中高频关键词的中心性与该关键词的重要性呈正相关关系。节点越大、连线越多、中心性值越大，代表该关键词研究热度越高。

表 2-2 应急物流领域高频关键词

标号	关键词	中心性	频次
1	应急物流	0.60	1052
2	突发事件	0.48	103
3	应急物流体系	0.43	101
4	应急物资	0.37	93
5	物流	0.87	49
6	应急管理	0.26	48
7	遗传算法	0.44	47
8	供应链	0.04	35
9	自然灾害	0.17	34
10	军民融合	0.15	21

根据多诺霍公式计算高频关键词与低频关键词的分界值 T：

$$T = \left[-1 + (1 + 8I_1)^{\frac{1}{2}} \right] / 2$$

其中，T 为高、低频关键词的临界值，I_1 为出现 1 次的关键词的个数。将 $I_1 = 368$ 代入上式，可得 $T = 26.63$，即高频关键词出现频次应高于或等于 26，最终得到 10 个高频关键词（见表 2-2），这些关键词基本能够反映 2003~2024 年应急物流领域的研究重点。

"应急物流""突发事件""应急物流体系""应急物资"等高频关键词排名靠前，体现其在应急物流研究领域的重要性。应急物流各方面的完善可以有效减少突发公共事件带来的破坏，保障企业应急管理工作顺利进行，而应急物流体系是应急物流重要的组成部分，一个科学、高效、合理的应急物流体系能够推动应急物流工作快速开展，将突发公共事件带来的危害降到最低，保护群众生命财产安全。

3. 关键词聚类分析

关键词聚类分析有助于厘清研究领域内关键词的内在联系，揭示研究主题的潜在结构。根据关键词共现图谱聚类形成以高频关键词为中心聚集的类团，展示前 10 个类团得到关键词聚类图谱（见图 2-3）。本次聚类 Q 值 = 0.5914>0.3，代表聚类结构显著，S 值 = 0.9102>0.7，代表聚类结果令人信服[①]。

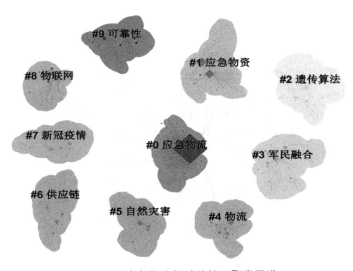

图 2-3　应急物流领域关键词聚类图谱

表 2-3 显示了文献中高频次关键词的聚类趋势，将其根据时间线进行组合得到如图 2-4 所示的关键词聚类时间线。应急物流领域的关键词分为十类，分别为：#0 应急物流、#1 应急物资、#2 遗传算法、#3 军民融合、#4 物流、#5 自然灾害、#6 供应链、#7 新冠疫情、#8 物联网、#9 可靠性。

---

① 聚类模块值 Modularity Q 值是网络模块化的评价指标，大于 0.3 时代表聚类结构显著；聚类平均轮廓值 Silhouette S 值是衡量网络同质性的指标，大于 0.5 时代表聚类结果合理，大于 0.7 时代表聚类结果令人信服。

表2-3　应急物流领域关键词聚类

标号	类团
#0	应急物流
#1	应急物资
#2	遗传算法
#3	军民融合
#4	物流
#5	自然灾害
#6	供应链
#7	新冠疫情
#8	物联网
#9	可靠性

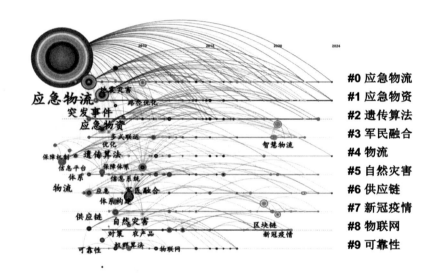

图2-4　应急物流领域关键词聚类时间线

2004～2015年，大多数关键词表现出显著增长的趋势。这与我国突发公共事件发生概率越来越高、发生次数显著增加等有很大关系，突发公共事件的发生直接促进应急物流领域研究的发展，也进一步推动了对应急物流领域关键词研究的完善。

众多学者使用遗传算法来解决紧急情况下企业资源分配的问题。但现阶段还需克服多方面的问题才能将损失降到最低，保证物资运输及时快速，从而妥善应对突发公共事件引发的突然性、不可预测性和群体性情况。例如受新冠疫情影响，包含货物运输、储存和配送等在内的物流服务的供应链发生断裂，妨碍了物流企业向上游供应商准确供应物资，从而对供应链的正常运作产生了负面影响。此外，根据应急物流领域的高频关键词，"应急物流"、"突发事件"、"应急物流体系"、"应急物资"、"物流"、"应急管理"和"遗传算法"等关键词的出现频次超过 45 次。通过去除无实质性质的关键词发现，物流企业基于自身发展角度，为了更好地应对未来可能发生的突发公共事件，在物资获取、运输线路、先进技术的应用等方面不断加大投入，力求完善自身物流体系，从而能够保障其在应对突发公共事件时的稳定运作，并以最快速度将所需应急物资以最优的路径配送至事件发生地。

4. 关键词时区图分析

运用 CiteSpace 分析关键词的时区演进（见图 2-5），自 2003 年起对应急物流及其体系、管理、建设等方面的研究启动，主要使用层次分析法与遗传算法等方法。随着互联网的普及，应急物流领域的研究逐渐转向智能化与线上化，加之新冠疫情的暴发，应急物流领域的研究再度引起广泛关注，并引发一波新的研究热潮，区块链技术、智慧物流、配送路径、城市应急物流等关键词成为现阶段的研究热点。

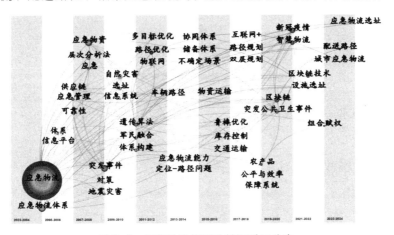

图 2-5 应急物流领域关键词时区分布

5. 作者合作网络分析

运行 CiteSpace，将节点类型设置为作者，点击生成作者共现图谱（见图 2-6），其中包含 665 个节点、350 条连线，节点的大小反映了作者的发文量，而节点之间的连线表示作者之间的合作关系。我国应急物流领域高产作者排名前十的是徐东（15 篇）、黄定政（14 篇）、谭清美（14 篇）、王宗喜（13 篇）、马祖军（10 篇）、胡志华（9 篇）、刘长石（9 篇）、姜玉宏（7 篇）、符瑜（7 篇）、赵林度（6 篇）。由图 2-6 可知，作者合作网络中并没有出现密集的线条交织，说明作者之间的引用和被引用情况很少，合作也不紧密。这表明我国应急物流领域的相关学者之间还没有形成紧密合作的团队，且各团队之间没有形成沟通交流机制，彼此之间的研究成果未能实现共享，团队合作意识有待进一步提升。

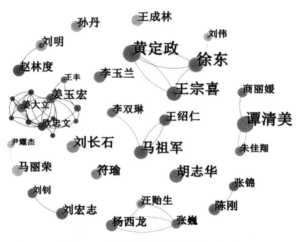

图 2-6　应急物流领域作者共现图谱

6. 机构合作网络分析

运行 CiteSpace，将节点类型设置为机构，选择 "TOP50 Per Slice 1"，其他参数设置为默认值，生成机构共现图谱，共有 456 个节点、149 条连线（见图 2-7）。每个节点代表一所机构，而节点之间的连线则表示这些机构之间的合作关系。西南交通大学（42 次）、北京物资学院（41 次）、上海海事大学（39 次）等机构出现的频次较高，出现频次不足 20 次的机构数量占八成。各机构之间的研究能力存在显著差异，绩效参差不齐。同时，根据节点之间连线较少的情况，可以看出我国在应急物流领域尚未出现较大的合作型研究群体。在发文量较高的机构中，中国知名大学以及一些机构及研究院占据绝大部分，这也进一步表明应急物流领域已经广泛地被社会关注。

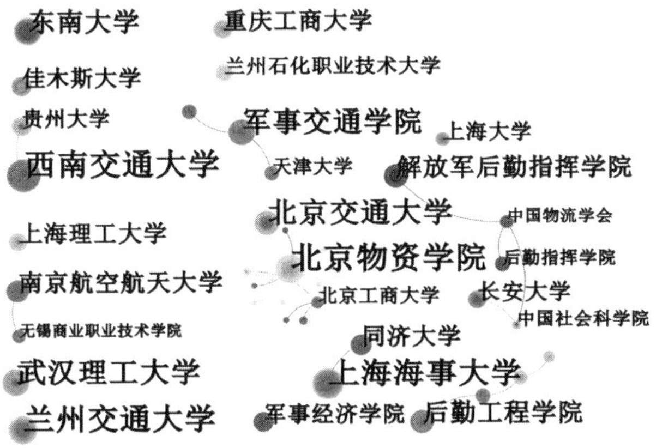

图 2-7　应急物流领域机构共现图谱

7. 高被引文献分析

根据表 2-4 可知，应急物流领域的相关文献中被频繁引用的文献主要集中在 2004 年、2005 年与 2009 年，这三年处于我国应急物流领域研究的第一阶段。在经历了突发公共事件后，应急物流领域成为关注的焦点。

表 2-4　中国知网高被引文献

排名	题目	作者	来源	发表时间	被引次数
1	《应急物流》	欧忠文；王会云；姜大立；卢宝亮；甘文旭；梁靖	《重庆大学学报》（自然科学版）	2004 年 3 月 30 日	525
2	《应急物流系统及其快速反应机制研究》	王旭坪；傅克俊；胡祥培	《中国软科学》	2005 年 6 月 28 日	341

续表

排名	题目	作者	来源	发表时间	被引次数
3	《大规模应急救援物资运输模型的构建与求解》	缪成；许维胜；吴启迪	《系统工程》	2006 年 11 月 28 日	248
4	《浅论应急物流》	高东椰；刘新华	《中国物流与采购》	2003 年 12 月 2 日	193
5	《论应急物流体系的构建及其运作管理》	谢如鹤；邱祝强	《物流技术》	2005 年 10 月 15 日	181
6	《应急物流中应急物资的管理研究》	姜玉宏；颜华；欧忠文；刘绪宇	《物流技术》	2007 年 6 月 15 日	169
7	《应急物流保障机制研究》	欧忠文；李科；姜玉宏；王会云；甘文旭	《物流技术》	2005 年 9 月 15 日	160
8	《论我国应急物流体系的建立》	谢如鹤；宗岩	《广州大学学报》（社会科学版）	2005 年 11 月 30 日	149
9	《震害紧急响应阶段应急物流系统中的 LRP》	王绍仁；马祖军	《系统工程理论与实践》	2011 年 8 月 15 日	146
10	《应急物流初探》	雷玲	《统计与决策》	2004 年 6 月 10 日	134
11	《灾害应急物资需求预测模型研究》	傅志妍；陈坚	《物流科技》	2009 年 10 月 10 日	129
12	《应急物流系统运作流程分析及其管理》	孟参；王长琼	《物流技术》	2006 年 9 月 15 日	120
13	《应急物资需求分类及需求量研究》	乔洪波	北京交通大学	2009 年 6 月 1 日	120
14	《应急物流系统中的模糊多目标定位－路径问题》	郑斌；马祖军；方涛	《系统工程》	2009 年 8 月 28 日	119
15	《基于应急物流的减灾系统 LRP 研究》	曾敏刚；崔增收；余高辉	《中国管理科学》	2010 年 4 月 15 日	119
16	《突发事件应急物流中资源配送优化问题研究》	计国君；朱彩虹	《中国流通经济》	2007 年 3 月 23 日	118
17	《基于灾情信息更新的应急物资配送多目标随机规划模型》	詹沙磊；刘南	《系统工程理论与实践》	2013 年 1 月 15 日	117

排名	题目	作者	来源	发表时间	被引次数
18	《震后初期应急物资配送的模糊多目标选址-多式联运问题》	李双琳；马祖军；郑斌；代颖	《中国管理科学》	2013 年 4 月 15 日	113
19	《对应急物流系统特点的再认识》	曾文琦	《中国西部科技》	2004 年 5 月 23 日	112
20	《突发公共事件下应急物流中的优化运输问题的研究》	缪成	同济大学	2007 年 5 月 1 日	103

8. 学科领域分析

由图 2-8 可知，应急物流领域文章涉及多个学科，其中不乏交叉学科的文章，所涉及领域有宏观经济管理与可持续发展、行政学及国家行政管理、公路与水路运输、军事、数学及安全科学与灾害防治等。由此可以看出，应急物流领域的文章越来越科学、规范、权威，涉及经济、行政、军事、运输、技术、科学、数学、企业等多个方面，呈现跨学科、跨行业研究局面。

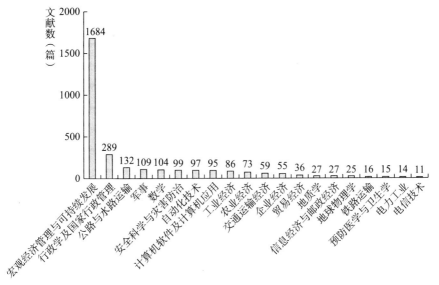

图 2-8　学科领域分布

9. 研究前沿分析

关键词突现分析能反映某一关键词在特定时段内关注度剧增的情况，进而推断在该时段内某一研究主题是否正在或已经成为学术界研究的热点，并有可能在接下来的时段内对该领域的研究产生影响。① 表 2-5 是对应急物流领域的关键词进行分析得到的 25 个突现关键词。

表 2-5 应急物流领域突现关键词

关键词	首次出现年份	突现强度	起始年份	结束年份	2003~2024 年
物流	2004	9.83	2004	2012	
保障机制	2004	3.26	2004	2009	
系统	2006	2.8	2006	2009	
应急	2007	4.64	2007	2012	
问题	2007	3.55	2007	2012	
对策	2008	4.36	2008	2009	
建设	2009	3.92	2009	2011	
选址	2009	4.69	2010	2016	
物流管理	2011	2.77	2011	2014	
自然灾害	2009	7.86	2012	2014	
管理体系	2012	3.76	2012	2014	
应急管理	2006	3.36	2012	2012	
地震灾害	2008	4.33	2013	2018	
可靠性	2006	2.99	2015	2017	
体系建设	2010	2.76	2018	2022	
区块链	2019	10.44	2020	2024	
智慧物流	2020	8.6	2020	2024	
新冠疫情	2020	6.98	2020	2024	
疫情	2020	6.05	2020	2021	
新冠肺炎	2020	3.74	2020	2020	
疫情防控	2020	3.37	2020	2022	

---

① 王飞、梁继文：《基于国家社科基金统计学领域项目成果分析》，《西南民族大学学报》（人文社会科学版）2017 年第 9 期。

续表

关键词	首次出现年份	突现强度	起始年份	结束年份	2003~2024 年
路径优化	2010	4.18	2021	2024	
设施选址	2021	3.5	2021	2024	
农产品	2010	2.76	2021	2022	
组合赋权	2022	2.87	2022	2024	

　　研究分析表明，应急物流领域研究呈现明显的阶段性变化。特别是在 2020 年前后，研究主题发生较大变化。2020 年前，突现关键词主要集中在发生自然灾害时的物流问题与对策方面，注重系统与体系的建立。自 2020 年起，研究重心偏向线上化与智能化，研究背景以新冠疫情为主。

　　综上所述，本节运用 CiteSpace 对应急物流领域的发文量、关键词共现、关键词聚类、关键词时区图、作者合作网络、机构合作网络、高被引文献、学科领域、关键词突现等进行可视化分析，发现应急物流领域研究主要分布在宏观经济管理与可持续发展方面，总体研究力量较弱，机构以及作者之间合作较少，目前尚未有较大的合作型研究群体，研究热点体现在区块链技术、智慧物流、配送路径、城市应急物流等方面。

　　基于 CiteSpace 将现有文献中应急物流领域的科学研究分为以下三个阶段。第一阶段（2003~2010 年），前期应急物流领域每年发表文献较少，然而自 2007 年起，相关文献的发表进程迅速加快。研究主要关注仓储设施、动态网络、应急成本和应急对策等领域，表明该阶段的研究已开始关注应急物流仓储设施建设、信息网络应用、物流成本控制及应急对策制定。这一阶段的核心目标是优化物流企业节点，以提高其应对突发公共事件的能力。第二阶段（2011~2019 年）发表文献数量呈现下降趋势。研究主要集中在应急物流体系、应急物流管理等方面，将应急物流研究提升至更高层次。第三阶段（2020~2024 年）见证了发表文献的小高峰。该阶段的研究重点在区块链技术、智慧物流等方面，从微观角度出发，加强应急设备和后勤系统的建设。

近年来，我国不断提高对应急物流及其相关领域发展的重视，致力于将突发公共事件对经济社会生活的影响降到最低。本节通过运用Citespace，对应急物流领域的研究进行分析，并预测其发展趋势，为应急物流如何在突发公共事件下发挥积极作用提供研究思路①。

第三节　突发公共事件下物流企业应急管理研究文献的可视化分析

通过 CiteSpace 分析突发公共事件下物流企业应急管理研究领域的文献，了解其关键词分布、作者合作网络、机构合作网络等。

一　物流企业应急管理研究的文献梳理

（一）研究对象及数据来源

本节以我国突发公共事件下物流企业应急管理领域为研究对象，以中国知网中收录的文献为调查对象，在中国知网中进行高级检索，检索式为关键词＝"应急物流＋企业"，检索条件限定为篇名、主题或关键词中包含"应急物流"与"企业"，检索时间范围为2003~2024年，筛选后得到 649 篇有效文献，通过 CiteSpace 制作科学知识图谱，对突发公共事件下物流企业应急管理研究的重要内容与热点话题进行分析。

（二）研究现状分析

1. 发文量分析

某研究领域文献数量变化趋势可以反映该研究领域的发展历程，对其进行分析可预测该研究领域未来的发展状况。本节采用散点图展示2003~2024 年物流企业应急管理研究发文量的变化（见图2-9）。

①　李健：《基于 CiteSpace 的应急物流研究文献可视化分析》，《盐城师范学院学报》（人文社会科学版）2021 年第 5 期。

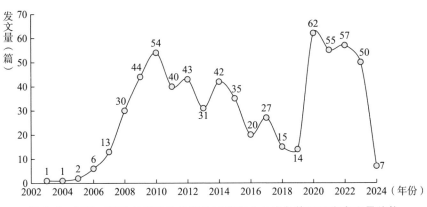

图 2-9　2003~2024 年突发公共事件下物流企业应急管理研究发文量趋势

2. 关键词共现分析

将筛选之后的文献导入 CiteSpace，选取节点类型为关键词，得到物流企业应急管理研究关键词共现图谱（见图 2-10），包含 396 个节点、1370 条连线。其中节点大小反映了该关键词在样本数据中出现的频次，节点之间的连线反映了关键词之间的相互关系。表 2-6 中高频关键词的

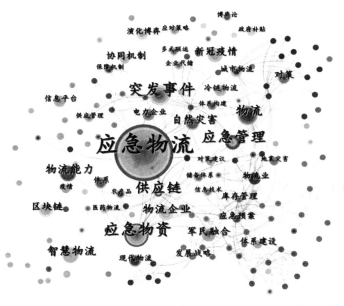

图 2-10　突发公共事件下物流企业应急管理研究关键词共现图谱

中心性与该关键词的重要性呈正相关关系。节点越大、连线越多、中心性值越大代表该关键词研究热度越高。

表 2-6　突发公共事件下物流企业应急管理研究高频关键词

序号	高频关键词	中心性	频次
1	应急物流	0.33	148
2	应急物资	0.20	27
3	突发事件	0.04	26
4	应急管理	0.19	25
5	供应链	0.15	24
6	物流	0.19	18

根据多诺霍公式计算高频关键词与低频关键词的分界值 T，使 $I_1 = 277$，可得 $T = 23.04$，即高频关键词出现频次应高于或等于 23，最终得到 6 个高频关键词（见表 2-6），这些关键词基本能够反映 2003～2024 年突发公共事件下物流企业应急管理领域的研究重点。

突发公共事件下我国物流企业应急管理研究的高频关键词有应急物流、应急物资、突发事件、应急管理、供应链、物流等。从分析结果与主要研究文献来看，应急物流管理、应急物流配送以及应急物流系统等方面的研究受到了我国学者的广泛关注。由各个高频关键词与相关文献可知，大多数关键词与应急物流有关，这不仅与检索策略有关，也与应急物流是突发公共事件下物流企业应急管理研究的基础有关。与此同时，应急物流的研究逐渐渗透到智慧物流、区块链等新兴领域，这与大数据、物联网等信息网络的发展密切相关，依靠传统人工模式已不能适应新时代对物流企业的发展需求，需要借助信息网络等新兴技术来提升应急物流管理水平。

我国突发公共事件下物流企业应急管理的研究主要围绕突发公共事件、协同机制和应急管理三个方面展开。从时代背景来看，这三个方面的研究内容都与国家政策发布和社会大事件有密切联系。从研究脉络来看，突发公共事件发生后无论是国家还是物流企业都必须进行应急管理，而绝大部分研究也是围绕如何进行应急管理来深入探讨的，如建立应急物流预案、优化应急物资输送路径、做好应急物资监管和分配等。从研究主题来看，三个方面都关注一个共同的目标，即促进突发公共事件下我国物流企业应急管理能力有效提升：一是突发公共事件一旦发生必须立即组织应急管理；二是建立良好的协同机制可以提高应急管理的能力和效率；三是提高应急管理能力和推进协同机制发展有利于防范化解重大安全风险，及时应对处置各类灾害事故。

综上所述，该领域研究经历了突发公共事件下物流企业应急探索、现代信息技术下应急物流优化探索、应急物流多主体发展探索、物流企业应急协同机制探索四个过程。根据这四个过程可以得到以下特征：第一，从研究的主体来看，已经从以对物流企业的研究为主扩展到多个层面，如政府监管和军事后勤；第二，从研究的脉络来看，体现了"优化—反思—扩展"的过程；第三，从研究的重要方向来看，体现了从宏观探索到微观勘探的过程。

3. 关键词聚类分析

根据关键词共现图谱聚类形成以高频关键词为中心聚集的类团，展示前 10 个类团得到关键词聚类图谱（见图 2-11）。本次聚类 Q 值 = 0.6822>0.3，代表聚类结构显著，S 值 = 0.898>0.7，代表聚类结果令人信服。

表 2-7 显示了突发公共事件下物流企业应急管理研究关键词的聚类趋势，将其根据时间线进行组合得到如图 2-12 所示的关键词聚类时间线。突发公共事件下物流企业应急管理研究的关键词分为十类，分别为：#0 应急物流、#1 应急物资、#2 应急管理、#3 平战结合、#4 多式联运、#5 物流网络、#6 安全性、#7 供应链、#8 物流、#9 后勤保障。

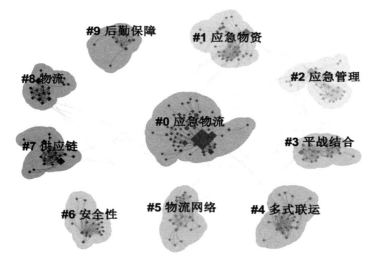

图 2-11　突发公共事件下物流企业应急管理研究关键词聚类图谱

表 2-7　突发公共事件下物流企业应急管理研究关键词聚类

标号	类团
#0	应急物流
#1	应急物资
#2	应急管理
#3	平战结合
#4	多式联运
#5	物流网络
#6	安全性
#7	供应链
#8	物流
#9	后勤保障

4. 关键词时区图分析

将突发公共事件下物流企业应急管理研究的文献导入 CiteSpace，生成关键词时区图。如图 2-13 所示，结合关键词时区图和该领域相关文献，分析突发公共事件下物流企业应急管理研究的主题变化特征，并将主题变化特征与时代背景相结合，对突发公共事件下物流企业应急管理

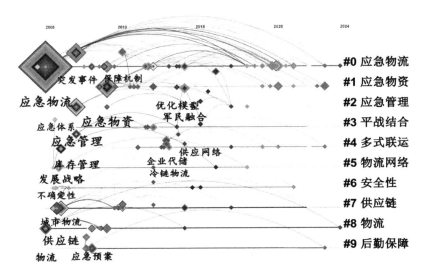

图 2-12 突发公共事件下物流企业应急管理研究关键词聚类时间线

研究进行阶段性分析。我国物流企业应急管理研究的热点内容有应急物流、应急物资、应急管理、供应链、智慧物流等，研究主题逐渐呈现多样化发展趋势，由单一的物流环节扩展到物流各个环节，由单一的物流企业延伸到整个供应链，研究主题的演变趋势和我国应急物流发展现状及突发公共事件的实际情况密切相关。

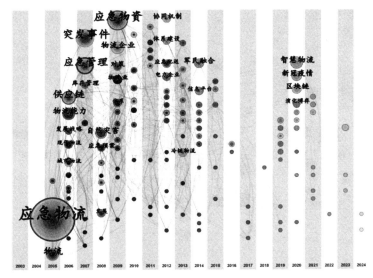

图 2-13 突发公共事件下物流企业应急管理研究关键词时区分布

从图 2-13 的分析结果与主要研究文献来看，我国学者对应急物流优化升级、应急物流协同发展、应急物流主体多元化，以及加强突发公共事件下应急物流保障等议题给予了极大的关注。2003~2010 年，主要包括应急物流、突发事件、应急管理、应急物资、供应链、物流企业、自然灾害等，其中，应急物流、应急物资出现的频次最高，在应对突发事件时，物流企业开展有效应急管理的重要性得到了充分体现。2011~2017 年，我国物流企业应急管理研究的热点转变为军民融合、应急配送、信息平台、体系建设等，这一时期我国应急物流研究取得了初步成果，逐渐形成系统化认知，研究领域也得到了进一步拓展。2019~2024 年，我国物流企业应急管理研究的热点转变为智慧物流、区块链、演化博弈等，特别是智慧物流频次最高，标志着物流企业应急管理正在朝着智能化和信息化的方向发展。

5. 作者合作网络分析

运行 CiteSpace，选取节点类型为作者，得到该研究领域的作者共现图谱（见图 2-14），包含 383 个节点、221 条连线。一是从作者的发文量来看，我国物流企业应急管理研究的学者在该领域发文量大于 5 篇的人数较多，表明该领域作者研究力量稍强。二是从作者的合作来看，进行物

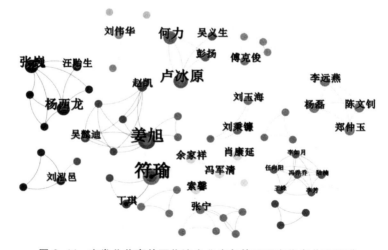

图 2-14　突发公共事件下物流企业应急管理研究作者共现图谱

流企业应急管理研究的主要是符瑜、姜旭、张巍、杨西龙、卢冰原、陈文钊等参与的研究合作团体。在团体合作的过程中，他们也达到了相对稳定的合作状态，但更多的发文者是独立进行研究的。突发公共事件下物流企业应急管理研究的整体合作网络密度值（D＝0.003）较小，表明我国突发公共事件下物流企业应急管理研究的发文作者间的合作不够紧密。

综上所述，突发公共事件下我国物流企业应急管理得到了学者们的广泛关注，组成了一些关系相对稳定的协作小组，但发表的著作总数偏少、研究力量稍弱，大多数作者处于单打独斗的研究状态。物流企业应急管理研究领域研究力量不强、作者合作不紧密导致我国突发公共事件下物流企业应急管理研究成果不够突出。

6. 机构合作网络分析

研究机构之间信息共享和合作是学术领域研究的必然趋势，观察研究机构合作水平的高低，能够衡量研究的发展程度。因此，在此通过统计和分析我国突发公共事件下物流企业应急管理研究的机构，了解发文机构的整体研究水平和分布情况。运用 CiteSpace，将节点类型设置为机构，得到发文机构共现图谱（见图 2-15），共有 313 个节点、422 条连

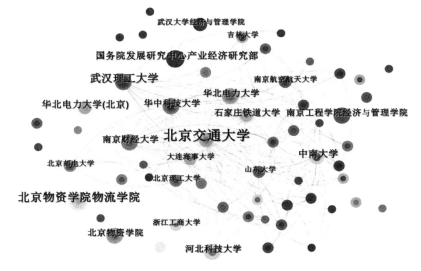

图 2-15 突发公共事件下物流企业应急管理研究发文机构共现图谱

线，节点代表发文机构，根据节点的大小可以判断发文机构发表文章数目的多少。表2-8提取了已发表5篇及以上文献的发文机构。

表2-8 突发公共事件下物流企业应急管理研究发文机构

单位：篇

序号	发文机构名称	发文量
1	北京交通大学	11
2	北京物资学院物流学院	7
3	武汉理工大学	7
4	国务院发展研究中心产业经济研究部	6
5	南京财经大学	6
6	北京物资学院	5
7	华北电力大学	5
8	华中科技大学	5
9	南京工程学院经济与管理学院	5
10	河北科技大学	5

从图2-15和表2-8中能够看出突发公共事件下我国物流企业应急管理领域的发文机构具有以下特征。一是通过发文机构可以看出，主要是各地区的高校对我国突发公共事件下的物流企业应急管理领域进行研究。二是从发文机构之间的合作来看，在团体合作的过程中达到了相对稳定的合作状态，但更多的发文机构是独立进行研究的，合作网络密度值较低，表明突发公共事件下我国物流企业应急管理研究发文机构没有建立良好的合作关系，整体合作关系比较薄弱。

7. 学科领域分析

由图2-16可知，物流企业应急管理研究涉及多个学科，部分文献涉及学科交叉，所涉及的学科领域有宏观经济管理与可持续发展、工业经济、行政学及国家行政管理、企业经济、贸易经济、农业经济、计算机软件及计算机应用等。由此可以看出，文章越来越科学、规范、权威，涉及经济、行政、技术、科学、数学、企业、农业、工业等多个方面，呈现跨学科、跨行业研究局面。

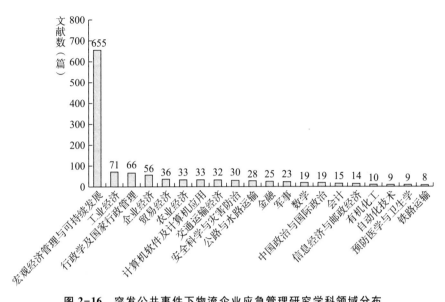

图 2-16　突发公共事件下物流企业应急管理研究学科领域分布

8. 研究前沿分析

表 2-9 是对突发公共事件下物流企业应急管理研究的关键词进行分析得到的 18 个突现关键词。

表 2-9　突发公共事件下物流企业应急管理研究突现关键词

关键词	首次出现年份	突现强度	起始年份	结束年份	2003~2024 年
现代物流	2006	1.73	2006	2008	
应急预案	2008	1.64	2008	2009	
物流业	2009	2.87	2009	2010	
突发事件	2007	2.41	2010	2012	
物流体系	2010	1.74	2010	2013	
物流能力	2006	3.59	2011	2011	
物流中心	2011	1.88	2011	2011	
自然灾害	2008	2.49	2012	2013	
军民融合	2014	1.74	2014	2021	
应急物流	2005	1.59	2014	2014	

续表

关键词	首次出现年份	突现强度	起始年份	结束年份	2003~2024 年
智慧物流	2020	4.25	2020	2022	
新冠疫情	2020	3.3	2020	2022	
区块链	2020	2.79	2020	2024	
物流企业	2009	2.18	2020	2024	
疫情	2020	1.81	2020	2020	
体系建设	2012	1.65	2020	2022	
演化博弈	2020	1.58	2020	2024	
政府补贴	2023	1.87	2023	2024	

　　研究分析表明，突发公共事件下物流企业应急管理领域的研究呈现明显的阶段性变化。特别是在 2020 年前后，研究主题发生较大的变化。2020 年前，突现关键词主要集中在发生自然灾害时的物流问题与解决方案方面，注重系统与体系的建立。自 2020 年起，研究的重心偏向线上化与智能化，研究背景以新冠疫情为主。

第二篇
风险管理篇

注重风险管理　化解突发危机

　　进入 21 世纪以来，全球经济高速发展带动世界高度融合，"地球村"的概念不断深入人心，社会资源和人口的流动加剧以及个体的不确定因素较多，导致突发公共卫生事件呈高发态势。再加上 2020 年初的新冠疫情影响的区域较广，涉及的人员较多，引发"多米诺骨牌"效应，使得全球股市剧烈震荡。由此可见，突发公共卫生事件所特有的紧迫性与不确定性给全球经济的发展带来了极大的挑战。而突发公共卫生事件的暴发往往会使得大部分地区实施运输网络封闭措施，以交通运输为主的物流企业在突发公共卫生事件中所遭受的影响尤为明显。物流行业是国民经济大动脉，构建突发公共卫生事件下的风险管理机制、提升风险管理能力对物流企业的持续发展至关重要。

　　物流是一个系统性较强的工程，参与者众多且参与者之间联系紧密，具有很高的脆弱性，很容易遭受各种物流风险的冲击。任何突发问题都可能给整个物流系统带来不利影响。在突发公共卫生事件影响下，物流企业应急管理活动贯穿于整个应急运作过程中。现有对物流企业风险管理的研究主要集中在财务风险管理、法律风险管理等企业内部风险管理上，主要依据企业内部存在的风险管理问题提出相应的解决措施，而缺乏与外部环境的结合。在研究方法上，大多数研究采用定性的方法或者案例研究的方法进行研究，结论适用范围比较窄。外部环境对企业发展的影响是不容忽视的，在目前外部环境不确定性、不稳定性增加的情况下，从整体上对物流企业风险管理进行研究有重要的意义与价值。

　　因此，笔者在分析目前物流企业在突发公共卫生事件下的发展状况的基础上，明确物流企业在面对突发公共卫生事件时风险管理方面的问题，从运营、物流、需求、供应、信息、社会与金融等多个维度构建物流企业风险评估指标体系，对突发公共卫生事件下的风险因素及其影响程度进行分析。另外，考虑到突发公共卫生事件下物流企业风险管理影响因素的因果复杂性，从组态视角分析影响企业风险管理的各种路径，并提出相应的解决措施，为全面促进企业风险管理机制的建设和应急能力的提升提供理论借鉴。

第三章 突发公共卫生事件对物流企业应急管理能力的影响

第一节 突发公共卫生事件对物流企业发展的影响

近年来，世界范围内发生的一系列突发公共卫生事件，影响范围广、程度深、时间长，对全球经济发展造成了重大影响。物流企业在突发公共卫生事件中所受到的影响尤为明显。突发公共卫生事件的暴发使得国内大部分地区实施运输网络封闭措施，同时全球运输网络受阻对物流业的发展造成了巨大冲击。不仅如此，一些中小物流企业受疫情影响，无法正常运营，面临随时倒闭的风险。物流企业主要面临以下三个方面的挑战。

一 物流通道恢复缓慢，企业复工复产困难

由于突发公共卫生事件波及范围大，各地受突发公共卫生事件影响程度不同，防控等级也各不相同，一些关键岗位员工受困于疫情严重地区，复工时间延长，使得正常工作受到了严重影响，从而影响整个产业链的工作进度。如广东防护服的社会需求很大，急需技术人员对压条机进行调试，但大部分工作人员困于湖北仙桃地区，导致整个产业链工作进度受阻，供应链的生产运营效率下降，引起货物供给不足。同时，各地区封路封村政策，使得物流配送不得不重新规划路线，配送效率严重

下降，配送中心货物周转量不足。新冠疫情下物流企业的运营受阻引起物流企业生产运营、运输配送的绩效下降。

2020 年，受外部环境收紧、国内经济新旧动能转换以及新冠疫情等多重因素的影响，货运需求不足，导致物流企业业务量下滑。交通运输部公路科学研究院联合中交兴路，通过对 700 万辆卡车的运行数据进行分析后，发布了《基于大数据的中国公路货运行业运行分析报告（2020）》。报告显示，50%的运输企业表示 6 月以来营业额持续下降，其中 30%的企业表示营业额下降 20%以内，企业毛利率在 5%以内。对于物流企业来说，固定资产比例越大，停工停产时间越长，损失就越大。突发公共卫生事件对运输生产产生了巨大冲击，最严重时，公路货运市场需求萎缩，仅为上年同期 1/4。2020 年末，公路货运经营业户为 323.87 万户，较上年下降 16.6%，其中，个体运输业户为 273.74 万户，较上年下降 18.8%。公路货运经营业户数量不断缩减，个体运输业户降幅明显，进一步反映了物流通道恢复缓慢的问题。截至 2020 年 2 月中旬，物流企业复工复产率仅为 32%，且全国货运卡车开工率低于上年同期 30 个百分点。复工复产的 486 家物流企业中，员工到岗率达到 70%的不超过 50%，员工到岗率达到 50%的只占 54%。由此可见，复工复产情况不容乐观，若突发公共卫生事件没有得到良好的控制，物流企业复工复产问题将日益严重，从而引发一系列问题。

二　物流运营成本增加，企业营收大幅下滑

疫情期间，物流企业基础设施不完善、货物的供给量不足、闲置成本增加、固定资产折旧以及业务量大幅度下滑，导致超过 65%的物流企业营业收入大幅度下滑。2020 年第一季度物流企业亏损面较大，63.5%的企业处于亏损状态。物流企业的低业务量，造成大量的物流设施与设备闲置，使物流企业面临场地租赁费、设备租赁费的压力。物流企业在运营过程中，普遍存在为货主企业垫付铁路、公路、水运、航空运输费用及仓储和配送费用的情况，应收账款数额较大。物流企业普遍存在固

定资产投资占总投资的份额较大、负债成本高、资产流动性低等问题，在突发公共卫生事件影响下，业务量受到极大冲击，经营性现金流将更为有限，在还债压力整体较大的背景下，受场地租赁费、人员工资、运营成本等压力所困。同时，应收账款的周期被拉长、回收难度加大，存在拖款坏账的风险。如果物流企业的应收账款不能如期回收，物流企业将面临资金链断裂风险。

此外，物流企业服务的客户在疫情中遭遇资金难题，会增加物流企业应收账款风险，使企业面临多倍的成本支出。一方面，复工延迟造成劳动力及运力紧张，人工成本与时间成本提升；另一方面，大部分省份实行交通管制后，运输路线规划受限，跨省车辆绕行成本增加，且受货物减少影响，汽车空驶率高，单车运输成本上升。

三　应急反应速度较慢，客户服务质量下降

突发公共卫生事件的突发性、复杂性、破坏性等特征导致物流企业没有充足的规划与准备，对客户订单的响应效率下降，导致客户不得不取消原有订单，客户业务量下降进一步导致客户管理水平下滑，进而降低了客户的满意度。同时，物流企业专业人才缺失、应对突发公共卫生事件的能力不足、对于客户需求信息处理准确性不高，使得物流企业的市场竞争优势下降。突发公共卫生事件下，物流企业专业人才短缺、信息传递错误、应急响应能力不足等，使客户服务质量下降，企业客户绩效降低。同时，物流企业应对突发公共卫生事件的能力不足、缺乏完善的应急响应机制、信息传递延误等，使客户服务质量下降，影响企业客户管理。

第二节　突发公共卫生事件对物流企业
发展影响的实证分析

一　变量选取

突发公共卫生事件下为保持社会经济健康、稳定发展，应充分发挥

国内在应急管理方面的优势与特色，全面促进应急管理机制的建设和应急能力的提升。在此背景下，本章通过研究突发公共卫生事件下物流企业的影响因素，根据分析结果及具体物流企业的发展现状，提出突发公共卫生事件下降低物流企业运营成本、稳定物流企业发展等的路径。现有文献大多采用层次分析法、主成分分析法等从相关性角度研究不同前因变量对突发公共卫生事件下物流企业发展的影响。但考虑到影响突发公共卫生事件下物流企业发展的因素比较复杂，而传统相关性理论模型是基于还原论假设，聚焦于分析个别前因与结果间简单对称的线性关系，而非多因并发的复杂因果关系，本章采用 fsQCA 定性比较分析法从组态视角探索突发公共卫生事件下企业内部、供应链结构模式以及环境等因素对物流企业发展的联动影响，并揭示不同影响因素之间的互动关系。

为了对突发公共卫生事件下物流企业的影响因素进行深入探究，本书从物流企业外部因素（环境因素）、物流企业内部因素以及供应链的结构模式三个方面进行问卷设计。调查问卷标题为"突发公共卫生事件下物流企业影响因素研究"，其中调查对象主要为物流企业管理人员、专家顾问以及专业人员。在问卷中对此次调研目的与意义进行详细说明，问卷分为两个部分：第一部分是被调查者需要填写的其自身及其所在企业的基本信息；第二部分让被调查者从物流企业外部因素、物流企业内部因素及供应链的结构模式因素三个方面进行打分，使用李克特五分量表。在正式进行调查前，首先开展预调研，一共发放 20 份调查问卷，对调查问卷语句表达、内容设计以及度量工具等相关问题进行检查，在此基础上修正并完善调查问卷。

（一）解释变量

本书对环境因素、企业内部因素、供应链结构模式因素进行分类，主要包括宏观环境、产业环境、技术组织、内部资源以及企业间关系五大要素。

1. 环境因素

环境因素包括宏观环境因素和产业环境因素。王瑞彬在贸易保护主义兴起、价值链重塑、地缘政治博弈加剧的情况下，将宏观环境因素分为 4 种类型：自然环境因素、经济因素、社会因素以及政治因素。[1] 将宏观环境因素细分，有利于在突发公共卫生事件下对物流企业的影响因素进行直接分析。从政治、经济因素来看，新冠疫情的暴发对许多物流企业造成了严重的影响，大部分物流企业面临现金流断裂的问题。为了缓解物流企业的压力，政府出台了相关的货币政策和财政政策。陈宝东和崔晓雪在研究中发现，当国家采取积极的货币政策和扩张性财政政策时，企业在融资渠道、货币渠道和信贷渠道上能够更加多样化，且这些渠道能够更流畅，从而有助于企业的健康发展。[2] 蔡国良和胡赛全认为，企业产业环境主要来自市场、外部技术以及基础设施等的共同作用，并将基础设施、外部技术归为硬环境，市场归为软环境。[3] 因此，本书将产业环境划分为硬环境和软环境，硬环境包括资源限制和基础设施，而软环境包括企业所处的市场环境（供求、价格、物流等）。当受到突发公共卫生事件影响时，市场的供求关系会产生波动，并对物流服务的需求和价格产生一定的影响，从而影响合作企业的选择、运行流程的控制与市场目标，这就对物流企业的快速响应能力提出了更高的要求。

2. 企业内部因素

企业内部因素主要包括技术组织因素和内部资源因素两种因素。技术对企业的发展十分重要，技术的好坏直接影响物流企业的运营成本、运营效率、服务质量，也会对该企业所处的供应链上下游企业产生影响。企业的组织文化、激励机制及管理制度均属于组织因素，组织因素对企业员工在面对问题时的工作态度以及工作效率有很大的影响。杨强等以北京、天津、河北地区的多家中小企业技术人员、管理人员为样本

---

[1] 王瑞彬：《亚太地区宏观政治经济环境新探》，《人民论坛》2020 年第 36 期。

[2] 陈宝东、崔晓雪：《地方政府债务、金融营商环境与实体企业融资约束》，《财政科学》2022 年第 1 期。

[3] 蔡国良、胡赛全：《产业环境影响企业技术创新的机制和路径》，《技术经济》2014 年第 7 期。

进行实证研究，证实了组织变革能力因素在资源充足程度和组织独立性两个因素对中小企业创新绩效的影响过程中发挥了中介作用。[①] 当突发公共卫生事件发生时，企业急需大量相关的工作技术人员对企业进行技术支持，除此之外还需要中高层管理者在企业面临重大风险时，对企业后续的发展策略进行决策和把控。贾建锋等主要研究企业文化匹配以及胜任特征对绩效产生的影响，在他看来，管理者胜任能力主要分为三种，坚持行为、团队建设能力以及管理者自身的创新能力。[②]

3. 供应链结构模式因素

王利等认为供应链结构模式因素主要是指企业与外界的互动交流，如与供应链上下游企业的沟通以及与市场竞争者的交流等。[③] 本书将企业的合作伙伴因素、竞争对手因素归为供应链结构模式因素。合作伙伴因素，也就是供应链上下游企业之间的合作。面对突发公共卫生事件时，各企业的目标、利益以及采取的方法可能会不同，这就需要合作企业之间求同存异，使各自利益最大化。如果企业之间没有进行很好的协调沟通，或者极个别企业运营方面出现了较大的问题，就会导致物流企业的盈利能力以及竞争力降低。竞争对手，也就是和本企业有竞争关系的企业。在突发公共卫生事件下，竞争对手因素主要包括行业竞争者的差异化程度、本行业物流服务的差异化程度、扩张速度、进出壁垒的高低。尤其是当下所处的高科技时代，大幅增加了物流服务被替代的可能性，对物流企业的绩效产生了很大的影响。

通过对国内外相关文献进行整理，本章得出如表 3-1 所示的测量指标，选择这些指标的原因主要有以下几个。一是物流企业的运营需要大量现金流，当物流企业的资金链断裂时，物流企业的运营可能会中断，

---

① 杨强、刘彩艳、王丽平等：《组织因素对中小企业破坏性创新绩效影响研究》，《中国科技论坛》2014 年第 7 期。

② 贾建锋、闫佳祺、王男：《高管胜任特征与企业文化的匹配对企业绩效的影响》，《管理评论》2016 年第 7 期。

③ 王利、游益云、代杨子：《基于生命周期供应链企业间信任影响因素实证研究》，《工业工程与管理》2013 年第 2 期。

会给企业带来严重后果，同时也会影响供应链上下游企业。当物流企业的资金出现问题时，企业需要通过融资、借贷来暂时缓解危机。就疫情而言，政府为了缓解中小企业的生存压力，允许经济压力较大的企业延期缴纳税款（最长3个月），且中央财政安排贴息资金以降低物流企业的融资成本，对无法按时缴纳社保费和住房公积金的企业，允许其延期缴纳。二是整个国家的经济发展状况会影响物流企业未来的发展方向和规划。行业中的最新技术发明、市场的供求关系、物流服务的市场价格都会对物流企业的运营目标和成本产生较大影响。不可抗力因素的发生是企业无法准确预测的，企业应对此加以重视，提前做好应对措施。企业自身的技术、文化、人员和高层管理者会影响企业的运营效率，同时也会对企业未来的发展方向和战略决策产生影响。三是在供应链结构模式因素中，合作伙伴之间的协调沟通与合作企业的发展对物流企业的发展产生了积极影响，而竞争对手的物流服务可能会替代物流企业的服务，也可能会反向促进物流企业的发展。

表 3-1　解释变量的测度

一级变量	二级变量	题项
环境因素	宏观环境	a_1 政府积极的货币、财政等政策有利于企业的融资、借贷
		a_2 国家的经济环境与物流企业的效益基本呈线性正相关关系
		a_3 市场上现有的最新技术能够帮助企业解决运营问题
		a_4 自然灾害或偶发事件会使物流企业运营中断
	产业环境	b_1 资源紧缺或受到控制会使物流企业运营中断
		b_2 市场的供求、价格和物流会影响企业的运营目标和成本
企业内部因素	技术组织	c_1 技术直接影响企业的成本、效率以及物流服务的质量
		c_2 企业的组织文化、氛围会影响企业员工的积极性和效率
	内部资源	d_1 专业技术人员能够满足物流企业的发展需要
		d_2 企业的高层面对风险能快速进行决策和把控
供应链结构模式因素	企业间关系	e_1 合作企业之间有良好的协调沟通
		e_2 合作企业的运营或发展能力较好
		e_3 竞争对手比较多，竞争激烈

（二）被解释变量

物流企业的发展水平可以用物流企业的绩效进行表示。目前对物流企业的绩效研究主要有以下几个方向。

一是以责任为导向的关键绩效指标（KPI）考核体系。KPI 主要体现策略执行效果，可以看出企业不同层次工作任务的具体安排，主要通过可测量数值指标体现出来。二是以财务为导向的投资回报率（ROI）考核体系。传统的 ROI 是单纯对销售额和利润进行评价，而以杜邦体系为代表的 ROI 是将净利润和总资产进行分解，系统地评价企业的财务状况，并对企业的绩效进行考核。三是以战略为导向的平衡计分卡（BSC）考核体系。[①] BSC 是从顾客、财务、内部业务流程及革新与增长四个角度来评价绩效的。四是以流程为导向的供应链运作参考模型（SCOR）考核体系。其衡量标准主要包括四大指标，主要有资本、供应链可信度、成本以及弹性反应程度。

结合调查企业管理人员及专家顾问观点，同时借助有关资料及现有文献成果，对物流企业绩效衡量指标展开深入分析，最终选取关键绩效指标考核体系。本章是对物流企业进行分析，根据关键绩效指标考核体系，本章选取利润率指标作为物流企业绩效的衡量指标，采用 2020 年上半年物流企业的利润率和 2019 年下半年物流企业的利润率之比来反映物流企业在疫情下被影响的程度。

企业利润率是指在一定时期内企业的利润与成本之比，这一指标反映了企业在一定时期内的经营状况。而 2020 年上半年和 2019 年下半年利润率之比反映的是疫情的暴发对物流企业利润的影响程度，该指标值越接近于 1，说明疫情对物流企业的影响越小；反之，物流企业受到的影响越大。

---

① 郑培、黎建强：《基于模糊评估和马尔可夫预测的供应链动态平衡记分卡》，《系统工程理论与实践》2008 年第 4 期。

二 数据获取

结合预调查结果以及专家顾问与管理人员的看法，对调查问卷中已经发现和潜在的问题进行修正完善，选取江苏省内综合排名靠前、具有代表性的 11 家物流企业作为研究对象，进行研究数据的收集工作。通过将电子问卷发放给所选企业的员工、管理人员和专家顾问来进行数据收集。此次调研发放调查问卷 350 份，将不合理的问卷剔除，有效问卷数量共 260 份，问卷回收率为 74.29%，与样本容量相关需求保持一致。11 家企业的名单如表 3-2 所示。

表 3-2　11 家调研企业的名称

序号	企业名称	企业简称
1	苏宁易购集团股份有限公司	苏宁物流
2	江苏澳洋顺昌股份有限公司	澳洋顺昌
3	江苏新宁现代物流股份有限公司	新宁物流
4	江苏万林现代物流股份有限公司	万林
5	江苏飞力达国际物流股份有限公司	飞力达
6	南京港股份有限公司	南京港
7	江苏满运软件科技有限公司	运满满
8	江苏金驹物流投资有限公司	金驹物流
9	常熟市顺德物流有限公司	顺德物流
10	南京豪顺物流有限公司	豪顺物流
11	江苏永捷工程物流有限公司	永捷物流

三 实证数据分析

（一）样本描述

本章对有关数据资料进行收集整理，对被调查对象的性别、教育背景、所在企业职工总人数及年收入等相关信息进行统计。对收集来的数据进行描述性统计，结果如表 3-3 所示，在被调查对象中，男性人数为 120 人，女性人数为 140 人，占比分别为 46.15% 和 53.85%。调查对象

中，本科学历 200 人，硕士研究生、本科、专科及以下占比分别为
3.85%、76.92% 与 19.23%，表明被调查对象受教育程度偏高。将企业
职工总人数分为三个不同的区间，分别为 0~50 人、51~100 人、100 人
以上，所占比例分别为 15.38%、42.31%、42.31%。将企业年收入分
为 500 万元以下、500 万~1000 万元、1000 万~2000 万元和 2000 万元
及以上四个区间，所占比例分别为 15.38%、46.15%、11.54% 与 26.92%。

表 3-3 样本基本信息统计

单位：人，%

项目	类别	人数	占比
性别	男	120	46.15
	女	140	53.85
教育背景	专科及以下	50	19.23
	本科	200	76.92
	硕士研究生	10	3.85
职工总人数	0~50 人	40	15.38
	51~100 人	110	42.31
	100 人以上	110	42.31
企业年收入	500 万元以下	40	15.38
	500 万~1000 万元	120	46.15
	1000 万~2000 万元	30	11.54
	2000 万及以上	70	26.92

（二）信度检验

信度检验主要对问卷调查可靠性进行检验，可以反映问卷调查结果
与实际情况是否一致。为了验证同一组问题是否可以测量同一个概念，
一般信度检验遵循内部一致性原则，检测指标使用 Cronbach's α 系数。α
系数超过 0.8，预示着信度非常好；α 系数保持在 0.7~0.8，预示着信
度较好；α 系数保持在 0.6~0.7，预示着信度整体能接受；α 系数不超
过 0.6，预示着信度不佳。

对收集来的数据进行进一步分析，首先要对调查问卷的各变量以及

总量表展开信度分析，本书运用 SPSS 24.0 软件进行检验，具体结果见表 3-4、表 3-5。所得 α 系数均超过 0.6，说明信度整体能接受。

表 3-4　总量表的信度检验

	项数（项）	Cronbach's α
数值	13	0.81

表 3-5　各变量的信度检验

变量	项数（项）	Cronbach's α
宏观环境	4	0.837
产业环境	2	0.632
技术组织	2	0.793
内部资源	2	0.627
企业间关系	3	0.753

（三）效度检验

效度检验的目的是评估所收集问卷数据的有效性，选取的指标为 KMO 值，该值的取值范围在 0 到 1 之间。KMO 值超过 0.7，预示着效度较好；KMO 值保持在 0.6~0.7，预示着效度一般，效度可接受；KMO 值不超过 0.6，预示着效度较差。通过 SPSS 24.0 软件进行效度分析，结果如表 3-6 所示，KMO 值为 0.690，说明问卷数据具有有效性，效度检验通过。

表 3-6　总量表的效度检验

统计量		数值
KMO 值		0.690
Bartlett 球形度检验	近似卡方	147.039
	df	78
	p 值	0.000

本书一级变量以及二级变量分别有 3 个、5 个，其中二级变量除了

宏观环境（a_1、a_2、a_3、a_4）、内部资源（d_1、d_2）之外，还包括企业间关系（e_1、e_2、e_3）、技术组织（c_1、c_2）以及产业环境（b_1、b_2），三级变量有11个。为了更快地整理数据信息，可以对三级变量直接简写，a_1、a_2、a_3、a_4分别简称为"政策""经济""技术机遇""自然灾害"，b_1简称"外部资源"、b_2简称"市场"、c_1简称"企业技术"、c_2简称"组织文化"、d_1简称"专业人员"、d_2简称"管理决策"、e_1简称"协调沟通"、e_2简称"合作企业"、e_3简称"竞争对手"。本书采用fsQCA方法研究物流企业的影响因素，选择11家物流企业作为研究对象，对调查问卷数据进行整理，并在此基础上形成调查数据。

在整合问卷调查数据时，首先，以新宁物流为例，对其全部调查对象指标的平均数值进行计算。对其共发放调查问卷26份，所有调查对象均需要对问卷里面的13个题项打分，其中宏观环境因素主要包括4个题项，对26个调查对象在以上4个题项中的平均数进行计算，再计算其他题项平均数。

其次，对各影响因素进行赋值。宏观环境因素是突发公共卫生事件下政策、经济、技术等环境发生较大变化；产业环境因素是市场中资源、供求、价格等方面受到突发公共卫生事件的影响；技术组织因素是企业内部自身的技术、组织方面的能力；内部资源因素是企业技术人员及管理者的水平；企业间关系因素是突发公共卫生事件下物流企业与合作企业之间的沟通协调及竞争对手的发展情况。根据调查数据，对5个二级变量依据重要性进行排序，其中最重要的为宏观环境，其后依次为技术组织、企业间关系、产业环境以及内部资源。结合fsQCA软件需求以及操作过程对被调查对象进行分类，对以上5个变量的阈值进行精准设置，对应的数值分别为3.6、3.5、3.4、3.1、3.0。以新宁物流宏观环境为例，4个题项阈值均为3，平均数超过3赋值为1，不超过3赋值为0。结合所得结果可以发现，宏观环境赋值为4，其他项目赋值大小见表3-7。

表 3-7　各变量赋值

企业	宏观环境	技术组织	企业间关系	产业环境	内部资源
新宁物流	4	1	3	1	1
澳洋顺昌	3	1	2	2	2
万林	3	1	0	0	0
苏宁物流	3	2	3	2	2
顺德物流	3	0	0	2	1
金驹物流	4	2	2	0	2
豪顺物流	2	2	2	1	2
运满满	1	2	1	0	0
永捷物流	3	1	3	2	2
南京港	3	0	1	2	1
飞力达	3	2	3	1	2

由问卷调查结果可知 2019 年下半年和 2020 年上半年物流企业的收入和成本，通过对收入和成本进行分析，得出物流企业的利润率。本章采用 2020 年上半年和 2019 年下半年的利润率之比来衡量物流企业被影响程度。具体被解释变量数值如表 3-8 所示。

表 3-8　物流企业被影响程度

指标	新宁物流	澳洋顺昌	万林	苏宁物流	顺德物流	金驹物流	豪顺物流	运满满	永捷物流	南京港	飞力达
物流企业被影响程度	0.883	0.519	0.784	0.586	0.690	0.547	0.595	0.521	0.839	0.672	0.584

（四）必要条件检验

结果发生的必备条件为必要条件。在对真值表进行分析之前，首先要验证必要条件。选择必要条件时，宏观环境、产业环境、技术组织、内部资源、企业间关系影响大，不是物流企业被影响程度一般的必要条件，因为它们与物流企业被影响程度低的一致性概率分别为 0.21、

0.05、0.02、0.33、0.23，不符合一致性趋于 1 的条件；而宏观环境影响一般、产业环境影响一般、技术组织影响一般、内部资源影响一般、企业间关系影响一般与物流企业被影响程度一般的一致性概率分别为 0.88、0.79、0.92、0.84、0.85，由于 0.92 非常接近数值 1，因此在标准化分析过程中技术组织因素可以直接设置为 "present"，预示着前因条件组合里面存在技术组织因素，将其他条件直接设置为默认数值，这样就可以得到三种结果，第一种为中间解，另外两种分别为复杂解以及简洁解。

（五）设定样本频次与一致性阈值

运行 fsQCA 时应认真筛选样本数据，同时设置对应的阈值，设置内容主要包括两个，即样本的频次阈值和一致性阈值。样本频次指的是某种条件组合路径在现实案例中发生的次数，由于 fsQCA 经常应用在小样本中，因此案例发生频次阈值设置为大于等于 1 即可，而本书中有 11 个案例，属于小样本范畴，因此本章样本频次阈值设置为 1，即如果条件组合在样本中从未出现，直接将其删除即可。一致性是指条件变量组合对结果变量解释的程度，取值最小为 0，最大为 1。如果数值比较接近 1，说明条件变量组合可以很好地解释结果变量。利用 fsQCA 软件得到的结果主要包括 3 个一致性数据。PRI consist 属于比较常用的一致性计算方式，主要参考依据为误差计算过程中准比例减少的模糊集合；RAW consist 指的是原始一致性。Ragin 提出一致性最小值为 0.75，如果不超过 0.75，代表条件变量组合无法有力解释结果变量，因此本书将一致性阈值设置为 0.75。

（六）设置隶属度

宏观环境因素主要包含 4 个不同的题项，取值 0~4，0 与 4 分别代表完全不隶属以及完全隶属，其中最大模糊点设置为 2.4，表示既不确定隶属也不确定不隶属；产业环境因素、技术组织因素、内部资源因素均包含 2 个题项，取值 0~2，0 与 2 分别代表完全不隶属以及完全隶属，其中最大模糊点设置为 1.1，说明不管隶属还是不隶属均不确定；企业间关系因素包含 3 个题项，取值 0~3，0 与 3 分别代表完全不隶属以及完全隶属，其中最大模糊点设置为 1.8，表示既不确定隶属也不确定不隶属。通过计算可知，物流企业被影响程度最小数值以及最大数值分别为 0.518 与 0.827，两者分别属于完全不隶属以及完全隶属，最大模糊点设置为 0.613，说明不管隶属还是不隶属均不确定。

（七）解的选择

定性比较分析模糊集通常可以得到三类解，"中间解"、"简洁解"与"复杂解"。其中，"中间解"最主要的特征在于不能将必要条件消除，因为"复杂解"并未进行简化，模型数量相当多，会给之后的路径分析带来很大影响；"简洁解"将应用到全部"逻辑余项"，所得结果与现实情况可能存在偏差，还会对必要条件进行简化。学者在研究时为了防止其他两种解对结果产生影响，一般会首选"中间解"，本书同样使用"中间解"。本书针对不同条件类型选择对应的符号来表示，其中"＊"代表逻辑运算里面的"和"，"～"代表逻辑运算里面的"非"。

四　实证结果分析

通过对物流企业影响因素进行研究，本章从 3 个层面选取了 5 个二级指标，再基于二级指标选取 13 个三级指标，将这 13 个三级指标设置成问卷调查中的 13 个题项，将问卷发放给选取的 11 家物流企业，对问卷调查得来的数据进行信度和效度检验后，得出所选取的 5 个二级指标和 13 个三级指标都能对物流企业的发展产生影响。经过信度检验得出，宏观环境因素的信度最高，为 0.837，这体现出宏观环境在突发公共卫生事件下对物流企业的影响较大，其次是技术组织因素、企业间关系因素、产业环境因素，它们的信度分别是 0.793、0.753、0.632，信度最低的是内部资源因素，其信度为 0.627。说明从单个影响因素来看，宏观环境对物流企业的影响极大，物流企业应重视宏观环境在突发公共卫生事件下对其造成的影响。

（一）物流企业被影响程度深的路径分析

利用 fsQCA 软件可以得到真值表，利用 5 个解释变量组合成 10 个有效组态。物流企业被影响程度的计算结果为 1 表示被影响程度深，物流企业被影响程度的运算结果为 0 表示被影响程度一般。用 1 表示各变量强，用 0 表示各变量非强。RAW consist 小于 1 为被影响程度一般的组态，共 6 组；RAW consist 等于 1 为被影响程度深的组态，共 5 组。真值表及其被影响程度深的中间解，如表 3-9 和表 3-10 所示。

表 3-9　物流企业被影响程度深真值

企业	宏观环境	技术组织	企业间关系	产业环境	内部资源	物流企业被影响程度	Raw consist
新宁物流	1	0	0	1	0	1	1
澳洋顺昌	1	0	0	1	0	1	1
万林	1	0	0	0	0	1	1
苏宁物流	1	0	1	1	0	1	1
顺德物流	0	1	1	1	1	1	1
金驹物流	0	1	0	1	1	0	0.998333
豪顺物流	1	0	0	0	1	0	0.995625
运满满	1	1	0	0	1	0	0.994667
永捷物流	1	1	0	1	1	0	0.983438
南京港	1	0	1	1	1	0	0.974687
飞力达	1	1	0	0	1	0	0.971786

表 3-10　被影响程度深的中间解

条件组态	Raw coverage	Unique coverage	Consistence
宏观环境强 * ~技术组织强 * 企业间关系强 * ~内部资源强（路径 1）	0.526316	0.0277008	1
宏观环境强 * ~技术组织强 * 企业间关系强 * 产业环境强 * ~内部资源强（路径 2）	0.581717	0.0554016	1
~宏观环境强 * 技术组织强 * 企业间关系强 * 产业环境强 * 内部资源强（路径 3）	0.415512	0.0554016	1
Solution coverage	0.66482		
Solution consistency	1		

通过表 3-9 得出相关企业被影响程度深的表达式。

新宁物流=宏观环境强 * ~技术组织强 * ~企业间关系强 * 产业环境强 * ~内部资源强，即新宁物流=宏观环境强 * 技术组织非强 * 企业间关系非强 * 产业环境强 * 内部资源非强。

澳洋顺昌=宏观环境强 * ~技术组织强 * ~企业间关系强 * 产业环境强 * ~内部资源强，即澳洋顺昌=宏观环境强 * 技术组织非强 * 企业间关系非强 * 产业环境强 * 内部资源非强。

万林=宏观环境强 * ~技术组织强 * ~企业间关系强 * ~产业环境强 * ~内部资源强，即万林=宏观环境强 * 技术组织非强 * 企业间关系非强 * 产业环境非强 * 内部资源非强。

苏宁物流=宏观环境强 * ~技术组织强 * 企业间关系强 * 产业环境强 * ~内部资源强，即苏宁物流=宏观环境强 * 技术组织非强 * 企业间关系强 * 产业环境强 * 内部资源非强。

顺德物流=~宏观环境强 * 技术组织强 * 企业间关系强 * 产业环境强 * 内部资源强，即顺德物流=宏观环境非强 * 技术组织强 * 企业间关系强 * 产业环境强 * 内部资源强。

由表 3-10 可知，被影响程度深的中间解的整体覆盖率 Solution coverage 为 0.66482，整体一致性 Solution consistency 为 1，结果呈现为理想状态。

在路径 1 中，物流企业很大程度上会受到影响，可以看出新宁物流、澳洋顺昌、万林三家企业，如果内部资源、企业间关系及技术组织并不强，同时宏观环境比较强，往往会加深物流企业的被影响程度。这三家企业的规模较大，宏观环境对企业的影响较大，而企业自身的组织管理和技术在物流行业均处于优势地位。因此，企业自身组织、技术水平以及与合作企业之间的关系在突发公共卫生事件下对企业的影响程度一般。这一类型的企业应时刻关注外部环境与产业环境的变化，即企业管理层要快速把握环境、市场的变化，在形势发生改变时迅速做出应对，把握好企业未来的发展方向，以保证将企业的损失降到最低。

路径 2 的结果表明，在宏观环境强、技术组织非强、企业间关系强、产业环境强、内部资源非强时，可能会加深苏宁物流被影响的程度。苏宁物流的规模较大，宏观环境因素对该物流企业的影响较大，同时企业间关系、产业环境对该物流企业也具有较大影响；而企业内部的技术创新水平和内部资源对该物流企业的影响程度一般，表现为技术组织非强和内部资源非强。因此，在未来的发展过程中，苏宁物流对环境的改变应具有敏锐的洞察力，对物流行业内新兴的高新技术要快速发现并合理掌握。此外，企业还需要提升自身应急管理能力，降低宏观环境、产业环境、企业间关系对企业的影响。这对降低突发公共卫生事件下物流企业的被影响程度具有积极影响。

路径 3 的结果表明，在宏观环境非强、技术组织强、企业间关系强、产业环境强与内部资源强时，可能会加深物流企业（顺德物流）被影响的程度。顺德物流的规模一般，企业受宏观环境的影响不大，而技术组织、企业间关系、产业环境与内部资源对企业非常重要。当企业拥有先进技术时，工作效率会大幅提升，运营成本会降低，企业在市场上会具有更强的竞争力。同时，合作企业对物流企业的影响也较大，合作企业的效率直接影响物流企业的效率。因此，顺德物流应加强与合作企业之间的交流，以便更好地对市场需求进行预测，还需要及时更新自身的技术和设备，从而降低产业环境对企业的影响，这对降低物流企业的被影响程度具有一定意义。

（二）物流企业被影响程度一般的路径分析

利用 fsQCA 软件可以得到真值表，利用 5 个解释变量组合成 10 个有效组态。物流企业被影响程度的计算结果为 1 表示被影响程度一般，物流企业被影响程度的运算结果为 0 表示被影响程度深。用 1 表示各变量强，用 0 表示各变量非强。RAW consist 大于等于 0.8 为被影响程度一般的组态，共 6 组；RAW consist 小于 0.8 为被影响程度低的组态，共 5 组。真值表、被影响程度一般的中间解如表 3-11、表 3-12 所示。

表 3-11　物流企业被影响程度一般真值

企业	宏观环境	技术组织	企业间关系	产业环境	内部资源	物流企业被影响程度	Raw consist
飞力达	1	1	0	0	1	1	0.978273
南京港	1	0	1	1	1	1	0.952617
永捷物流	1	1	0	1	1	1	0.896531
运满满	1	1	0	0	1	1	0.885054
豪顺物流	1	0	0	0	1	1	0.867072
金驹物流	0	1	0	1	1	1	0.829842
顺德物流	0	1	1	1	1	0	0.770823
苏宁物流	1	0	1	1	0	0	0.732456
万林	1	0	0	0	0	0	0.692541
澳洋顺昌	1	0	0	1	0	0	0.632653
新宁物流	1	0	0	1	0	0	0.583249

表 3-12　被影响程度一般的中间解

条件组态	Raw coverage	Unique coverage	Consistence
技术组织强 * ~企业间关系强 * 内部资源强（路径 1）	0.537654	0.0192772	0.834645
宏观环境强 * ~技术组织强 * 内部资源强（路径 2）	0.592817	0.339759	0.875582
Solution coverage	0.69927		
Solution consistency	0.79345		

通过表 3-11 得出相关企业被影响程度一般的表达式。

飞力达=宏观环境强 * 技术组织强 * ~企业间关系强 * ~产业环境强 * 内部资源强，即飞力达=宏观环境强 * 技术组织强 * 企业间关系非强 * 产业环境非强 * 内部资源强。

南京港=宏观环境强 * ~技术组织强 * 企业间关系强 * 产业环境强 * 内部资源强，即南京港=宏观环境强 * 技术组织非强 * 企业间关系强 * 产业环境强 * 内部资源强。

永捷物流=宏观环境强 * 技术组织强 * ~企业间关系强 * 产业环

强 * 内部资源强，即永捷物流＝宏观环境强 * 技术组织强 * 企业间关系非强 * 产业环境强 * 内部资源强。

运满满＝宏观环境强 * 技术组织强 * ～企业间关系强 * ～产业环境强 * 内部资源强，即运满满＝宏观环境强 * 技术组织强 * 企业间关系非强 * 产业环境非强 * 内部资源强。

豪顺物流＝宏观环境强 * ～技术组织强 * ～企业间关系强 * ～产业环境强 * 内部资源强，即豪顺物流＝宏观环境强 * 技术组织非强 * 企业间关系非强 * 产业环境非强 * 内部资源强。

金驹物流＝～宏观环境强 * 技术组织强 * ～企业间关系强 * 产业环境强 * 内部资源强，即金驹物流＝宏观环境非强 * 技术组织强 * 企业间关系非强 * 产业环境强 * 内部资源强。

由表 3-12 可知，被影响程度一般的中间解覆盖率 Solution coverage 为 0.69927，整体一致性 Solution consistency 为 0.79345，结果比较理想。

路径 1 的结果表明，在技术组织强、内部资源强以及企业间关系非强的前提下，物流企业（飞力达、永捷物流、运满满、金驹物流）被影响程度往往一般。飞力达、永捷物流、运满满和金驹物流以大件货物、普通货物等运输为主，且规模一般。物流企业内部资源和自身的组织管理、运营技术对物流企业的影响较大，由于物流企业上下游的企业数量较少，故企业间关系对物流企业的影响较小。这 4 家物流企业的管理者能够快速把握市场的变化，在形势发生改变时迅速做出应对，把握企业未来的发展方向。此外，这 4 家企业能及时提升自身的技术能力，保证将企业的损失降到最低。

路径 2 的结果表明，在宏观环境强、内部资源强以及技术组织非强的前提下，物流企业（南京港和豪顺物流）被影响程度往往一般。南京港和豪顺物流的规模中等，宏观环境因素对两家企业的影响较大，表现为宏观环境因素强，内部资源对其影响也较大；而企业内部的组织管理、技术创新对企业的影响程度一般，表现为技术组织因素非强。两个企业能够敏锐地把握宏观环境的变化，且高层管理者能够在突发公共卫生事件下快速对企业的运营和发展目标进行调整。因此，在未来的发展过程中，南京港和豪顺物流需继续保持对宏观环境变化的敏锐洞察力。

综合前两条物流企业被影响程度深的路径，在宏观环境因素强的条件下，物流企业被影响程度深的条件组合各有差异。有些企业仅仅是宏观环境因素强，就对其影响程度深；有些企业在宏观环境强、企业间关系强、产业环境因素强的情况下，可能对其影响程度深。只要以上两种组态中的任意一种满足就可能对物流企业影响程度深。在第三个组态中，技术组织强、企业间关系强、产业环境强与内部资源强对物流企业影响程度深，即物流企业自身技术能力与组织能力、企业与合作企业之间的关系、企业市场环境以及内部资源在很大程度上影响企业发展。

第四章　突发公共卫生事件下物流企业风险评估

第一节　突发公共卫生事件下物流企业风险评估指标构建

一　物流企业风险评估指标体系的构建原则

在突发公共卫生事件影响下，物流企业应急管理活动贯穿于整个应急运作过程中，其运作环境主要受运营风险、物流风险、需求风险、供应风险、信息风险、社会风险与金融风险等影响。因此，本章从运营、物流、需求、供应、信息、社会与金融等多个维度选取物流企业风险评价指标，对突发公共卫生事件下的风险因素及其影响进行分析。在构建物流企业风险评估指标体系时，要综合考虑指标间的相互联系，依据科学理论收集数据，选取具有问题针对性的评估指标，且保证评估指标获取方便、简洁。张展在企业物流外包风险评估方法及其应用中遵循科学性、可操作性原则。[①] 魏红征在进行法治化营商环境评价指标体系研究时，遵循实用性、可操作性原则。[②] 李海涛在对不确定环境下旱灾风险

---

① 张展：《基于行为决策理论的 IT 外包管理决策方法研究》，博士学位论文，东北大学，2017，第 68 页。

② 魏红征：《法治化营商环境评价指标体系研究》，博士学位论文，华南理工大学，2019，第 91 页。

调控群决策方法进行研究时，遵循科学性、适用性和操作性等原则。[①] 朱丽萍在对中国信托公司风险评价与预警进行研究时，遵循可操作性原则、科学性原则等。[②] 徐卓在对区域金融风险指数进行研究时，遵循操作性原则。[③] 因此，本章综合现有文献的研究，将系统性、科学性、适用性、可操作性等作为构建突发公共卫生事件下物流企业风险评估指标体系的基本原则。

（一）系统性原则

在构建风险评估指标体系时，要从系统的角度出发。风险评估系统由若干个风险子系统组成，风险评估指标的各个方面需要与风险评估协调一致，指标之间需要形成一个整体，并且具有一定的层次性。各个指标之间存在一定的联系，也要考虑其中单独的成分。这样有利于管理者对风险指标进行整合，以适应各种情况下风险评估的需求。

（二）科学性原则

选取的风险评估指标要能够反映出物流企业各方面的属性。各个评估指标的选取以及权重都需要有科学的依据，在确定指标权重与收集数据时应当将科学的理论作为基础，明确各个风险评估指标的含义，计算权重的方法必须规范，这样的风险评估方法才科学有效。

（三）适用性原则

评估的目的在于分析企业当前所面临的风险水平，找出其中的问题，并针对问题进行改进，增强管理的科学性，提高风险管理水平。因此，拟定的评估指标需要层次清晰，并且能够准确反映实际存在的风险，这样才有利于体系目标的实现。

（四）可操作性原则

评估指标需要具有简洁、方便操作等特点，这样有利于数据的收集

---

① 李海涛：《不确定环境下旱灾风险调控群决策方法研究》，博士学位论文，华北水利水电大学，2019，第 130 页。
② 朱丽萍：《中国信托公司风险评价与预警研究》，博士学位论文，华东师范大学，2017，第 121 页。
③ 徐卓：《区域金融风险指数研究》，博士学位论文，北京交通大学，2021，第 73 页。

与计算，方便所得指标的相互比较。评估指标测算时便于操作，才能保证指标的获取方式更加便捷。

（五）代表性原则

企业应急具有多样性和多变性，不可能通过建立一个新的指标来衡量全部的因素。因此，应结合相关性高的指标，选择综合、具有代表性的指标来衡量风险水平。

（六）专家咨询和实际调查相结合原则

首先根据领域知识来进行初步的拟定，得出风险评估的指标；其次结合专家的意见，对初步建立的风险评估指标体系进行仔细斟酌以及修改，力求构建科学合理的指标体系。

（七）客观指标与主观指标相结合原则

风险评估指标需要考虑客观性特质，以保证指标评估结果的客观性。对于无法进行客观考量的主观指标，物流企业也应将其纳入指标体系，实现与客观指标相互结合以获得最佳效果。

二　物流企业风险评估指标及其内涵

通过对国内外物流企业风险评估的文献进行梳理，本章基于突发公共卫生事件，综合考量物流企业所面临的风险，从而选取风险评估指标。本书主要从运营风险、物流风险、需求风险、供应风险、信息风险、社会风险、金融风险等七个方面构建指标。

（一）运营风险指标构建

运营风险包括监管风险与提前偿付风险。监管风险是指法律或监管规定的变化可能会影响企业正常运营，或削弱其竞争能力、生存能力的风险。提前偿付风险是指借款人在贷款尚未到达规定期限时，提前偿付部分或全部贷款金额，导致放款人提前收回现金、资金回报率降低的风险。

（二）物流风险指标构建

物流风险包括运作流程风险与响应速度风险。运作流程风险是指运输过程中发生中断或延误、调度不当等导致产品发生损失的风险，物流的运作流程风险发生于储存、运输、搬运和包装等物流主要环节。物流的响应速度风险是指随着外部环境发生变化，物流环节的风险也会产生，导致物流延迟。因此，物流活动的顺利开展，需要具备良好畅通的物流配送网络，还需要做到实时调整。此外，当前企业仅有少量专门储备的物资，且物资的储存主要根据以往的经验，缺乏科学性和前瞻性。因此，在日常物资储存中，企业需要建立科学的分级物资储备体系。在新冠疫情影响下，企业要根据实际情况因地制宜，并进行选择性物资储备。[①]

（三）需求风险指标构建

需求风险包括不准确的市场需求预测、不稳定的关键客户合作与不准确的风险监控。不准确的市场需求预测主要指企业对市场的产品需求变化和激烈的竞争情况预测不准确。如果企业采用仓储物流方式，更要关注行业竞争者对市场份额的影响。当市场需求发生变动时，企业的需求预测会出现偏差，从而增加企业在仓储和运输方面的物流费用。关键客户通常被称为核心客户，因为它能给供应商带来更多的销量和利润，所有供应商都竭尽全力争取该类客户。不稳定的关键客户合作是指和这类客户的合作不稳定。一旦发现重要客户，应立即将其单独罗列，管理人员需要制定重要客户的销售战略，以便完成销售合作。不准确的风险监控是指无法准确监测项目进展和项目环境，即项目参数的变化。风险监控是项目实施过程中的重要工作，其目的在于确保这些策略和措施的实际效果与预期的一样，寻找机会改进和细化规避风险的计划，获取反馈信息，使将来的对策更符合实际。

（四）供应风险指标构建

供应风险是指上游企业运作产生的偏差，波及整个企业供应链。供应环节发生中断，会使整个企业供应链面临瘫痪，因而无法正常运作。

---

① 张婉昱、吕翼：《基于"结构-过程-结果"框架的医院应急物资保障体系研究——以武汉协和医院抗击新冠肺炎疫情为例》，《医学与社会》2020年第11期。

供应风险主要包括交货时间风险和供应商诚信风险。交货时间风险是指由不可抗力的客观因素或者供应商主观因素引起的货物运送时间的不对等。供应商诚信风险可以分为客观原因与主观原因导致的风险。客观原因导致的风险不是人为的，比如自然灾害、金融危机、市场波动等外部原因导致的风险，而主观原因导致的风险则是人为的，比如决策失误、管理失策、操作不严谨等内部原因导致的风险。

（五）信息风险指标构建

信息风险主要包括信息安全隐患产生的风险、信息系统不稳定产生的风险以及信息监督隐患产生的风险。信息安全隐患产生的风险是指在信息化建设中，各类应用系统及其赖以运行的基础网络在运营过程中可能存在软硬件缺陷、系统集成缺陷等，以及在信息安全管理中存在薄弱环节，导致的不同程度的安全风险。信息系统不稳定产生的风险是指信息系统在规划、研发、建设、运行、维护、监控及退出过程中由于技术和管理缺陷产生的操作、法律和声誉等风险。信息监督隐患产生的风险是指网络和计算机平台存在的信息被盗用的安全隐患，如传输过程中的数据遭到截获导致个人或单位信息泄露。

应急信息流对处理信息风险起着不可替代的作用，并且信息流以一种虚拟方式进行双向流动。要积极推进针对突发公共卫生事件的抗疫信息互通，提高信息流管理能力，进而及时传递供需信息，使企业得到实时准确的信息。信息风险呈现高度的不确定性，企业需要转变治理范式。在新冠疫情期间，我国企业发挥了表率作用，如阿里巴巴开通了相关的绿色渠道来收集海外资源。在国内疫情整体可控的情况下，我国积极向国外捐赠各种应急物资、进行医疗援助、分享防疫经验、及时通报疫情情况以推动全球疫情防控进程。

（六）社会风险指标构建

社会风险是指企业所处的社会环境急剧变化引起的风险，包括发生自然灾害和政治形势干扰。自然灾害是指给人类生存带来危害或损害人类生活环境的自然现象，包括干旱、寒潮、洪涝、台风、雾霾、地震、海啸、泥石流、沙尘暴、雷暴、火山喷发等。政治形势干扰是指政权频繁更替、政府人事更迭、暴力事件、宗教势力的斗争等。2020年的新冠疫情是不可预测、蔓延速度极快的突发公共卫生事件，世界各国在短期内无法顺利解决危机，只能依靠强制停工停产来达到减少损失的目的。因此，在供应链全球化背景下，企业必须做好突发公共卫生事件下的应急管理工作，同时提前做好相关预案。企业虽然无法准确预测突发公共卫生事件，但当面对灾害时，企业可根据事前制定好的应急预案解决相应的风险。

（七）金融风险指标构建

金融风险包括融资不确定风险以及资金周转不畅风险。融资不确定风险是指融资租入资产（如固定资产、无形资产）或长期借款在规定期内未能按时实现融资。资金周转不畅风险就是资金在货币形态—商品形态—货币形态的往复转换过程中出现问题，实物商品不能正常变现，从而导致企业现金流不足，甚至面临资金链断裂的风险，以致正常的生产经营活动难以为继。突发公共卫生事件会冲击企业的正常运营，使资本市场产生波动，导致企业资金短缺，加大了投资的不确定性，从而放大了突发公共卫生事件对金融市场的冲击。

此外，在突发公共卫生事件下，企业的应急管理能力面临着重大考验。新冠疫情发生时，企业遭遇停工停产，导致产品供给短缺、资金周转困难，破产风险增加。同时，一方面，由于没有完善的应急管理体系，在新冠疫情得到控制之后，企业面临需求不足的困境。因此，企业必须采取相应措施，通过实时调整经营战略来适应新的环境。对于物流企业而言，供应链上下游企业之间业务的不透明性，使物流企业难以获取抵押物的实际价值和数量等相关信息，无法对供应链上的各主体企业进行实时监督。另一方面，由于信息的真实性和完整性都较差，物流企业无法追溯问题发生的真正环节，导致银行对供应链的贷款成本过高，加强了银行贷款前的逆向选择和贷款后面临的不确定性（见表4-1）。

表 4-1　物流企业风险评估指标体系

一级指标	二级指标
运营风险	监管风险
	提前偿付风险
物流风险	运作流程风险
	响应速度风险
需求风险	不准确的市场需求预测
	不稳定的关键客户合作
	不准确的风险监控
供应风险	交货时间风险
	供应商诚信风险
信息风险	信息安全隐患产生的风险
	信息系统不稳定产生的风险
	信息监督隐患产生的风险
社会风险	发生自然灾害
	政治形势干扰
金融风险	融资不确定风险
	资金周转不畅风险

第二节　突发公共卫生事件下物流企业风险评估的实证分析

一　方法选取

模糊综合评价法利用数学理论，结合多种分析方法，改变定性的评价，将其转为定量的评价，并排除干扰因素，进而做出总体评价。首先需要明确风险评估指标的集合评价等级，其次需要确定风险评估指标的权重、隶属度。目标是获取模糊判断矩阵，将矩阵与相对应的因素矢量结合，进而得出模糊运算的结果，并实现归一化的处理，最终得到评价值。

层次分析法的优势在于定性描述，通过计算指标的权重，将计算与描述结合，进而形成定性与定量相结合的模式。而模糊综合评价法是将模糊类的问题进行定量化处理，最终得到定性化的评价值。构建评估指标体系是突发公共卫生事件下物流企业风险评估的重要组成部分，物流企业业务范围较广，影响企业的风险要素多而复杂，为了全面客观地对物流企业的风险进行评估，本章选择 AHP-模糊综合评价法分析突发公共卫生事件下物流企业存在的问题，从而提出降低潜在风险的对策建议。

二　数据获取

物流企业在经济发展中占有重要地位，在突发公共卫生事件发生时，物流行业的风险远远高于其他行业。本章通过问卷调查对陕西省物流企业面临的风险进行评估，进而分析该物流企业的应急能力。问卷调查的对象为物流企业员工，共发放 220 份问卷，回收有效样本 195 份，回收的有效率为 88.64%。参与问卷调查的人员基本情况如表 4-2 所示。

表 4-2　参与问卷调查的人员基本情况

单位：人，%

项目	类别	人数	占比
性别	男	105	53.85
	女	90	46.15
年龄	20~30 岁	120	61.54
	31~40 岁	75	38.46
工龄	1~5 年	135	69.23
	5 年以上	60	30.77
所在部门	采购	21	10.77
	生产	36	18.46
	物流	27	13.85
	仓储	45	23.08
	财务	33	16.92
	信息	24	12.31
	其他	9	4.62

三　权重设定

物流企业风险评估指标体系共包含 7 个一级指标、16 个二级指标。本书采用德尔菲法确定风险评估指标的权重，通过模糊综合评价法对物流企业风险进行评估并得出相应的评估值。本书风险评估指标权重的确定分为两个步骤，首先让 10 位工作人员对指标进行两两比较，分析指标的重要程度，得出对应的风险评估矩阵；其次通过获取 10 位专家的打分矩阵，最终确定风险评估指标的权重。

（一）构造层次分析结构

首先根据因果关系将风险评估因素分解成若干层，相同层的风险评估因素受到上一层的影响，同时又决定下一层的风险评估因素。根据相关理论，目标层在最上层，方案层在最下层，准则层在中间，某个层次的风险因素较多时，可将因素进行分解。

（二）构造判断矩阵

Saaty 提出了一致性矩阵法[①]，即因素两两比较法。由于采用相对尺度来提高相关精度，所以因素两两比较法需要引入 1~9 个尺度来评估尺度系统，如表 4-3 所示。

表 4-3　九个重要性等级及其赋值

标度	含义
1	风险因素 u_i 与 u_j 比较，代表同等重要
3	风险因素 u_i 与 u_j 比较，代表略重要
5	风险因素 u_i 与 u_j 比较，代表较重要
7	风险因素 u_i 与 u_j 比较，代表非常重要
9	风险因素 u_i 与 u_j 比较，代表绝对重要
2，4，6，8	分别表示上方判断之间的中间状态对应的标度
1，1/2，…，1/9	风险因素 u_i 与 u_j 比较的判断值，即 $U_{ji} = 1/U_{ij}$

---

① Saaty T. L. , "How to Make a Decision: The Analytic Hierarchy Process," *European Journal of Operational Research* 48（1）（1990）：9.

根据德尔菲法获得判断矩阵，为满足一致性检验，要把偏差控制在一定范围内。当 A 比 C 绝对重要，而 B 比 C 略重要时，则 A 一定比 B 重要，代表判断的逻辑一致性。判断矩阵 A 需要具备以下条件：

$$a_{ij} = 1 \qquad (4-1)$$

$$a_{ji} = 1 / a_{ij}（\ i, j = 1, 2, \cdots, n\ ） \qquad (4-2)$$

$$a_{ij} = a_{ik} / a_{jk}（\ i, j, k = 1, 2, \cdots, n\ ） \qquad (4-3)$$

（三）层次单排序和一次性检验

根据已知的判断矩阵 A，得出上一层次中的某个风险评估因素，然后将本层次中的因素进行排序，得到相应的权值。通过计算得到判断矩阵 A 的特征值 λ 和特征向量 W。最大特征值为 λ_{max}，特征向量中的元素 W_i 为权重值，计算步骤如下。

首先，对判断矩阵 A 进行正规化的处理：

$$b_{ij} = \frac{a_{ij}}{\sum_{i=1}^{n} a_{ij}}（\ i, j = 1, 2, \cdots, n\ ） \qquad (4-4)$$

计算后每一列的元素之和为 1。

其次，将判断矩阵 A 依次相加：

$$V_i = \sum_{j=1}^{n} b_{ij}（\ i, j = 1, 2, \cdots, n\ ） \qquad (4-5)$$

再次，对向量 V 进行相应的正规化处理：

$$W_i = \frac{v_i}{\sum_{i=1}^{n} v_i}（\ i = 1, 2, \cdots, n\ ） \qquad (4-6)$$

最后，通过计算得出判断矩阵 A 的最大特征值：

$$\lambda_{max} = \sum_{i=1}^{n} \frac{(AW)_i}{n\,W_i}（\ i = 1, 2, \cdots, n\ ） \qquad (4-7)$$

其中，$(AW)_i$ 表示 AW 的第 i 个元素，n 为阶数。对 10 位专家的评估结果进行两两比较，会产生潜在的矛盾，因此在进行层次单排序时，必须检验其一致性。

（四）计算一致性指标 CI

满足条件的矩阵 A，需具备唯一最大特征值，且最大特征值 $\lambda_{max} = n$，即 λ_{max} 要等于矩阵 A 的维数。如果矩阵 A 呈现不完全一致的结果，则需用一致性指标（CI）来进行相应的检验：

$$CI = (\lambda_{max} - n)/(n-1) \tag{4-8}$$

当 $\lambda_{max} = n$、$CI = 0$ 时，代表其结果完全一致，当 CI 值较大时，代表其完全一致性较差。因此，若结果满足 $CI < 0.1$，则代表一致性结果能够接受，否则就需重新判断相应的指标。当两两对比的因素较多时，得到的一致性指标就会呈现较差的结果。因此，针对判断矩阵 A，需要引入修正值 RI，最终要用较为合理的权衡指标 CR 来评估一致性：

$$CR = CI / RI \tag{4-9}$$

（五）定义平均随机一致性指标 RI

CR 的取值越小越好。当 $CR < 0.1$ 时，判断矩阵有满意的一致性，通过一致性检验，否则要重新建立判断矩阵。RI 具体数值如表4-4所示，判断矩阵阶数越多，RI 值就越大，产生一致性偏差的可能性就越大。因此，通常将判断矩阵的阶数设置在8阶以下。

表4-4 平均随机一致性指标 RI

指标	阶数							
	1	2	3	4	5	6	7	8
RI	0	0	0.58	0.9	1.12	1.24	1.32	1.41

（六）确定指标权重

接下来通过专家打分法确定7个一级指标的权重，运营风险、物流风险、需求风险、供应风险、信息风险、社会风险与金融风险分别用 u_1，u_2，u_3，u_4，u_5，u_6，u_7 表示，专家一对各项风险评估指标的打分如

表 4-5 所示。

表 4-5 专家一对各项风险评估指标的打分

指标	u_1	u_2	u_3	u_4	u_5	u_6	u_7
u_1	1	1/2	1/4	1/5	1/3	1/3	1/4
u_2	2	1	1/2	2/5	2/3	2/3	1/2
u_3	4	2	1	4/5	4/3	4/3	1
u_4	5	5/2	5/4	1	5/3	1	5/4
u_5	3	3/2	3/4	3/5	1	1	3/4
u_6	3	3/2	3/4	1	1	1	3/4
u_7	4	2	1	4/5	4/3	4/3	1

得出一级指标权重矩阵：

$$W_1 = (0.0456 \quad 0.0913 \quad 0.1826 \quad 0.2176 \quad 0.1369 \quad 0.1433 \quad 0.1826)$$

$$AW_1 = (0.3195 \quad 0.6389 \quad 1.2778 \quad 1.3587 \quad 1.0456 \quad 1.0455 \quad 1.2778)$$

得到最大特征值 $\lambda_{max} = 7.0483$，代入公式 $CI = (\lambda_{max} - n) / (n-1)$，得到 $CI = 0.00805$，通过查表得到 $RI = 1.32$，则 $CR = CI/RI = 0.00805/1.32 = 0.00610 < 0.1$，表明判断矩阵 A 通过一致性检验。为获得有效数据，重复以上的步骤，从而得出其他矩阵都通过了一致性检验。

（七）一级指标权重分析

$$W_1 = (0.0456 \quad 0.0913 \quad 0.1826 \quad 0.2176 \quad 0.1369 \quad 0.1433 \quad 0.1826)$$

$$W_2 = (0.2889 \quad 0.0643 \quad 0.1256 \quad 0.0859 \quad 0.0671 \quad 0.0683 \quad 0.2999)$$

$$W_3 = (0.1851 \quad 0.1881 \quad 0.0789 \quad 0.0345 \quad 0.0843 \quad 0.0722 \quad 0.3569)$$

$$W_4 = (0.2627 \quad 0.1657 \quad 0.2562 \quad 0.1456 \quad 0.0789 \quad 0.0266 \quad 0.0643)$$

$$W_5 = (0.0342 \quad 0.2187 \quad 0.1325 \quad 0.0478 \quad 0.1345 \quad 0.2678 \quad 0.1645)$$

$$W_6 = (0.0123 \quad 0.1612 \quad 0.2312 \quad 0.0912 \quad 0.0725 \quad 0.2245 \quad 0.2071)$$

$$W_7 = (0.0789 \quad 0.1278 \quad 0.4036 \quad 0.1210 \quad 0.0234 \quad 0.0102 \quad 0.2351)$$

$$W_8 = (0.1456 \quad 0.0879 \quad 0.3123 \quad 0.2102 \quad 0.0189 \quad 0.1045 \quad 0.1206)$$

$$W_9 = (0.0456 \quad 0.1289 \quad 0.2197 \quad 0.0761 \quad 0.1143 \quad 0.3902 \quad 0.0252)$$

$$W_{10} = (0.0478 \quad 0.0123 \quad 0.2865 \quad 0.1245 \quad 0.1211 \quad 0.1678 \quad 0.2400)$$

通过计算获得风险评估指标的权重，再进行加权得到风险评估指标的最终权重。本书设定 10 位专家的风险评估指标权重具有同等重要性，均为 0.1。因此，一级风险评估指标的综合权重为：

$$A = (0.1 \quad 0.1 \quad 0.1 \quad 0.1 \quad 0.1 \quad 0.1 \quad 0.1) \times W$$

$$= (0.11467 \quad 0.12462 \quad 0.22291 \quad 0.11544 \quad 0.08519 \quad 0.14755 \quad 0.18962)$$

本书将运营风险、物流风险、需求风险、供应风险、信息风险、社会风险与金融风险下的二级指标权重分别用 A_1、A_2、A_3、A_4、A_5、A_6 与 A_7 表示，继续用相同的办法得到二级指标权重。最终的突发公共卫生事件下物流企业风险评估指标体系如表 4-6 所示。

表 4-6 突发公共卫生事件下物流企业风险评估指标体系

一级指标	综合权重	二级指标	权重
运营风险（u_1）	0.11467	监管风险（u_{11}）	0.6543
		提前偿付风险（u_{12}）	0.3457
物流风险（u_2）	0.12462	运作流程风险（u_{21}）	0.5342
		响应速度风险（u_{22}）	0.4658
需求风险（u_3）	0.22291	不准确的市场需求预测（u_{31}）	0.4341
		不稳定的关键客户合作（u_{32}）	0.3461
		不准确的风险监控（u_{33}）	0.2198
供应风险（u_4）	0.11544	交货时间风险（u_{41}）	0.4123
		供应商诚信风险（u_{42}）	0.5877
信息风险（u_5）	0.08519	信息安全隐患产生的风险（u_{51}）	0.2234
		信息系统不稳定产生的风险（u_{52}）	0.3479
		信息监督隐患产生的风险（u_{53}）	0.4287
社会风险（u_6）	0.14755	发生自然灾害（u_{61}）	0.4176
		政治形势干扰（u_{62}）	0.5824
金融风险（u_7）	0.18962	融资不确定风险（u_{71}）	0.5612
		资金周转不畅风险（u_{72}）	0.4388

四 信度分析

信度是指调查问卷的可信程度。信度分析的目的是减少调查问卷的误差。Cronbach's α 系数可用于评估调查问卷的内部一致性。α 系数的范围为 0~1，0.6~0.7 是可接受的范围，不超过 0.6 就应考虑修改量表。α 系数适用于两级或多级计分的调查问卷。本书使用 SPSS 24.0 软件对数据进行信度检验，结果如表 4-7 所示。

表 4-7 可靠性统计量

	Cronbach's α	基于标准化项下的 Cronbach's α	项数
数值	0.902	0.912	16

五 效度分析

效度是指数据的正确性与有效性。调查问卷中的重要特征是效度，数值越高，代表结果的真实度越高，更能实现调查问卷的目的。本书通过 SPSS 24.0 对数据进行 KMO 与 Bartlett 球形度检验，结果如表 4-8 所示。KMO 的值为 0.601>0.6；Bartlett 球形度检验的显著性概率趋近于 0，表明数据效度较高。

表 4-8 KMO 和 Bartlett 球形度检验

统计量		数值
KMO 值		0.601
Bartlett 球形度检验	近似卡方	5051.231
	df	275
	p 值	0.000

六 敏感性分析

通过敏感性分析，得出所选取指标的重要程度。若项已删除的 α

系数较小，应考虑调整其相对应的题项。根据敏感性分析，项已删除的 α 系数都大于 0.9，表明选项无须调整（见表 4-9）。

表 4-9　敏感度分析

一级指标	二级指标	项已删除的 α 系数
运营风险	监管风险	0.916
	提前偿付风险	0.907
物流风险	运作流程风险	0.916
	响应速度风险	0.907
需求风险	不准确的市场需求预测	0.907
	不稳定的关键客户合作	0.906
	不准确的风险监控	0.904
供应风险	交货时间风险	0.901
	供应商诚信风险	0.909
信息风险	信息安全隐患产生的风险	0.901
	信息系统不稳定产生的风险	0.905
	信息监督隐患产生的风险	0.911
社会风险	发生自然灾害	0.913
	政治形势干扰	0.909
金融风险	融资不确定风险	0.914
	资金周转不畅风险	0.915

七　实证结果分析

通过专家打分法，得出物流企业风险评估指标的权重，运用模糊综合评价法对物流企业进行风险评估。

（一）确定评判因素集

评判因素集中的一级评判因素共有 7 个，用集合的形式表示为 $U = \{u_1, u_2, u_3, u_4, u_5, u_6, u_7\}$；二级评判因素 $u_1 = \{u_{11}, u_{12}\}$，$u_2 = \{u_{21}, u_{22}\}$，$u_3 = \{u_{31}, u_{32}, u_{33}\}$，$u_4 = \{u_{41}, u_{42}\}$，$u_5 = \{u_{51}, u_{52}, u_{53}\}$，$u_6 = \{u_{61}, u_{62}\}$，$u_7 = \{u_{71}, u_{72}\}$。

（二）确定评判集

评判集代表物流企业风险对应的等级评估值，本章采用五级评分制的方式，将风险水平从低到高进行排序。

（三）确定指标的评价矩阵

利用调查问卷确定评价矩阵，根据指标 u_i 得出相对应的二级指标，u_{ij} 隶属于第 t 个风险等级的程度为 r_{ij}，从而得到 u_i 的评价矩阵：

$$R_i = \begin{bmatrix} r_{i11} & r_{i12} & \cdots & r_{i1n} \\ r_{i21} & r_{i22} & \cdots & r_{i2n} \\ \vdots & \vdots & & \vdots \\ r_{in1} & r_{in2} & \cdots & r_{inn} \end{bmatrix}$$

根据数据获得模糊综合评价的矩阵，针对基础的决策信息进行统计，结果如表 4-10 所示。

表 4-10　风险评估统计

风险指标	风险等级				
	低	较低	一般	较高	高
u_{11}	27	39	84	30	15
u_{12}	33	36	87	21	18
u_{21}	21	33	90	27	24
u_{22}	18	36	90	30	21
u_{31}	15	27	105	45	3
u_{32}	24	42	84	33	12
u_{33}	18	30	96	33	18
u_{41}	18	33	93	30	21
u_{42}	24	33	96	30	12
u_{51}	27	33	105	21	9
u_{52}	27	42	90	30	6
u_{53}	18	33	99	30	15
u_{61}	30	36	90	27	12
u_{62}	24	33	117	15	6
u_{71}	27	33	105	21	9
u_{72}	21	30	87	30	27

通过计算，得到 u_1、u_2、u_3、u_4、u_5、u_6、u_7 的评价矩阵：

$$u_1 = \begin{bmatrix} 0.1385 & 0.2 & 0.4308 & 0.1538 & 0.0769 \\ 0.1692 & 0.1846 & 0.4462 & 0.1077 & 0.0923 \end{bmatrix}$$

$$u_2 = \begin{bmatrix} 0.1077 & 0.1692 & 0.4615 & 0.1385 & 0.1231 \\ 0.0923 & 0.1846 & 0.4615 & 0.1538 & 0.1077 \end{bmatrix}$$

$$u_3 = \begin{bmatrix} 0.0769 & 0.1385 & 0.5385 & 0.2308 & 0.0154 \\ 0.1231 & 0.2154 & 0.4307 & 0.1692 & 0.0615 \\ 0.0923 & 0.1538 & 0.4923 & 0.1692 & 0.0923 \end{bmatrix}$$

$$u_4 = \begin{bmatrix} 0.0923 & 0.1692 & 0.4769 & 0.1538 & 0.1077 \\ 0.1231 & 0.1692 & 0.4923 & 0.1538 & 0.0615 \end{bmatrix}$$

$$u_5 = \begin{bmatrix} 0.1385 & 0.1935 & 0.5384 & 0.1077 & 0.0462 \\ 0.1077 & 0.1538 & 0.4462 & 0.1538 & 0.1385 \end{bmatrix}$$

$$u_6 = \begin{bmatrix} 0.1385 & 0.1692 & 0.5385 & 0.1077 & 0.0462 \\ 0.1385 & 0.2154 & 0.4615 & 0.1538 & 0.0308 \\ 0.0923 & 0.1692 & 0.5077 & 0.1538 & 0.0769 \end{bmatrix}$$

$$u_7 = \begin{bmatrix} 0.1538 & 0.1846 & 0.4615 & 0.1385 & 0.0615 \\ 0.1231 & 0.1692 & 0.6 & 0.0769 & 0.0308 \end{bmatrix}$$

（四）二级指标模糊综合评价

通过计算得到 7 个二级矩阵 B_i 的评价矩阵：

$$B_1 = A_1 \times u_1 = (0.1491 \quad 0.1941 \quad 0.4362 \quad 0.1378 \quad 0.0822)$$

$$B_2 = A_2 \times u_2 = (0.1008 \quad 0.1764 \quad 0.4615 \quad 0.148 \quad 0.116)$$

$$B_3 = A_3 \times u_3 = (0.0962 \quad 0.1864 \quad 0.4911 \quad 0.1659 \quad 0.0483)$$

$$B_4 = A_4 \times u_4 = (0.1104 \quad 0.1692 \quad 0.4859 \quad 0.1538 \quad 0.0805)$$

$$B_5 = A_5 \times u_5 = (0.1187 \quad 0.2063 \quad 0.4986 \quad 0.1435 \quad 0.054)$$

$$B_6 = A_6 \times u_6 = (0.1359 \quad 0.1756 \quad 0.5421 \quad 0.1026 \quad 0.0436)$$

$$B_7 = A_7 \times u_7 = (0.125 \quad 0.1761 \quad 0.498 \quad 0.1279 \quad 0.0947)$$

（五）指标的模糊综合评价

通过分析计算得到评价矩阵 B_i，进而得到一级指标下的模糊综合评价矩阵 $R = (B_1 \quad B_2 \quad B_3 \quad B_4 \quad B_5 \quad B_6 \quad B_7)$，则一级指标 B 的评价

结果为：

$$B = A \times R = (0.1096 \quad 0.1906 \quad 0.4772 \quad 0.1476 \quad 0.075)$$

一级指标 B 的模糊综合评价数据表明，物流企业风险评估等级"低"的隶属度为 10.96%、风险评估等级"较低"的隶属度为 19.06%、风险评估等级"一般"的隶属度为 47.72%、风险评估等级"较高"的隶属度为 14.76%、风险评估等级"高"的隶属度为 7.5%。风险评估等级"较低"的隶属度仅次于风险评估等级"一般"的隶属度，虽然这对某些物流企业来说是一个较好的信号，但也需要保持警惕，采取相应的应急措施来降低突发公共卫生事件所带来的风险，避免物流企业的风险由"一般"向"较高"的方向恶化。在突发公共卫生事件下，物流企业应优先解决其在运营过程中面临的需求风险、物流风险、信息风险，最终达到提升应急管理水平的目标。

第三节　关于突发公共卫生事件下物流企业风险应对的对策建议

物流企业的应急管理能力主要体现在突发公共卫生事件发生后，物流企业能够根据事前制定的应急策略快速高效地处理问题。增强物流企业的应急能力，需要采取必要的控制措施，使物流企业遭受的损失最小。同时，应尽量避免控制不当造成的风险蔓延。由于难以预测突发公共卫生事件发生的概率，物流企业应针对可能发生的情况制定相应的应急措施。本章通过对不同情况的风险进行评估，为物流企业应急策略调整提供依据，从而实现物流企业的应急能力提升。

一　采用端到端的数字技术，降低需求风险

突发公共卫生事件下的需求风险对物流企业影响较大，物流企业面对突发公共卫生事件时，应建立起端到端的供应链网络需求风险监控，基于供应链上的每一个节点企业构建一套实时的衡量机制，从而实现持

续的需求风险评估，增强物流企业的韧性。此外，物流企业的变革需要依靠数字技术，端到端的数字技术，可以帮助物流企业迅速采取应急措施。物流企业还应根据需求风险，确定目标和行动方案，建立需求风险评估系统以触发操作程序，对突发公共卫生事件下的需求风险进行及时响应，从而降低物流企业的中断风险，避免需求风险的恶化。如疫情下的物流企业部门之间存在信息不对称等问题，物流企业仓储沟通机制不完善、仓库中的备用物资不能精准地进行配送以及出现物资过剩与紧缺的问题。物流企业可通过运用物流仓储的专业化设备进行分拣分拨以及利用大数据进行物资的合理分配，大幅提高物资配给效率，并加强仓储应急能力建设。在发生突发公共卫生事件时，需要对物流信息进行快速处理，信息技术的应用可以提高物资的配给水平，从而提升物流企业的应急管理能力。

二　创新物流运作流程，降低物流风险

突发公共卫生事件下的物流风险对物流企业的影响较大，物流企业应利用互联网改造物流运作流程，加快物流运作流程升级，推进技术的智能化应用，提高物流环节的自动化与智能化水平，从而降低突发公共卫生事件带来的物流风险，最终实现增强物流企业竞争优势的目标。在物流运作流程中，物流企业应对车辆实时定位及全程监控，对数据进行实时更新，通过创新物流运作流程达到降本增效的目标，从而降低面对突发公共卫生事件时的物流风险。物流企业之间应当建立长期稳定的联系，通过成立相关的联络部门加强合作，使物资的调度更加合理、专业化及智能。如在新冠疫情期间，物资需要通过专业的物流仓储企业进行调度，然而受交通限制影响物资无法进行直接调运，需要仓库之间相互协作。

三　提高信息化水平，提升信息反馈能力

在突发公共卫生事件下，物流企业的信息设备不完善，信息的获取

能力较弱，难以及时响应市场的需求变化，从而影响了物流服务质量。为了提高信息化水平，物流企业应建立物流市场信息系统对物流市场的数据进行收集，同时通过大数据预测物流市场规模，根据市场变化及时调整业务范围，减少信息滞后导致的经济损失，增强信息反馈能力。

四　完善物流信息网络系统，提升企业运作效率

突发公共卫生事件下订单的分拣与配送是对物流企业应急管理能力的考验。部分物流企业由于自身的信息网络系统不完善，在订单处理上出现了不及时的问题。同时，在突发公共卫生事件下应急物资的配给缺乏信息系统的支持，以至于企业的运作效率降低。在突发公共卫生事件下，物流企业要建立完善的信息网络系统，跟踪从客户下单至收货整个过程中各个环节的实时物流信息，将运输设备信息、客户终端、库存信息接入信息网络系统以满足应急物资的调度需求。

五　加强对大数据人才的培养，提升企业核心竞争力

在突发公共卫生事件发生时，物流企业缺乏能够合理运用大数据分析和处理物流信息的人才。充足的高科技人才是对信息处理分析的保障，也是应急队伍建设的基础。物流企业需要根据发展需求加大对人才的整合力度，积极与高校建立联系，加强对专业学生的培养，并且将工作经验丰富、能力较强的人员配备到院校的师资队伍中，担任校企合作中的培训讲师，以培养能够满足企业需要的复合型人才。同时，通过定期参加物流人才招聘会引进懂经营、善管理的专业物流人才，给予其高新技术人才的待遇。

第三篇

物流效率篇

提升物流效率　助推经济运行

随着科学技术的不断进步，物流业持续繁荣发展，但传统物流供应链具有低效率、高耗能特征。疫情的冲击和复工复产的迫切需求，凸显了物流在国民经济运行中的战略地位，也使物流升级、效率提升刻不容缓。近年来，政府出台了一系列促进物流业高质量发展的政策文件，如2020年发布的《关于进一步降低物流成本的实施意见》就强调了物流产业的发展模式应从原有的"数量型"逐渐转向"效率型"。2022年的政府工作报告提出：坚持创新驱动发展，推动高质量发展，坚持以供给侧结构性改革为主线，统筹疫情防控和经济社会发展，持续改善民生，着力稳定宏观经济大盘。保持社会经济平稳运行，需要巩固壮大实体经济，而提高物流效率可以降低实体经济成本，从而增强实体经济的活力。

如何提高效率是经济学和管理学研究的主要问题之一，社会经济效益的提升有赖于企业效率的提高。物流业效率的提升不仅对国民经济的稳定有重要作用，对企业的持续高质量发展也同样重要。就国民经济而言，物流是促进供给与消费相匹配、相协调的核心环节，而物流成本是整个社会交易成本的重要组成部分，物流成本的高低在很大程度上影响着社会成本的高低。而从企业经营层面来讲，物流成本占企业成本的比重较大，目前尚有一定的下降空间。在我国，伴随大数据产业落地，在国家提出创新驱动发展战略的大背景下，物流行业整体对以技术创新提升物流效率越来越重视。同样地，学者们对物流效率进行了大量的研究，主要的研究成果集中在宏观环境层面，比如区域物流效率的评价、物流效率提升的机制构建、物流效率提升的路径分析等，缺乏从企业层面各个环节对物流效率提升的研究。

综上，笔者构建了突发公共卫生事件下物流企业应急管理能力评价指标体系，分析物流企业的应急能力。此外，以新冠疫情为背景，从企业成本视角对物流企业在突发公共卫生事件发生前后的各项成本支出情况进行对比研究，并构建物流企业高质量发展评价指标体系，为企业高效、高质量发展提供分析工具，为促进产业结构调整、降低成本、提高物流效率提供参考。

第五章 突发公共卫生事件下物流企业应急管理能力评价

第一节 突发公共卫生事件下物流企业应急管理能力评价指标构建

一 评价指标构建的原则

对物流企业应急管理能力进行评价时，需要选择合适的指标建立科学、合理的指标体系。选择的指标是否恰当合适，直接决定着是否能够客观、全面地反映物流企业的应急管理能力。郭瑞在构建高校应急管理能力指标时，提出应遵循简约性、独立性、代表性、科学性和全面性原则。[1] 王巍在研究地震灾害应急响应能力时，认为评价指标的选取要遵循系统性、科学性、代表性和独立性原则。[2] 由于影响物流企业应急管理能力的因素错综复杂，构建合适的指标体系往往比较困难，为了准确评价物流企业的应急管理能力，本章遵循以下六个原则构建评价指标体系。

（一）科学性原则

有科学的依据是选取相关指标以及确定指标结构的前提条件。评价结果可信关键在于获得的信息合理、可靠，因此选择的指标必须遵循客

① 郭瑞：《中国高校智库评价研究》，博士学位论文，华中师范大学，2020，第131页。
② 王巍：《我国重大地震灾害应急响应能力评价研究》，博士学位论文，中国地震局工程力学研究所，2020，第25页。

观规律、符合科学原理，确保指标的合理性。

（二）整体性原则

应从整体角度出发，选择具有较强的综合性的指标，以便简化指标体系，全面集中地反映物流企业各个方面的应急管理能力。

（三）关键性原则

通过对突发公共卫生事件下物流企业应急过程进行分解，得到应急管理能力评价指标。在分解过程中，不同的专家学者和不同的分解方法分解出的指标不同，可能会使指标过于复杂，所构成的指标体系也会难以抓住重点。因此，需要对物流企业进行深入剖析，选择关键的评价指标。

（四）可操作性原则

构建评价指标体系的最终目的是将指标体系运用到实践中去，以解决现实问题。因此，要考虑物流企业的实际情况，建立层次分明的评价指标体系，指标描述要言简意赅、含义明确，指标的选择要有利于操作以解决实际问题。

（五）专家咨询与实际调查相结合原则

先根据相关领域知识对评价指标进行整理、归纳、统计，然后运用德尔菲法，由专家对指标体系进行选取、修改、评价、打分，力求做到科学合理。

（六）适量性原则

评价指标并不是越多越好，主要是看评价指标在评价过程中所发挥的作用。评价指标体系应包含实现评价目的所需要的全部内容，也要能反映对象的基本信息。

二　评价指标的构建及内涵

根据现有文献对突发公共卫生事件下物流企业应急管理能力的研究，选取 4 个一级指标和 33 个二级指标。参考的相关文献主要涉及应急管理体系、应急管理评价模型、公共危机事件应急管理评估体系、物流企业应急物流系统评价、突发公共卫生事件应急过程评价等方面。通过统计指标在文献中的频数，以研究对象和研究目的为基础，对各指标进行初步的加工与处理，对过于具体和抽象的指标进行分解或合并，将一级指标分为 4 个，即事前预防能力、事中应对能力、事后恢复能力和事后保障能力。

指标体系分为目标层、准则层和方案层。物流企业应急管理能力定为目标层，准则层包含 4 个一级指标，分别为事前预防能力、事中应对能力、事后恢复能力和事后保障能力。事前预防能力包含 9 个二级指标，事中应对能力包含 8 个二级指标，事后恢复能力包含 8 个二级指标，事后保障能力包含 8 个二级指标，具体见表 5-1。

表 5-1   物流企业应急管理能力初步评价指标

一级指标	二级指标
事前预防能力	1. 监控预警能力 2. 设立应急方案 3. 应急资源（库存）准备 4. 组织管理能力 5. 员工应急培训 6. 与供应商销售商合作的调查准备 7. 提高生产技术的能力 8. 固定的合作伙伴 9. 采购质量调查准备
事中应对能力	1. 员工反应能力 2. 风险识别能力 3. 订单变化处理 4. 信息及时共享能力 5. 与供应链成员之间的协调能力 6. 技术支持能力 7. 后勤系统支持能力 8. 管理指挥能力
事后恢复能力	1. 物流企业重建能力 2. 评估损失能力 3. 修复损失能力 4. 责任追究能力 5. 总结分析能力 6. 舆论引导能力 7. 应急方案修正能力 8. 善后协调能力

一级指标	二级指标
事后保障能力	1. 交通运输保障能力 2. 设备物资保障能力 3. 设施设备管理能力 4. 技术保障能力 5. 与供应链成员之间的沟通协调能力 6. 人员配备保障能力 7. 信息沟通保障能力 8. 应急资金保障能力

（一）事前预防能力

事前预防能力是指物流企业在遇到突发公共卫生事件前，针对可能导致物流企业低效率或者瘫痪的因素，提前监测与预防，及时发现危险，降低突发公共卫生事件对物流企业的影响。事前预防主要体现在应急方案的设立上，由于突发公共卫生事件发生时，若物流企业没有提前做好准备，则其无法正常运行，因此事前应急方案的设立对物流企业的应急运作起着决定性作用。应急管理机构的设立是否合理、员工分配是否合理、物流企业上下游是否及时沟通、事故发生后是否及时总结经验和事前是否有完善的预案等，都是影响物流企业应急管理能力的重要因素。

将同一概念的指标进行归纳总结，舍弃与本章研究不相关的指标，最后得出以下 9 个指标：监控预警能力、设立应急方案、应急资源（库存）准备、组织管理能力、员工应急培训、与供应商销售商合作的调查准备、提高生产技术的能力、固定的合作伙伴、采购质量调查准备。

（二）事中应对能力

事中应对能力是指当突发公共卫生事件发生时，物流企业通过采取一定的措施，降低或者消除突发公共卫生事件对物流企业的影响，维持正常运行的能力。物流企业在面对突发公共卫生事件时，应与供应链成员保持信息共享、互相协调，以及时反应，采取积极措施。本章中的事中应对能力指标主要是指当突发公共卫生事件发生时，物流企业及时采取应急方案，与供应链成员进行及时沟通合作的能力，以及所采取的方法或规章制度起到的作用的大小。方案实施越快，信息系统的准确度就越高，处理效率也越高。本章选取的 8 个二级指标分别是员工反应能力、风险识别能力、订单变化处理、信息及时共享能力、与供应链成员之间的协调能力、技术支持能力、后勤系统支持能力、管理指挥能力。

（三）事后恢复能力

事后恢复能力是指物流企业在突发公共卫生事件结束后，及时恢复运营以及进行损失修复的能力。并非所有的物流企业都能成功规避风险，物流企业要有以最低成本快速有效地从风险事件中恢复的能力。在恢复运营前，对突发公共卫生事件进行总结和分析，得出相关原因和不足，进一步完善重构运营系统，以确保在以后遇到类似的突发公共卫生事件时，能够做到快速准确地解决事件带来的风险，以提升应急管理能力。本章选取的 8 个二级指标主要有物流企业重建能力、评估损失能力、修复损失能力、责任追究能力、总结分析能力、舆论引导能力、应急方案修正能力、善后协调能力。

（四）事后保障能力

事后保障能力是指面对突发公共卫生事件时物流企业保障机制产生作用。拥有先进的技术设备以及现金流持续健康周转等，是物流企业正常运行的基础。本章将物流企业的事后保障能力分为 8 个二级指标：交通运输保障能力、设备物资保障能力、设施设备管理能力、技术保障能力、与供应链成员之间的沟通协调能力、人员配备保障能力、信息沟通保障能力和应急资金保障能力。

第二节　突发公共卫生事件下物流企业应急
管理能力评价的实证分析

一　数据获取

（一）问卷调查

为了保证结果的准确性和科学性，问卷调查的对象应选择对物流企业应急活动有一定了解的人员，所以选择物流企业员工作为此次问卷调查的对象。在物流企业现场发放问卷，并对各项指标进行解释说明。共发放调查问卷200份，舍弃掉无用的问卷60份（多填、漏填、错填），最终得到有参考价值的问卷140份。调查问卷采用李克特五分量表对变量进行测量，具体的问卷设计见附录3。

最后根据指标的得分总结出了4个一级指标和16个二级指标，这些指标能够较为准确地反映物流企业的应急管理能力，具体见表5-2。

表5-2　评价指标

目标层	一级指标	二级指标
物流企业应急管理能力	事前预防能力 B_1	监控预警能力 C_{11}
		设立应急方案 C_{12}
		组织管理能力 C_{13}
		员工应急培训 C_{14}
	事中应对能力 B_2	信息及时共享能力 C_{21}
		后勤系统支持能力 C_{22}
		与供应链成员之间的协调能力 C_{23}
		技术支持能力 C_{24}
	事后恢复能力 B_3	评估损失能力 C_{31}
		修复损失能力 C_{32}
		总结分析能力 C_{33}
		应急方案修正能力 C_{34}
	事后保障能力 B_4	设备物资保障能力 C_{41}
		技术保障能力 C_{42}
		人员配备保障能力 C_{43}
		应急资金保障能力 C_{44}

（二）信度检验

信度检验主要用来分析指标的可靠性和稳定性，本章采用信度系数法进行检验。最常用的信度系数是 Cronbach's α 系数，系数越大，说明测量的可信度就越高。α系数超过0.8，说明问卷信度非常高；α系数在0.7~0.8，说明问卷信度比较高；α系数在0.6~0.7，说明问卷信度整体能接受。

本章得到有效问卷140份，计算出的α系数如表5-3所示，α系数大于0.9，表示评价指标体系具有稳定性和可靠性。

表5-3 问卷调查信度

	项数（项）	Cronbach's α系数	样本量（个）
数值	16	0.91	140

（三）效度检验

从表5-4中数据可以看出，KMO值为0.872，p值小于0.05，说明该调查问卷具有有效性。

表5-4 效度检验

统计量		数值
KMO值		0.872
Bartlett球形度检验	近似卡方	3277
	df	528
	p值	0

（四）因子分析

为避免出现模型错误，对数据进行因子分析。因子分析的实质就是运用降维的方法将多个变量综合为几个具有代表性的因子，得到的数据如表5-5所示。

表5-5 方差解释率

序号	特征根			主成分提取		
	特征根	方差解释率（%）	累计（%）	特征根	方差解释率（%）	累计（%）
1	1.537	4.657	74.608	1.537	4.657	74.608

序号	特征根			主成分提取		
	特征根	方差解释率（%）	累计（%）	特征根	方差解释率（%）	累计（%）
2	1.237	3.749	78.357	1.237	3.749	78.357
3	1.007	3.053	81.410	1.007	3.053	81.410
4	0.877	2.659	84.068	0.877	2.659	84.068
5	0.835	2.529	86.597	0.835	2.529	86.597
6	0.667	2.022	88.619			
7	0.584	1.770	90.389			
8	0.541	1.639	92.028			
9	0.445	1.349	93.377			
10	0.400	1.212	94.589			
11	0.377	1.141	95.730			
12	0.251	0.761	96.491			
13	0.231	0.699	97.190			
14	0.223	0.676	97.865			
15	0.167	0.505	98.370			
16	0.076	0.937	99.307			
17	0.042	0.465	99.772			
18	0.019	0.173	99.945			
19	0.010	0.029	99.974			
20	0.001	0.026	100.000			

　　从表5-5中可以看出，所有的指标都落入了5个公共因子中，公共因子能解释总变异量的86.597%，成分得分系数矩阵如表5-6所示。

表5-6　成分得分系数矩阵

指标	成分				
	成分1	成分2	成分3	成分4	成分5
B_1	0.375	-0.800	-0.163	0.894	-0.563
B_2	-0.750	-0.875	-0.200	0.950	0.500
B_3	-0.750	-0.781	-0.875	0.900	0.925

续表

指标	成分				
	成分 1	成分 2	成分 3	成分 4	成分 5
B_4	−0.000	0.988	−0.438	0.925	0.200
C_{11}	−0.070	−0.563	0.900	0.630	−0.875
C_{12}	−0.075	−0.156	0.913	0.028	−0.313
C_{13}	−0.700	−0.125	0.938	0.075	−0.625
C_{14}	−0.500	−0.875	0.919	0.038	−0.625
C_{21}	−0.500	0.875	0.375	0.406	0.750
C_{22}	−0.080	0.938	−0.063	−0.563	−0.040
C_{23}	0.500	0.975	−0.188	−0.375	−0.875
C_{24}	−0.125	0.856	−0.047	0.324	0.688
C_{31}	−0.500	−0.188	0.138	0.531	0.900
C_{32}	−0.000	−0.750	0.203	0.820	0.919
C_{33}	0.000	−0.063	−0.188	−0.906	0.925
C_{34}	−0.060	−0.050	0.500	0.030	0.850
C_{41}	0.901	0.750	−1.000	−0.938	−0.700
C_{42}	0.900	0.750	−0.313	−0.500	−0.875
C_{43}	0.950	0.375	−0.406	0.344	−0.250
C_{44}	0.900	0.625	−0.250	0.281	−0.625

（五）相关性检验

通过对评价指标进行相关性检验来验证其合理性。样本数量过多或者过少都会产生较大的误差，为了保证样本容量大小合适，需要采用相关性检验进行分析。当 r = 0 时，不存在线性相关；当 0 < |r| ≤ 0.3 时，指标间呈弱相关；当 0.3 < |r| ≤ 0.5 时，指标间呈低相关；当 0.5 < |r| ≤ 0.8 时，指标间呈显著相关；当 0.8 < |r| < 1 时，指标间呈高度相关；当 |r| = 1 时，为完全线性相关。由表 5-7 至表 5-10 中的数据可以看出，Pearson 相关系数全部小于 0.8，表示数据不存在多重共线性。

表 5-7　事前预防能力相关性检验

指标	监控预警能力	设立应急方案	组织管理能力	员工应急培训
监控预警能力	1			
设立应急方案	0.548	1		
组织管理能力	0.575	0.687	1	
员工应急培训	0.621	0.562	0.307	1

表 5-8　事中应对能力相关性检验

指标	信息及时共享能力	后勤系统支持能力	与供应链成员之间的协调能力	技术支持能力
信息及时共享能力	1			
后勤系统支持能力	0.340	1		
与供应链成员之间的协调能力	0.733	0.695	1	
技术支持能力	0.523	0.475	0.462	1

表 5-9　事后恢复能力相关性检验

指标	评估损失能力	修复损失能力	总结分析能力	应急方案修正能力
评估损失能力	1			
修复损失能力	0.370	1		
总结分析能力	0.699	0.598	1	
应急方案修正能力	0.369	0.670	0.578	1

表 5-10　事后保障能力相关性检验

指标	设备物质保障能力	技术保障能力	人员配备保障能力	应急资金保障能力
设备物质保障能力	1			
技术保障能力	0.578	1		
人员配备保障能力	0.332	0.274	1	
应急资金保障能力	0.463	0.472	0.284	1

二　评价指标权重确定

樊雪梅和卢梦媛在研究新冠疫情下汽车企业供应链韧性影响因素

时，运用熵权-TOPSIS 法对企业的韧性指标赋权排序。[1] 杨菊丽等利用网络分析法对供应链网络风险影响因素和运作阶段进行分析，使用灰色聚类分析对风险因素进行评价。[2] 本章主要选取综合评价方法中的层次分析法与模糊综合评价法对物流企业应急管理能力进行评价。

层次分析法是由 Saaty 基于网络系统理论和多目标综合评价方法，提出的具有系统性和简洁性的层次权重决策分析方法，该方法将与决策有关的指标分解成目标层、准则层、方案层三个层次，然后对其进行定性与定量分析。运用层次分析法解决实际决策问题时，应先对问题进行分析，再将问题层次化、条理化。由于每个指标的权重不同，为了后期对应急管理能力进行有效评价，应先确定每个指标的权重。

（一）建立层次结构模型

层次分析法的第一步就是构建层次结构模型，对应上文确定的目标层、一级指标和二级指标，具体见表5-2。

（二）构建判断矩阵

构建判断矩阵是通过各指标之间相互两两比较，确定各准则层对目标层的权重。通常采用 1~9 标度法构建，具体含义见表5-11。

表 5-11　标度意义

判断标度	定义
1	两个因素相比，B_i 与 B_j 两元素同等重要
3	两个因素相比，B_i 元素比 B_j 元素稍微重要
5	两个因素相比，B_i 元素比 B_j 元素明显重要
7	两个因素相比，B_i 元素比 B_j 元素强烈重要
9	两个因素相比，B_i 元素比 B_j 元素极端重要
2，4，6，8	两个因素相比，重要程度在相邻判断标度之间
1，1/2，…，1/9	因素 B_i 与 B_j 交换次序比较的重要性

---

[1] 樊雪梅、卢梦媛：《新冠疫情下汽车企业供应链韧性影响因素及评价》，《工业技术经济》2020 年第 10 期。

[2] 杨菊丽、赵小惠、宋栓军：《基于网络分析法的供应链综合收益分配方法分析》，《商业时代》2012 年第 25 期。

对于准则层可构建判断矩阵 $A = (a_{ij})_{n \times n}$，判断矩阵 A 需具备以下条件：

$$a_{ij} = 1 \tag{5-1}$$

$$a_{ji} = 1/a_{ij}(i,j = 1,2,\cdots,n) \tag{5-2}$$

$$a_{ij} = a_{ik}/a_{jk}(i,j,k = 1,2,\cdots,n) \tag{5-3}$$

（三）权重计算

运用方根法可以得到判断矩阵 A 的最大特征根和特征向量。

第一，计算矩阵每一行元素乘积的 n 次方根：

$$\overline{W_i} = \sqrt[n]{\prod_{j=1}^{n} a_{ij}} \tag{5-4}$$

其中，a_{ij} 为判断矩阵中的元素（两两比较结果），n 为判断矩阵阶数，$\overline{W_i}$ 为判断矩阵第 i 行元素的乘积的 n 次方根。

第二，对向量 $\overline{W}$ 进行归一化：

$$W_i = \frac{\overline{W_i}}{\sum_{i=1}^{n} \overline{W_i}} \tag{5-5}$$

其中，$W = (W_1, W_2, W_3, W_4)$，为所求判断矩阵的特征向量，也是指标权重。

第三，计算判断矩阵的最大特征根 λ_{max}：

$$\lambda_{max} = \sum_{i=1}^{n} \frac{B_i W}{n W_i} \tag{5-6}$$

其中，B_i 为判断矩阵的第 i 个行向量。

第四，计算判断矩阵的一致性指标（CI），检验其一致性：

$$CI = \frac{\lambda_{max} - n}{n - 1} \tag{5-7}$$

CI 值用来反映判断矩阵的一致性程度，值越大，判断矩阵的一致性程度越低，当 CI 为 0 时，判断矩阵具有完全一致性。

由于一致性的偏差可能是随机因素导致的，所以不能将 CI 作为最终的判断标准。在考虑随机因素的基础上，将 CI 与平均随机一致性指标 RI 的比值 CR 作为最终检验指标，具体公式如下：

$$CR = \frac{CI}{RI} \tag{5-8}$$

针对 n 取值 3~8，通过计算得出 RI，若判断矩阵 A 是完全一致的，则一致性指标 RI 的均值为 0。1~8 阶判断矩阵的 RI 如表 5-12 所示。

表 5-12　平均随机一致性指标

指标	阶数							
	1	2	3	4	5	6	7	8
RI	0	0	0.58	0.90	1.12	1.24	1.32	1.41

（四）指标权重的分配

为了降低计算过程中的偶然性，邀请了 10 位从事物流企业管理的人员构建判断矩阵，并利用层次分析法计算出各层的权重，进行一致性检验，最后确定各项评价指标的权重。

准则层对目标层的判断矩阵如表 5-13 所示。

表 5-13　准则层对目标层的判断矩阵

指标	事前预防能力	事中应对能力	事后恢复能力	事后保障能力
事前预防能力	1	4	3	5
事中应对能力	1/4	1	1/2	3
事后恢复能力	1/3	2	1	4
事后保障能力	1/5	1/3	1/4	1

计算出准则层权重并进行一致性检验，结果如表 5-14 所示。

表 5-14 目标层的权重

	事前预防能力	事中应对能力	事后恢复能力	事后保障能力
权重	0.5306	0.2445	0.1531	0.0718

其中，$\lambda_{max} = 4.1189$，$CI = 0.0396$，$CR = 0.0440 < 0.1$，通过一致性检验。

事前预防能力判断矩阵见表 5-15。

表 5-15 事前预防能力判断矩阵

指标	监控预警能力	组织管理能力	员工应急培训	设立应急方案
监控预警能力	1	4	3	2
组织管理能力	1/4	1	1/2	1/4
员工应急培训	1/3	2	1	1/2
设立应急方案	1/2	4	2	1

计算出方案层的权重并进行一致性检验，权重数据如表 5-16 所示。

表 5-16 事前预防能力权重

	监控预警能力	组织管理能力	员工应急培训	设立应急方案
权重	0.4596	0.0886	0.1573	0.2945

其中，$\lambda_{max} = 4.0459$，$CI = 0.0153$，$CR = 0.0170 < 0.1$，通过一致性检验。

事中应对能力判断矩阵见表 5-17。

表 5-17 事中应对能力判断矩阵

指标	与供应链成员之间的协调能力	后勤系统支持能力	信息及时共享能力	技术支持能力
与供应链成员之间的协调能力	1	4	2	3
后勤系统支持能力	1/4	1	1/4	1/3
信息及时共享能力	1/2	4	1	2
技术支持能力	1/3	3	1/2	1

计算出方案层的权重并进行一致性检验，权重数据如表 5-18 所示。

表 5-18　事中应对能力权重

	与供应链成员之间的协调能力	后勤系统支持能力	信息及时共享能力	技术支持能力
权重	0.2986	0.0868	0.4495	0.1650

其中，$\lambda_{max} = 4.1623$，$CI = 0.0541$，$CR = 0.0601 < 0.1$，通过一致性检验。

事后恢复能力判断矩阵见表 5-19。

表 5-19　事后恢复能力判断矩阵

指标	总结分析能力	修复损失能力	应急方案修正能力	评估损失能力
总结分析能力	1	1/3	1/2	2
修复损失能力	3	1	2	5
应急方案修正能力	2	1/2	1	3
评估损失能力	1/2	1/5	1/3	1

计算出方案层的权重并进行一致性检验，权重数据如表 5-20 所示。

表 5-20　事后恢复能力权重

	总结分析能力	修复损失能力	应急方案修正能力	评估损失能力
权重	0.1575	0.4824	0.2718	0.0883

其中，$\lambda_{max} = 4.0145$，$CI = 0.0048$，$CR = 0.0054 < 0.1$，通过一致性检验。

事后保障能力判断矩阵见表 5-21。

表 5-21　事后保障能力判断矩阵

	技术保障能力	设备物资保障能力	人员配备保障能力	应急资金保障能力
技术保障能力	1	2	3	5
设备物资保障能力	1/2	1	2	2

	技术保障能力	设备物资保障能力	人员配备保障能力	应急资金保障能力
人员配备保障能力	1/3	1/2	1	3
应急资金保障能力	1/5	1/2	1/3	1

计算出方案层的权重并进行一致性检验，权重数据如表 5-22 所示。

表 5-22　事后保障能力权重

	技术保障能力	设备物资保障能力	人员配备保障能力	应急资金保障能力
权重	0.4800	0.2484	0.1799	0.0917

其中，$\lambda_{max} = 4.1080$，$CI = 0.0360$，$CR = 0.0400 < 0.1$，通过一致性检验。最终指标体系权重如表 5-23 所示。

表 5-23　指标体系权重

目标层	一级指标	二级指标	权重	综合权重
物流企业应急管理能力	事前预防能力 0.5306	监控预警能力	0.4596	0.2439
		组织管理能力	0.0886	0.1563
		员工应急培训	0.1573	0.0470
		设立应急方案	0.2945	0.0834
	事中应对能力 0.2445	与供应链成员之间的协调能力	0.2986	0.1099
		后勤系统支持能力	0.0868	0.0212
		信息及时共享能力	0.4495	0.0730
		技术支持能力	0.1650	0.0403
	事后恢复能力 0.1531	评估损失能力	0.0883	0.0135
		修复损失能力	0.4824	0.0739
		总结分析能力	0.1575	0.0241
		应急方案修正能力	0.2718	0.0416
	事后保障能力 0.0718	设备物资保障能力	0.2484	0.0178
		技术保障能力	0.4800	0.0345
		人员配备保障能力	0.1799	0.0129
		应急资金保障能力	0.0917	0.0066

从表5-23中可以看出，事前预防能力的权重为0.5306，事中应对能力的权重为0.2445，事后恢复能力的权重为0.1531，事后保障能力的权重为0.0718。在4个指标中，事前预防能力的权重最大，表明在突发公共卫生事件发生前做好应急预防是最重要的。其中，在事前预防能力中又以监控预警能力与设立应急方案的权重最大，是企业做好事前预防的决定性指标。事前预防能力中监控预警能力的权重为0.4596，事中应对能力中信息及时共享能力的权重为0.4495，事后恢复能力中修复损失能力的权重为0.4824，事后保障能力中技术保障能力的权重为0.4800，这4个指标权重接近0.5，说明这4个指标在很大程度上决定了物流企业的应急管理能力。

三　实证分析

（一）方法选取

模糊综合评价法的本质是将边界不清晰的待评价事物进行定量处理。将"优""良""中""差"这样的普通评语进行细化，形成对某个问题的完整评价集合，通过对不同的评价标准赋值，将得到的数据进行加权计算，最终得到较为一致的评价结果。模糊综合评价法将定性分析转变为定量分析，可以提升评价速度，扩大信息覆盖面，从而保证结果的可靠性。

首先，建立评语集，设 $U = \{u_1, u_2, \cdots, u_m\}$，为 m 种因素的评价指标，$V = \{v_1, v_2, \cdots, v_n\}$，为每一因素的评价等级。$m$ 为评价因素的个数，是由指标体系确定的；n 为评语的个数。其次，根据专家打分结果得出模糊评价矩阵。最后，对用层次分析法计算出来的权重向量以及用模糊综合评价法计算出来的模糊关系矩阵进行分层次综合评价，并得出评价结果。

1. 确定评价因素集和评语集

选择恰当的评价指标体系形成要素集合，设 $A = \{B_1, B_2, B_3, B_4\}$，为被评价对象，设对应的评语集为 $V = \{v_1, v_2, v_3, v_4\}$。

2. 建立模糊关系矩阵

建立模糊关系矩阵的本质就是建立 A 与 V 之间的模糊关系矩阵 R。通常情况下采用专家评分法建立模糊关系矩阵：

$$r_{ij} = 将某因素评定为某一层次的专家人数 ÷ 专家总人数 \qquad (5-9)$$

最后得到模糊关系矩阵：

$$R = \begin{bmatrix} r_{11} & r_{12} & r_{13} & r_{14} \\ r_{21} & r_{22} & r_{23} & r_{24} \\ r_{31} & r_{32} & r_{33} & r_{34} \\ r_{41} & r_{42} & r_{43} & r_{44} \end{bmatrix} \qquad (5-10)$$

3. 建立模糊综合判断矩阵

$$D = W \times R$$

$$D = (W_1 \quad W_2 \quad W_3 \quad W_4) \times \begin{bmatrix} r_{11} & r_{12} & r_{13} & r_{14} \\ r_{21} & r_{22} & r_{23} & r_{24} \\ r_{31} & r_{32} & r_{33} & r_{34} \\ r_{41} & r_{42} & r_{43} & r_{44} \end{bmatrix} = (D_1 \quad D_2 \quad D_3 \quad D_4) \qquad (5-11)$$

本章建立的指标是多层次的，因而先计算二级指标的评价结果，再计算一级指标的评价结果，由此得到最终评价结果。B 为模糊综合评价集，b_i 为模糊综合评价指标。最后根据最大隶属度原则，确定评价目标属于哪个评价区间。

（二）应急管理能力评价

本章在上述理论分析的基础上，构建出综合评价模型。以陕西省 E 物流企业作为调查对象进行案例研究，评价该企业的应急管理能力。为了使运营成本尽可能低，E 企业对运营管理有着非常高的要求，提供物流服务本身的复杂性直接给设备管理、仓储管理、供应商管理等带来挑战。在突发公共卫生事件下，这些环节的管理显得尤为重要，将直接影响企业乃至其在行业中的竞争优势。E 企业是一家成立于 2007 年的大型物流服务企业，凭借物流供应链高新技术和高效的服务水平，业务已遍及全国各地并走向海外。截至 2020 年初，其已在美国、英国、法国等欧美国家开展跨国物流服务，建立了众多分支机构，并取得了良好成绩。2020 年新冠疫情的暴发，导致 E 企业的日常运营受到了严重影响，因此本章以该企业为例，分析评价指标体系的应用过程。

1. 评价过程

将评价指标分层，用层次分析法确定指标权重，然后用模糊综合评价法进行模糊综合评判，最后得出总的评价结果。

前文得到的评价指标权重为：

$$A = (0.5306 \quad 0.2445 \quad 0.1531 \quad 0.0718)$$
$$B_1 = (0.4596 \quad 0.0886 \quad 0.1573 \quad 0.2945)$$
$$B_2 = (0.2986 \quad 0.0868 \quad 0.4495 \quad 0.1650)$$
$$B_3 = (0.0883 \quad 0.4824 \quad 0.1575 \quad 0.2718)$$
$$B_4 = (0.2484 \quad 0.4800 \quad 0.1799 \quad 0.0917)$$

设对应的评语集为 $V = \{v_1, \quad v_2, \quad v_3, v_4\}$ = {优，良，中，差}。邀请 10 位专家结合企业的现状特征对其应急管理能力进行打分，并采用百分制统计法，得到模糊关系矩阵，如表 5-24 所示。

表 5-24　模糊综合评价得分

一级指标	二级指标	优	良	中	差
事前预防能力	监控预警能力	0.2	0.4	0.3	0.1
	组织管理能力	0.1	0.2	0.3	0.4
	员工应急培训	0.1	0.2	0.2	0.5
	设立应急方案	0.2	0.1	0.3	0.4
事中应对能力	与供应链成员之间的协调能力	0.1	0.2	0.3	0.4
	后勤系统支持能力	0.1	0.3	0.4	0.2
	信息及时共享能力	0.1	0.2	0.2	0.5
	技术支持能力	0.3	0.4	0.3	0

一级指标	二级指标	优	良	中	差
事后恢复能力	评估损失能力	0.2	0.5	0.2	0.1
	修复损失能力	0.2	0.2	0.3	0.3
	总结分析能力	0	0.2	0.5	0.3
	应急方案修正能力	0	0.3	0.4	0.3
事后保障能力	设备物资保障能力	0.1	0.1	0.5	0.3
	技术保障能力	0.1	0.4	0.5	0
	人员配备保障能力	0.1	0.2	0.3	0.4
	应急资金保障能力	0.1	0.2	0.4	0.3

2. 一级综合评价

对于事前预防能力 B_1，有：

$$B_1 = (0.4596 \quad 0.0886 \quad 0.1573 \quad 0.2945)$$

$$R_1 = \begin{bmatrix} 0.2 & 0.4 & 0.3 & 0.1 \\ 0.1 & 0.2 & 0.3 & 0.4 \\ 0.1 & 0.2 & 0.2 & 0.5 \\ 0.2 & 0.1 & 0.3 & 0.4 \end{bmatrix}$$

可得：

$$D_1 = B_1 \times R_1$$

$$= (0.4596 \quad 0.0886 \quad 0.1573 \quad 0.2945) \times \begin{bmatrix} 0.2 & 0.4 & 0.3 & 0.1 \\ 0.1 & 0.2 & 0.3 & 0.4 \\ 0.1 & 0.2 & 0.2 & 0.5 \\ 0.2 & 0.1 & 0.3 & 0.4 \end{bmatrix}$$

$$= (0.17541 \quad 0.26247 \quad 0.28427 \quad 0.27785)$$

对于事中应对能力 B_2，有：

$$B_2 = (0.2986 \quad 0.0868 \quad 0.4495 \quad 0.1651)$$

$$R_2 = \begin{bmatrix} 0.1 & 0.2 & 0.3 & 0.4 \\ 0.1 & 0.3 & 0.4 & 0.2 \\ 0.1 & 0.2 & 0.2 & 0.5 \\ 0.3 & 0.4 & 0.3 & 0 \end{bmatrix}$$

可得：

$$D_2 = (0.13302 \quad 0.2417 \quad 0.26373 \quad 0.36155)$$

对于事后恢复能力 B_3，有：

$$B_3 = (0.0883 \quad 0.4824 \quad 0.1575 \quad 0.2718)$$

$$R_3 = \begin{bmatrix} 0.2 & 0.5 & 0.2 & 0.1 \\ 0.2 & 0.2 & 0.3 & 0.3 \\ 0 & 0.2 & 0.5 & 0.3 \\ 0 & 0.3 & 0.4 & 0.3 \end{bmatrix}$$

可得：

$$D_3 = (0.11414 \quad 0.25376 \quad 0.34985 \quad 0.28234)$$

对于事后保障能力 B_4，有：

$$B_4 = (0.2484 \quad 0.4800 \quad 0.1799 \quad 0.0917)$$

$$R_4 = \begin{bmatrix} 0.1 & 0.1 & 0.5 & 0.3 \\ 0.1 & 0.4 & 0.5 & 0 \\ 0.1 & 0.2 & 0.3 & 0.4 \\ 0.1 & 0.2 & 0.4 & 0.3 \end{bmatrix}$$

可得：

$$D_4 = (0.1 \quad 0.27116 \quad 0.45485 \quad 0.17399)$$

一级综合评价结果见表 5-25。

表 5-25　一级综合评价结果

准则层	评价结果			
	优	良	中	差
事前预防能力	0.17541	0.26247	0.28427	0.27785
事中应对能力	0.13302	0.2417	0.26373	0.36155
事后恢复能力	0.11414	0.25376	0.34985	0.28234
事后保障能力	0.1	0.27116	0.45485	0.17399

$$R = \begin{bmatrix} 0.17541 & 0.26247 & 0.28427 & 0.27785 \\ 0.13302 & 0.2417 & 0.26373 & 0.36155 \\ 0.11414 & 0.25376 & 0.34985 & 0.28234 \\ 0.1 & 0.27116 & 0.45485 & 0.17399 \end{bmatrix}$$

3. 二级综合评价

由上文得到的一级指标权重 A =（0.5306　0.2445　0.1531　0.0718），可计算出综合评价 D =（0.15025　0.25667　0.30154　0.29154），结果如表 5-26 所示。

表 5-26　二级综合评价结果

物流企业应急管理能力	评价结果			
	优	良	中	差
	0.15025	0.25667	0.30154	0.29154

4. 评价结果

通过模糊综合评价方法进行计算，可得到以下结论：E 物流企业的应急管理能力有 15.025% 的可能性是"优"，有 25.667% 的可能性是"良"，有 30.154% 的可能性是"中"，有 29.154% 的可能性是"差"。根据最大隶属度原则，E 物流企业的应急能力为"中"，这也验证了该企业在 2020 年的新冠疫情中没能很好地解决供应链问题。对评价结果进行具体分析时发现，E 物流企业的事中应对能力较差，事前预防能力、事后恢复能力和事后保障能力处于中等水平。因此，企业要提高事中应对能力，对事中应对能力中权重较大的指标重点关注，同时不断提升事前预防能力、事后恢复能力和事后保障能力中权重较高的能力。

第三节　关于突发公共卫生事件下物流企业应急管理
能力提升的对策建议

由上述评价结果可知，E 物流企业应急管理能力处于"中"等级。

其中，事中应对能力处于"差"等级，事前预防能力、事后恢复能力和事后保障能力处于"中"等级，因此，本章提出以下四点提升物流企业应急管理能力的策略。

一　制定协同管理策略，增强事中应对能力

在突发公共卫生事件发生时，首先要关注企业在运营中的资金流和信息流，及时掌握市场的变化情况以及运营各方面的数据，根据分析的结果制定适当的事中应对方案，并结合高效的应急管理系统，做到及时应对控制。其次要明确应急管理流程，通过制定内部沟通规范，确保沟通的高效性和准确性，并利用即时通信软件等定期召开会议，讨论和评估企业面临的潜在风险，制定应对措施。

二　构建供应链数字化平台，加强企业供应链的信息共享

互联网时代，供应链信息资源共享是企业经营的重要主题，也是必然趋势。首先，企业需要加大资金投入力度，做好技术、人才的引进，增加自动化设备，如无人设备、智能设备和非接触式设备，这是建立信息共享交流平台，实现信息共享功能的直接手段。其次，将企业供应链各节点部门的信息及时上传到中央系统，增强信息的交互性和流动性。通过中央系统的信息整合，帮助企业快速应对突发公共卫生事件，形成最优化的实施方案。最后，关注平台、系统维护，基于网络技术建立的平台，其功能易受技术、系统运行环境与网络环境的影响，企业不仅要重视设备的维护，还要确保系统安全，并确保信息的真实性、准确性和可靠性。

三　提升快速响应能力，增强企业竞争优势

突发公共卫生事件发生后，物流企业应积极面对其给企业带来的挑战，抓住机会增强应急管理能力，确保再次应对突发公共卫生事件时，在保持高度警觉的同时，能够快速应对，以保证企业正常运作。

此外，企业管理者还应积极采取应对措施，设计配置企业管理系统，提升快速响应能力，使企业获得竞争优势。积极发挥各类平台型企业在突发公共卫生事件下的供需对接和资源分配的作用，建设以平台为核心的企业应急管理体系。

四　构建现代化应急管理体系，提高企业应急管理水平

物流企业应重新评估现有运营系统的应急管理体系，如果企业应对突发公共卫生事件的能力较为薄弱，需要对现有的应急系统进行调整和优化，提高企业应急管理能力。一是建立应急管理部门，明确各部门之间的职责分工，加强各部门的协调。加强对风险的监控预警，对企业本身存在的问题要及时做出调整。二是调动企业员工参加应急培训，提升对应急管理的认知，积累应对突发公共卫生事件的经验。三是探索将区块链、云计算、AI 等新技术与应急预案编制、应急培训教育及应急演练相结合，提升企业应急管理的科学性和有效性。

第六章 突发公共卫生事件下物流企业成本控制优化

第一节 突发公共卫生事件下物流企业成本管理现状

一 物流企业成本控制优化的背景

突发公共卫生事件发生时，短期内必然急需大量物资，主要有食品类、生活用品类、医疗器械类、应急药品类等应急物资。因此，政府与企业应提前做好准备，确保在突发公共卫生事件发生时能够迅速做出反应。在突发公共卫生事件发生时，虽然从"以人为本"的角度应不计成本地进行救援，但对于企业来说，却不能完全忽视成本。2020 年初，新冠疫情突袭而至，给社会公众的日常生活和企业的生产运营带来了巨大冲击，物流业也受到了严重冲击，出现了各种各样的问题，如运输路线瘫痪、库存周转速度变慢、应急物资短缺、物流从业人员短缺、物资调度分配不及时等，使物流成本大幅上升。2020 年上半年，据中商产业研究院统计，全社会物流总额为 123.4 万亿元，与 2019 年的物流总额 150 万亿元相比降幅显著。

随着政府和社会各界的积极响应，以及新冠疫情逐步得到控制，疫情对物流业的不利影响正逐步消散。随着疫情防控常态化，我国各行各业尤其是物流行业展现出了较强的市场活力和综合竞争力。中国物流与采购联合会于 2020 年 4 月发布的关于物流业景气指数（LPI）的报告显示：由于受到新冠疫情的影响，2020年2月，物流业景气指数下降至26.20%，与上月同期相比降幅明显。但随着疫情防控的逐步加强，至2020年4月，物流业景气指数上升至53.60%，与2月相比回升了27.4个百分点，回到往年平均水平（见图6-1）。

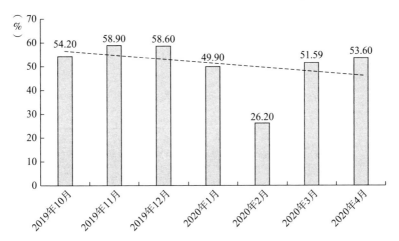

图6-1　2019年10月至2020年4月中国物流业景气指数（LPI）

资料来源：中国物流信息中心。

封城、隔离等应急措施使物流从业人员出现严重短缺，截至2020年4月，仍有部分物流从业人员无法正常返回工作岗位，由此带来的人力成本上升对物流企业产生了一定的压力。同时，新冠疫情下的交通管制给运输作业带来了不小的困难，不仅提高了运输成本，也严重影响了客户对物流服务的满意度。在此背景下，传统的成本核算方式已经不能适应各物流企业的竞争需求，在价格战进一步加剧的情况下，更新成本核算程序并将其灵活运用于企业经营业务中，已经成为物流企业的必然选择。

二　突发公共卫生事件发生前后国内主要快递企业运营现状分析

2020年新冠疫情发生后，大多数物流企业处于停工停产状态，工信部数据显示，截至2020年2月，全国中小型物流企业复工率只有

30%左右。随着新冠疫情逐渐得到控制，各大物流企业也相继开始复工。本章以 BS 快递公司为例，对比分析在疫情前后其与其他四家快递公司的发展状况。

（一）疫情发生前后企业市场占有率对比

如表 6-1 所示，BS 快递公司的市场占有率呈下降趋势，且和其他公司的差距逐渐拉大。BS 快递公司在五大快递公司中处于劣势，市场占有率从 2019 年第一季度的 11.04% 下降到 2020 年第三季度的 10.60%。

表 6-1　国内主要快递公司疫情发生前后市场占有率

单位：%

公司	2019 年第一季度	2019 年第二季度	2019 年第三季度	2019 年第四季度	2020 年第一季度	2020 年第二季度	2020 年第三季度
ZT	18.63	19.90	18.93	18.83	18.95	21.52	20.76
YD	14.68	16.34	16.09	15.79	15.24	17.42	18.02
ST	10.52	11.10	12.61	11.85	8.94	11.23	10.93
YT	13.64	13.74	14.54	15.11	13.29	15.32	15.11
BS	11.04	12.22	11.71	12.43	10.50	10.70	10.60

资料来源：根据罗戈研究院数据整理所得。

（二）疫情发生前后企业盈利对比

BS 快递公司营收在 2019 年下半年新冠疫情发生之前达 109.04 亿元，高于 ZT 快递公司的 98.03 亿元，且与 ST 快递公司营收差距较小，但仍远低于 YD 快递公司。虽然 BS 快递公司营收高达百亿元，且业务量和日均单量与 ST 快递公司相差不大，但其仍然处于亏损状态，净亏 0.6 亿元，与其他快递公司的净利润差距较大（见表 6-2）。新冠疫情发生后，BS 快递公司经营状况不佳，且与其他快递公司差距逐渐拉大，净亏 7 亿元，而其他四家大型快递公司无论是在营收还是在净利润上，都远超 BS 快递公司。受新冠疫情影响，BS 快递公司处境更加艰难。

表 6-2　2019 年下半年与 2020 年上半年营业收入及利润

| 公司 | 2019 年下半年 | | | | 2020 上半年 | | | |
	营收（亿元）	归母净利润（亿元）	业务量（亿件）	日均单量（万件）	营收（亿元）	归母净利润（亿元）	业务量（亿件）	日均单量（万件）
ZT	98.03	26.46	60.61	3320	89.47	20.9	69.7	3830
YD	172.02	13.24	50.16	2747	132.6	6.81	56.29	3093
YT	137.06	8.34	45.58	2497	120.1	9.71	49.36	2712
ST	114.72	7.04	36.86	2019	90.62	0.71	35.17	1932
BS	109.04	-0.6	37.9	2076	85.19	-7	35.86	1970

资料来源：根据《中国邮政报》数据整理所得。

（三）疫情发生前后单票成本拆分对比

2019 年下半年与 2020 年上半年国内大型物流企业的业务量高达数十亿件，单票成本数据的对比更能反映总成本的差距，将公司业务收入与各环节作业的成本分摊到每一件快递货物上，可直观反映各物流公司运营效率、成本管理与经营策略的差异。通过数据整合，统计出新冠疫情发生前后各大快递公司单票成本中面单成本、仓储成本以及运输成本的拆分明细，如表 6-3 所示。

表 6-3　2019 年下半年与 2020 年上半年单票成本拆分

单位：元

公司	成本拆分明细	2019 年下半年	2020 年上半年
ZT	面单成本	0.04	0.05
	仓储成本	0.34	0.36
	运输成本	0.62	0.68
YD	面单成本	0.04	0.04
	仓储成本	0.37	0.52
	运输成本	0.73	0.75

续表

公司	成本拆分明细	2019 年下半年	2020 年上半年
YT	面单成本	0.03	0.03
	仓储成本	0.36	0.45
	运输成本	0.69	0.72
ST	面单成本	0.04	0.05
	仓储成本	1.03	1.05
	运输成本	1.03	1.03
BS	面单成本	0.02	0.05
	仓储成本	1.06	1.52
	运输成本	0.76	1.01

资料来源：根据物流公司公告、招商银行研究院数据整理所得。

通过数据对比可知，受新冠疫情的影响，各快递企业的面单成本、仓储成本以及运输成本几乎都有不同程度的上升。BS 快递公司以外的四家快递公司成本上升幅度较小，比较稳定。而在 BS 快递公司的单票成本中，面单成本、运输成本、仓储成本的增长幅度均超其余四家物流企业，尤其是面单成本，增长幅度达 150%。

（四）疫情发生前后资本开支对比

2018 年，国内五家大型快递公司资本开支相差不大。但随着价格战的打响以及企业经营规模的不断扩大，各快递公司资本开支差距逐渐拉大，至 2020 年新冠疫情发生前，BS 快递公司资本开支与其余几家快递公司差距拉大，且自身资本开支与上年相比下降 42.86%。在疫情防控常态化时期，随着各快递公司复工复产，推进自身发展，企业资本开支差距进一步拉大。ZT 快递公司依旧远超其余各公司，而 BS 快递公司的资本开支却逐步下降（见图 6-2）。企业资本开支进一步增加会产生规模经济效益。相反，若资本开支逐年收缩，经营规模得不到有效扩大，则不能形成规模经济，成本也不能得到有效优化。受新冠疫情影响，各物流企业融资能力进一步分化。在未来很长一段时间内，企业资金链的强度与融资能力会在很大程度上影响物流企业的运营能力与效益。

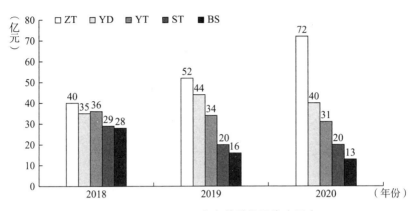

图 6-2　2018~2020 年各快递公司资本开支

资料来源：安信证券研究中心。

新冠疫情使得物流市场的融资环境进一步受影响，大量中小型物流企业出现资金链断裂、融资难的问题，而企业缺乏稳定的资金会导致企业不能形成规模经济，促使成本激增。因此，本章选取在全国范围内具有代表性的 J 物流企业进行成本优化问题研究，目的是分析企业具体作业流程，以时间作为成本动因，构建 TDABC 成本核算模型。本章通过采用 TDABC 对 J 物流企业在突发公共卫生事件前后的成本数据进行分析，找出突发公共卫生事件下企业的闲置资源和闲置产能，并提出有针对性的对策建议以降低突发公共卫生事件下企业的成本损失，从而达到提高企业活动效率、资源利用效率以及经济效益的目的。

第二节　突发公共卫生事件下物流企业
成本控制优化的案例分析

一　企业简介

J 物流企业是中国率先拥有技术驱动的供应链解决方案的物流服务供应商，以"技术驱动，引领全球高效流通和可持续发展"为使命，致力于成为全球最值得信赖的供应链基础设施服务商。2020 年 6 月，J

物流企业对物流与供应链基础设施进行巨额投资，对其关键技术进行创新，希望进一步提高企业运营效率。J物流企业自2014年上市以来，营业总收入不断增加。2014年J物流企业营业总收入为1150.02亿元，2015~2019年其营业总收入逐年递增，分别为1812.87亿元、2582.90亿元、3623.32亿元、4620.20亿元、5768.88亿元，2020年营业总收入达到7458.02亿元。J物流企业营业总收入不断提高的同时，营业总收入增长率呈下降趋势，如图6-3所示。

图6-3 2014~2020年J物流企业营业总收入及增长情况

资料来源：根据J物流企业2014~2020年年报数据整理。

二 突发公共卫生事件发生前后企业成本对比

（一）新冠疫情发生前后企业财报对比

2020年初发生的新冠疫情是近几年传播范围最广、危害最大、造成损失最严重的全球性突发公共卫生事件。因此，以新冠疫情为例，研究突发公共卫生事件下企业成本优化问题具有代表性意义。本章对新冠疫情发生前后J物流企业财报数据进行对比分析（见表6-4）。

表6-4　2018～2020年J物流企业第一季度财报数据

单位：亿元，%

损益明细	2018年第一季度	2019年第一季度	2020年第一季度	2019年第一季度同比增长	2020年第一季度同比增长
营业总收入	1001.28	1210.81	1462.05	20.93	20.75
营业成本	859.70	1028.97	1236.70	19.69	20.19
营业毛利润	141.58	181.84	225.36	28.44	23.93
市场、销售和管理费用	45.67	52.61	58.80	15.20	11.77
研发费用	23.13	37.17	39.35	60.70	5.86
净利润费用	-3.17	-1.25	-3.16	60.57	-152.80
其他营业费用	71.73	79.80	104.00	11.25	30.33
营业利润	3.21	13.51	26.36	320.87	95.11
应占关联公司利润	-4.97	-7.17	-11.20	-44.27	-56.21
持续经营业务特殊项目	18.03	68.86	-1.33	281.92	-101.93
税前利润	16.28	75.19	13.84	361.86	-81.59
所得税	1.51	2.80	3.26	85.43	16.43
净利润	14.77	72.40	10.57	390.18	-85.40
归属于母公司股东净利润	15.29	73.19	10.73	378.68	-85.34

资料来源：根据J物流企业2018～2020年年报数据整理。

通过对J物流企业2018～2020年连续三年第一季度的数据进行对比分析可知，2020年第一季度企业营业总收入和营业毛利润分别同比增长20.75%与23.93%，而2019年第一季度分别同比增长20.93%与28.44%。由此可以看出，受新冠疫情影响，企业营业总收入和营业毛利润增长率有所下降。2020年第一季度营业成本增长率相比2019年第一季度营业成本增长率上升了0.5个百分点，这表明受突发公共卫生事件影响，企业的营业成本增长率上升。同时企业的研发费用增长率由2019年第一季度的60.70%下降到2020年第一季度的5.86%，同比下降了54.84个百分点，这表明突发公共卫生事件会影响企业研发投入。由表6-4中其他营业费用可知，在突发公共卫生事件下，2020年第一季度其他营业费用增长率为30.33%，相比于2019年第一季度的

11.25%高19.08个百分点，表明其他营业部门的营业成本提升速度加快。

通过分析可知，J物流企业的净利润费用、持续经营业务特殊项目、税前利润以及归属于母公司股东净利润等，都由2019年第一季度的正同比增长率变为2020年第一季度的负同比增长率，表明2020年企业受到新冠疫情影响，运营成本大幅增加，从而企业的营业利润增长率从2019年第一季度的320.87%降到2020年第一季度的95.11%，而净利润增长率也从2019年第一季度的390.18%降为2020年第一季度的-85.40%。J物流企业在2020年复工复产过程中，单纯依赖企业自身的资金流支持，营业成本增加造成了企业营业利润的下降。

（二）新冠疫情发生前后企业仓储周转率对比

新冠疫情发生前J物流企业通过合理的仓储周转，使自身存货周转天数减少。但受新冠疫情的影响，企业仓储周转出现了问题，造成前期库存的积压，使得后期商品无法正常周转（见表6-5）。

表6-5　2016~2020年J物流企业第一季度存货周转分析

科目	2016年第一季度	2017年第一季度	2018年第一季度	2019年第一季度	2020年第一季度
存货周转天数（天）	40.33	40.80	38.96	37.86	39.85
存货周转率（次）	8.93	8.82	9.24	9.88	8.94

资料来源：根据J物流企业2016~2020年年报数据整理。

J物流企业2016年第一季度到2019年第一季度的存货周转天数有所减少，存货周转率上升，表明企业仓储运行效率有所提升，对于仓储成本的降低十分有利。在新冠疫情的影响下，仓储货物未能及时周转，使得仓储货物积压、存货周转天数增加，导致存货周转率下降，最终造成J物流企业仓储成本上升。

（三）新冠疫情发生前后企业运输员工数量对比

新冠疫情发生前，J物流企业运输道路通畅，运输员工数量处于上升趋势，运输员工数量增长速度合理。受新冠疫情影响，企业在疫情期间运输员工数量增幅较大（见图6-4）。

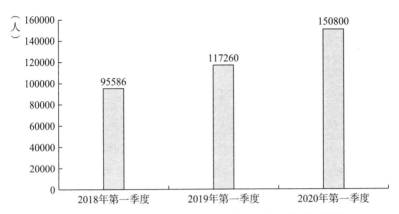

图6-4 2018~2020年J物流企业第一季度运输员工数量

资料来源：根据J物流企业2018~2020年年报数据整理。

2018年第一季度到2019年第一季度，J物流企业运输员工从95586人增加到117260人，同比增长22.7%。受新冠疫情影响，企业2020年第一季度运输员工数量增幅较大，从2019年第一季度的117260人增加到2020年第一季度的150800人，同比增长28.6%。由于运输员工增加，运输车辆也相应增加。受到地区防疫管控出行限制的影响，生活用品、防护用品、医疗用品、蔬菜肉类等物资紧缺，对此，J物流企业雇用大量人员进行紧急运输，企业员工和车辆激增，并且由于多数运输都是满车出发、空车而归，造成运输成本持续上升，最终造成J物流企业运营成本上升。

（四）新冠疫情发生前后企业员工薪资开支对比

新冠疫情发生前，企业人力成本仅停留在员工薪资上，员工薪资开支相对稳定。受新冠疫情的影响，J物流企业留岗作业员工薪资上升造成员工支出成本上升（见图6-5）。

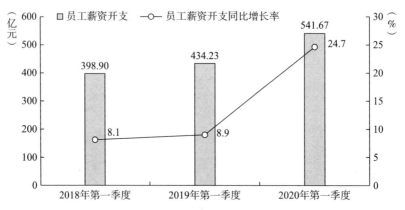

图 6-5　2018~2020 年 J 物流企业第一季度员工薪资开支

资料来源：根据 J 物流企业 2018~2020 年年报数据整理。

2018 年第一季度到 2020 年第一季度，J 物流企业的员工薪资开支从 398.90 亿元涨到 541.67 亿元。2018 年第一季度到 2019 年第一季度员工薪资开支增加 35.33 亿元，同比增长 8.9%。而在新冠疫情的影响下，J 物流企业 2020 年第一季度员工薪资开支为 541.67 亿元，与 2019 年第一季度相比，增加了 107.44 亿元，同比增长 24.7%。受突发公共卫生事件影响，J 物流企业员工薪资开支增加，造成企业人力成本上升，从而使其运营成本上升。

第三节　突发公共卫生事件下物流企业成本核算的模型构建

一　TDABC 的概念和原理

时间驱动作业成本法（Time-driven Activity-based Costing，TDABC）的基本原理是通过估计有效产能和单位作业的产能消耗来确定作业成本动因率，依据作业成本动因归集间接营运成本。在 TDABC 中，以企业内部员工的具体工作时间为有效产能计量单位，然后再详细划分产能。J 物流企业产能细分示意如图 6-6 所示。

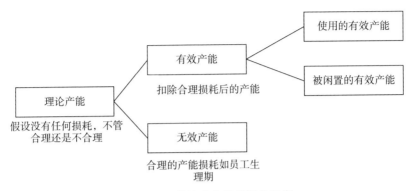

图 6-6　J 物流企业产能细分示意

（一）理论产能

假设企业运营中心的无消耗生产能力效率达到 100%。例如，企业运营中心共有员工 10 人，该部门每月工作 26 天，每天工作时间为 8×60 = 480 分钟，则该运营中心每月的理论产能为 10×26×480 = 124800 分钟。

（二）有效产能

有效产能指的是企业运营中心在实际运作过程中可利用的生产能力总和。利用 TDABC 对企业运营中心进行成本核算，可以直接计算出运营中心各个部门的有效产能。企业管理人员通常会结合实际运作情况，利用企业资源计划系统（ERP）分析各个部门的生产能力和效率。一般来说，有效产能占理论产能的 80%～85%。举例来说，假设某企业的运营中心共有 10 名员工，该部门每月工作 26 天，每日工作时间为 8 小时，即 480 分钟，那么该运营中心每月的理论产能为 124800 分钟。如果该企业内部管理人员通过 ERP 系统得出该部门的生产能力效率为80%，那么该部门的有效产能为：124800×80% = 99840 分钟。

（三）闲置产能

运营中心在运作过程中的生产能力和已用生产能力的差额构成运营中心的闲置生产能力。对闲置产能进行合理分析和规划，有利于提高运营中心整体的物流成本管理效率。例如，运营中心的信息技术部门提供的生产能力为 14000 分钟，已使用的生产能力为 9500 分钟，则该部门的闲置产能为 14000-9500 = 4500 分钟。

（四）产能闲置率

运营中心在运作时的闲置产能占提供的生产能力的比重称为产能闲置率。产能闲置率体现了运营中心有效利用生产能力的实际情况，若比例越来越低，则生产能力的有效利用率将会不断升高，从而运营中心的相关部门作业效率会越来越高，那么它的闲置资源会越来越少。三种（理论、实际和闲置）生产能力的关系如图6-7所示。

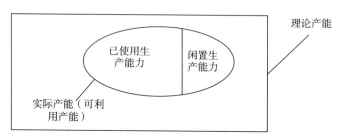

图 6-7　J 物流企业生产能力关系

（五）单位作业耗时

运营中心在运作过程中各部门的每一次作业需要消耗的生产能力为单位作业耗时。例如，运营中心的仓储部门对一批货物进行包装，进行一次普通包装需要 5 分钟，则包装普通产品所消耗的单位作业时间是 5 分钟；若进行单次易碎品包装共使用 7 分钟，那么包装易碎品需要消耗的单位作业时间是 7 分钟。

二　TDABC 的模型建立

TDABC 的核算特色在于可以通过时间方程合理地核算出已经使用的生产能力。在相同作业环节下，不同的作业类别有着不同的耗时情况，可以通过建立时间方程解决实际问题。过程所需的时间等于各个作业所需时间之和：

$$T = \beta_0 + \beta_1 X_1 + \beta_2 X_2 + \cdots + \beta_n X_n$$

其中，β_0 为每次完成基本作业的标准时间；β_i 为完成第 i 个额外作业消耗的时间；X_i 为第 i 个额外作业的数量。

使用 TDABC 核算成本的具体步骤如下。

（一）计算有效产能数值

有效产能是指工人的全部有效工作时间，有效产能比重是指理论产能除去无效产能之后在理论产能中所占比重的大小，通过专业人员的丰富经验进行有效产能比重的合理评估，之后再从中得出有用的产能数值。

（二）计算每个部门的产能成本率

产能成本率具体指消耗的全部总成本与实际有效产能的比值，即每单位有效产能所分摊到的成本。

（三）估算具体单位作业耗时

根据实际的业务流程把每个具体作业环节划分为单个子作业之后，再观察记录子作业实际消耗的单位时间。

（四）确定时间动因量

TDABC 中成本动因也可以叫做时间动因，通过统计企业的业务数量明细以及现场数据，可以确定成本计算中的某个子作业的时间动因量，即该子作业发生的次数。

（五）统计作业环节耗费时间

统计整个作业环节中每个具体作业环节所耗费的时间，整个作业环节中所有的子作业环节所消耗的总时间就是该作业环节实际消耗的时间，通过构建时间方程来进行具体的计算。

（六）计算总的作业成本

作业成本=产能成本率×作业耗时

三　时间驱动作业成本的核算

（一）明确成本核算对象

首先，以 J 物流企业为成本核算对象，分为客户履行运输订单以及线上退货处理两种作业类型，通过企业运营网点具体运输的订单数量以及运输货物的退货数量核算总物流成本的损耗。

其次，以 2020 年 4 月作为成本的核算时间。J 物流企业的运营网点较多，本章选择陕西省的运营中心进行成本核算。在运营中心的运营活动中，本地区货物可以交给本地的电商平台，履行物流服务合同的平均时间为 2 天，有一小部分的跨省货物的运输时间不超过一个星期。下文以 4 月作为运营中心成本核算的具体时间。

最后，由于 J 物流企业运营中心不用为其客户提供包装服务，因而包装材料成本可以忽略不计。同时，由于未对具有特殊运输要求的客户设立专门的订单员，因此陕西省运营中心的包装材料成本以及员工成本亦忽略不计。

（二）明确具体部门的整体作业情况

J 物流企业以履行物流服务合同作为核心运营模式，其中，与物流成本核算相关的部门有客服部、仓储部和运输部。确定了物流成本核算与三个部门的具体关系后，需要详细列出每个部门的具体作业流程。根据 J 物流企业陕西省运营中心的作业流程（见图 6-8），一共有 4 个提货地点和 3 个交货点，并且需要进一步细分三个部门的详细作业情况，具体分析如下。

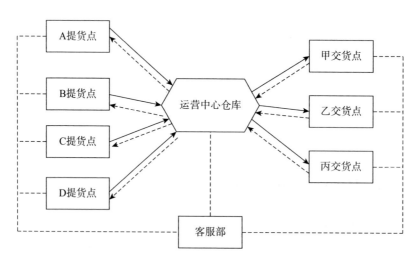

图 6-8　J 物流企业陕西省运营中心作业流程

1. 客服部

客服部操作流程如图6-9所示。在整个订单履行程序里，客服部的主要任务是进行信息传递，它需要与其他部门进行沟通协调。

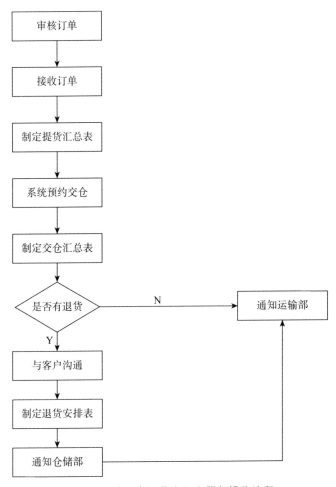

图6-9　陕西省运营中心客服部操作流程

2. 仓储部

仓储部的主要任务是对货物进行装卸搬运，对进出货物的信息以及存储货物的信息进行安全管理。每个工作日的具体工作如下：首先，需要运输部人员提前通知客户准备好所需运输货物；其次，由运输部人员从收货点将货物装运回来，并负责卸货工作；最后，在确认货物无误后进行系统录入与入库工作。货物在出库之前应先进行分货、配货与装车，并与运输部人员交接。运输部完成货物运输后，带回的退货必须按流程办理正常入库手续，具体操作流程如图 6-10 所示。

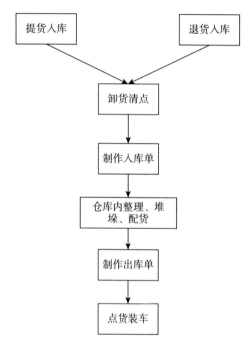

图 6-10　陕西省运营中心仓储部操作流程

3. 运输部

运输部的主要任务是提供上门提货服务、运输服务及交仓运输服务等。首先，对整个流程的运输车辆进行安排。其次，对运输货物进行清点核对。最后，进行单据的交接。若发生退货情况，运输人员必须上门取回被退物品。运输部操作流程如图 6-11 所示。

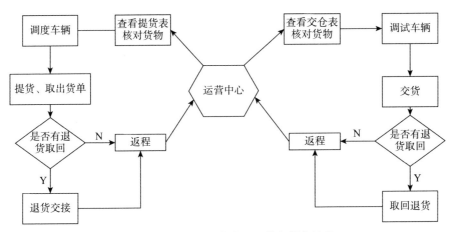

图 6-11 陕西省运营中心运输部操作流程

（三）具体部门的作业分配

对 J 物流企业陕西省运营中心物流成本核算所涉及的部门进行划分，依据三个部门具体作业环节进行子作业的详细分类（见表 6-6）。

表 6-6 陕西省运营中心的作业划分

部门	作业环节	子作业
客服部	信息处理	线上订单确认
		提货订单审核
		线上提货汇总表制定
	线上信息处理	线上预约处理
		线上仓储汇总表制定
	线上退货处理	线上退货信息处理
		线上退货汇总表制定
	与各部门信息交流	与消费者交流
		与网络平台交流
		与仓储部进行交流
		与运输部进行交流

续表

部门	作业环节	子作业
仓储部	货物进入仓储作业	进行货物的卸载
		货物数量确认
		入库汇总表制定
	仓储内部进行作业	仓储内部进行整理
		货物数量确认
	货物离开仓储作业	出库汇总表制定
		进行货物的装运
运输部	运输车辆调度作业	运输车辆调度作业
	运输车辆提货作业	对运输货物数量进行检查
		运输货物车辆进行装运
		货物进行退货处理
		运输车辆返回
	运输车辆交付作业	信息确认，查看汇总表
		线上平台信息处理
		运输货物取回
		货物进入仓储，运输车辆返回

（四）计算生产能力成本率

客服部、仓储部以及运输部的成本包含在整个陕西省运营中心的供应链成本中。客服部具体成本项目包括工人薪资、纸张损耗、计算机损耗、打印机损耗、信息网络维护费等。仓储部具体成本项目包括工人薪资、仓库租金、电脑折旧、叉车折旧与托盘消耗等。由于陕西省运营中心处于当地的物流园区内，周边运输车辆充足，因此没有对运输车辆进行采购，只是通过合同的方式选择合适车辆。因此，运输部具体成本项目包含工人薪资、计算机损耗、合同货车运费、燃油费、路桥费。

根据 J 物流企业陕西省运营中心的具体数据，得到 2020 年 4 月客服部、仓储部、运输部的产能成本分别为 48281.76 元、170451.68 元、302115.00 元，三部门总成本为 520848.44 元（见表 6-7）。

表6-7　2020年4月陕西省运营中心成本统计

部门	成本项目	成本（元）	总成本（元）
客服部	工人薪资（10人）	45000.00	48281.76
	纸张损耗	650.00	
	计算机损耗（10台）	570.00	
	打印机损耗（2台）	61.76	
	信息网络维护费	2000.00	
仓储部	工人薪资（20人）	45000.00	170451.68
	仓库租金	120000.00	
	电脑折旧（5台）	285.00	
	叉车折旧（8辆）	3166.68	
	托盘消耗	2000.00	
运输部	工人薪资（24人）	87600.00	302115.00
	计算机损耗（3台）	171.00	
	合同货车运费	197808.00	
	燃油费	14196.00	
	路桥费	2340.00	
合计	—	520848.44	520848.44

资料来源：J物流企业陕西省运营中心财务明细。

根据J物流企业具体统计数据，陕西省运营中心员工在2020年4月一共上班26天，并且每天上班8小时，一天共480分钟。一共有54人参与成本核算：客服部10人，仓储部20人，运输部24人。对陕西省运营中心具体运行状况进行评估，三个部门的有效产能占理论产能的比重分别为90%、70%和80%。

三部门产能计算如下：

客服部的有效产能 = 10×26×480×90% = 112320（分钟）

仓储部的有效产能 = 20×26×480×70% = 174720（分钟）

运输部的有效产能 = 24×26×480×80% = 239616（分钟）

三部门产能成本率计算如下：

客服部的产能成本率 = 48281.76÷112320 = 0.43（元/分钟）

仓储部的产能成本率 = 170451.68÷174720 = 0.98（元/分钟）

运输部的产能成本率 = 302115÷239616 = 1.26(元/分钟)

（五）估算子作业环节的耗时和成本

根据 J 物流企业陕西省运营中心数据，得到子作业环节的单位时间和运输订单量、退货量的具体数据，如表 6-8 所示。

表 6-8　三部门子作业数据

作业环节	子作业	单位时间（分钟）	时间动因量（单位）	作业数量	
				运输订单量（D）	退货量（T）
信息处理	线上订单确认	6	具体个数（个）	1120	—
	提货订单审核	1	具体个数（个）	1120	—
	线上提货汇总表制定	7	具体个数（个）	1120	—
线上信息处理	线上预约处理	10	具体个数（个）	2540	—
	线上仓储汇总表制定	7	具体个数（个）	2540	—
线上退货处理	线上退货信息处理	3	退货信息（个）	—	350
	线上退货汇总表制定	3	退货数量（箱）	—	3500
与各部门信息交流	与消费者交流	7	具体次数（次）	620	400
	与网络平台交流	7	具体次数（次）	620	400
	与仓储部进行交流	3	具体次数（次）	485	168
	与运输部进行交流	3	具体次数（次）	485	168
货物进入仓储作业	进行货物的卸载	0.2	入库货物数量（箱）	73500	3500
	货物数量确认	0.28	入库货物数量（箱）	73500	3500
	入库汇总表制定	3	入库次数（次）	248	175
仓储内部进行作业	仓储内部进行整理	17	整理次数（次）	436	408
	货物数量确认	0.3	出库货物数量（箱）	32200	3500
货物离开仓储作业	出库汇总表制定	2	出库次数（次）	175	231
	进行货物的装运	0.2	出库货物数量（箱）	32200	3500
运输车辆调度作业	运输车辆调度作业	6	运输车辆（辆）	525	—

续表

作业环节	子作业	单位时间（分钟）	时间动因（单位）	作业数量 运输订单量（D）	作业数量 退货量（T）
运输车辆提货作业	对运输货物数量进行检查	0.3	货物数量（箱）	—	3500
	运输货物车辆进行装运	0.3	货物数量（箱）	73500	—
	货物进行退货处理	6	退货次数（次）	—	231
	运输车辆返回	2.5	运输里程（公里）	2400	
运输车辆交付作业	信息确认，查看汇总表	0.2	货物数量（箱）	32200	
	线上平台信息处理	3	货物数量（箱）	32200	
	运输货物取回	0.7	退货数量（箱）	—	3500
	货物进入仓储，车辆返回	1.6	运输里程（公里）	12110	

资料来源：J 物流企业陕西省运营中心现场统计。

对三部门的耗时和成本进行分析，以客服部与各部门信息交流过程为例，客服部在与各部门进行信息交流时的时间方程为 $T = 7X_1 + 7X_2 + 3X_3 + 3X_4$，方程中的 X_1 是指与消费者交流，X_2 是指与网络平台交流，X_3 是指与仓储部进行交流，X_4 是指与运输部进行交流。

客服部与各部门信息交流的总耗时为：

$$T = 7×620 + 7×620 + 3×485 + 3×485 = 11590（分钟）$$

由此可以核算出客服部、仓储部、运输部的总作业耗时分别为 88608 分钟、71239 分钟、158502 分钟，而完成运输订单的总用时为 283952 分钟，完成退货的总用时为 34397 分钟，具体数据如表 6-9 所示。

表 6-9　三个部门总作业耗时统计分析

作业部门	作业环节	作业耗时（分钟） 运输订单（D）	作业耗时（分钟） 退货（T）	总计（分钟）
客服部	信息处理	15680	—	15680
	线上信息处理	43180	—	43180
	线上退货处理	—	11550	11550
	与各部门信息交流	11590	6608	18198

续表

作业部门	作业环节	作业耗时（分钟）		总计（分钟）
		运输订单（D）	退货（T）	
小计	—	70450	18158	88608
仓储部	货物进入仓储作业	36024	2205	38229
	仓储内部进行作业	17072	7986	25058
	货物离开仓储作业	6790	1162	7952
小计		59886	11353	71239
运输部	运输车辆调度作业	3150	—	3150
	运输车辆提货作业	28050	2436	30486
	运输车辆交付作业	122416	2450	124866
小计	—	153616	4886	158502
总计	—	283952	34397	318349

由 TDABC 核算数据可以得出三个部门的作业成本，如表6-10所示。具体计算公式为：

$$作业成本=产能成本率×作业耗时$$

以仓储部为例：

$$仓储部作业成本=0.98×（59886+11353）=69814.22(元)$$

表6-10　三个部门作业耗时和分摊物流成本的数据对比

作业部门	产能成本率（元/分钟）	作业耗时（分钟）		分摊物流成本（元）		总计（元）
		运输订单（D）	退货（T）	运输订单（D）	退货（T）	
客服部	0.43	70450	18158	30293.50	7807.94	38101.44
仓储部	0.98	59886	11353	58688.28	11125.94	69814.22
运输部	1.26	153616	4886	193556.16	6156.36	199712.52
总计	2.67	283952	34397	282537.94	25090.24	307628.18

四　基于 TDABC 的闲置资源与闲置产能分析

虽然管理层知道投入的成本利用率不可能为100%，但仍希望提高使用率。J物流企业当前使用的成本核算方法无法正常反映资源利用效率。因此，通过整理上文具体数据对其陕西省运营中心进行物流成本核算，从而得出具体的资源和产能闲置数据，如表6-11和表6-12所示。

表6-11　传统成本方法和时间驱动作业成本法数据对比

单位：元，%

作业部门	传统成本方法成本（M）	TDABC成本（N）	闲置的资源（$M-N$）	资源闲置率［（$M-N$）/M］
客服部	48281.76	38101.44	10180.32	21.09
仓储部	170451.68	69814.22	100637.46	59.04
运输部	302115.00	199712.52	102402.48	33.90
总计	520848.44	307628.18	213220.26	40.94

表6-12　三个部门的产能消耗对比

单位：分钟，%

作业部门	提供的产能（X）	已使用的产能（Y）	闲置的产能（$X-Y$）	产能闲置率［（$X-Y$）/X］
客服部	112320	88608	23712	21.11
仓储部	174720	71239	103481	59.23
运输部	239616	158502	81114	33.85
总计	526656	318349	208307	39.55

通过对2020年4月J物流企业陕西省运营中心的资源闲置率与产能闲置率进行对比研究，发现客服部、仓储部与运输部的资源闲置率分别为21.09%、59.04%、33.90%；三部门的产能闲置率分别为21.11%、59.23%、33.85%。另外，三部门的平均资源闲置率和平均产能闲置率分别为40.94%和39.55%。客服部和运输部的资源闲置率与产能闲置率相比较而言较低，仓储部门的产能闲置率与资源闲置率都非常高。在新冠疫情的影响下，J物流企业成本受到冲击，陕西省运营中心也受到了影响，仓储部资源闲置率高达59.04%，且产能闲置率也同样高达59.23%。虽然客服部与运输部的资源闲置率与产能闲置率都低于平均水平，但对比以往资源闲置率与产能闲置率都有所提高。由此可以

看出，在突发公共卫生事件下企业不可能独善其身，特别是企业所处的供应链，由于上游的制造商无法正常生产、下游的消费者需求降低，流通供应链的闲置率上升，这也是陕西省运营中心需应对的问题。

由计算结果可知，J物流企业在2020年疫情期间资源闲置率最高的是仓储部，其次是运输部，最后是客服部。

五　核算过程中的难点

由于时间驱动作业成本法在物流领域内并没有大范围应用，成功的案例较少，J物流企业利用此方法有一定的难度。此外，由于此方法的目的是核算成本，在处理基础数据时要求较为严格，对数据的准确性要求也更高。TDABC计算得出的结果很大程度上受基础数据的影响。因此，若是企业采用TDABC核算成本，首要的任务就是提高员工的专业程度，核算过程中除了需要处理大量的数据，也需要对公司作业流程格外了解。因此，若员工的专业程度不够高，则可能会在核算过程中出现错误，给公司带来损失。

TDABC在国内物流业推广应用不广的一个关键原因是公司员工的积极性不够强。企业内部推行新的制度应由企业上层管理人员带头，并综合各部门的相关实施意见，平衡各部门利益，这就使得前期推广时各部门员工需要花费较长的时间来适应，员工积极性也随之下降。对于企业来说，采用任何一种新的管理方法都不可能一蹴而就，在改革过程中必然会遭到部分员工的质疑，致使员工的作业效率下降，新的成本核算方法得不到完全运用，成本反而会更高。新冠疫情也使企业员工偏于安逸，不愿过多改变以防止出现其他特殊状况。J物流企业也不例外，尽管其员工呈现年轻化，易于接受新事物，但疫情导致员工惧怕风险。

与国内其他大型物流企业相比，J物流企业在成本与财务管理方面表现较为逊色。公司财务管理受人为因素影响较大，提高财务部门工作人员的业务能力、掌握时间驱动作业成本法，在此基础上发挥其成本优化的作用也是一大难题。因此，对于J物流企业来说，为能尽快在公司内部实施时间驱动作业成本法，并依据其进行成本优化，必须加强对员工综合素质的培养，增强员工成本管理意识。

六　对策建议

（一）完善仓储部门运行与管理措施

1. 加强沟通合作，提高周转效率

J物流企业加强了与上下游企业之间的沟通交流，及时传递和沟通最新信息，提高信息的透明度。在新冠疫情发生时，企业可以快速做出反应，降低新冠疫情对其所处供应链的影响。对供应链上下游企业来说，及时有效的沟通更有利于提高产品采购和运输的效率、提高仓储的存货周转效率、减少闲置资源、降低闲置产能，从而有效降低企业的运营成本和仓储成本。特别是在新冠疫情发生初期，企业仓储库存量大、无法及时周转，这就需要与上下游企业及时沟通，减少入库量、增加出库量，增强仓储运营能力，提高闲置资源和闲置产能的利用率，提高企业资金的周转效率，降低供应链成本，增强供应链上下游企业的抗风险能力。

同时，工作人员在进行分拣的过程中，可以将分拣作业中多余的环节剔除。例如，在新冠疫情发生初期，各地应急物资堆积仓库，而无效作业过多使得仓库内作业效率低下，导致出仓不及时，耽误各地抗击疫情。因此，仓库工作人员在仓库内作业时可按地区顺序与货物编号进行分类拣货，减少无效作业，剔除多余环节。此外，在拣货过程中，还可将原来分拣过程中的非增值作业活动进行整合并加以简化，以此提高仓库工作人员的工作效率。高效率的工作意味着反应能力的提升，最终不仅能够及时响应应急物资的调度，也能够达到节约成本的目的。

2. 加快数字化转型步伐，提高反应速度

企业要以技术为核心，以数字技术为驱动，推进各个环节的数字化转型，逐步形成可以追溯的供应链信息网络。这样有利于对闲置资源和闲置产能进行优化配置，使供应链能够更加灵活地对抗外部风险，从而

降低企业运营成本。仓储环节的成本包括人工成本、缺货成本和持有成本。企业运用大数据技术，实现仓储的自动补货，有利于减少闲置资源和闲置产能。依据商品的历史销售量、商品质量和供应商配送速度等数据，利用大数据分析预测，使仓储商品保持在一个平衡的临界点上。在新冠疫情发生初期，大数据分析系统可以快速做出反应，对所需物资的数量、质量和运输距离等进行快速分析，及时满足订单需求。在降低仓储成本的同时，可以优先对疫情下部分地区所需的物资进行调度，防止出现闲置资源偏多和闲置产能偏高的情况，降低企业自身的持有成本，极大地提高物资的周转效率，进而提高企业应对突发公共卫生事件的反应速度。

3. 优化仓储布局，提高仓储效率

在仓储管理中，资源闲置率与产能闲置率高的主要原因是仓库的规划布局不合理。由于货物存放方式不合理，大量货物堆积在仓库中，仓储空间的利用率较低。在发生突发公共卫生事件时，应急物资无法快速有效进仓、出仓，低时效性的货物长时间占据便捷出仓的位置，以至于在突发状况时无法快速响应。因此，企业应着手优化仓储布局，建立合理有效的货物存放制度，依照货物的属性以及需求紧急程度重新安排货物摆放顺序。

（二）提升运输部门运营管理能力

1. 优化运输路线，提升物流效率

在新冠疫情发生后，企业需要运送大量物资，受自身运输路线运输效率降低影响，应急物资无法及时到达，闲置资源和闲置产能增加，这就需要 J 物流企业合理安排运输线路，提升物流效率。企业可从里程数方面进行优化，以提升运输效率、减少运输费用、节约运输成本，达到减少闲置资源与降低闲置产能的目的。运输路线优化能够减少运输的能源消费，最大限度地利用资源，提高物流效率，这对于缓解交通运输压力有一定的促进作用。运输路线优化能够降低车辆损耗，从而降低汽车维修成本，使运输成本下降。

2. 提高运输能力，减少能源支出

J物流企业应加强智能运输网络系统建设。在新冠疫情发生后，应急物资需求激增，造成运输车辆压力增大，需要进行合理有效的运输。随着网络技术的发展，可将相关技术有效地运用在物流运输过程中，以减少闲置资源和降低闲置产能。高度信息化、智能化的物流调度系统可以对车辆进行合理调配，提高整体运输能力，减少不必要的能源支出，从而可以有效降低运输成本。

3. 完善运输基础设施，提高运输质量

为优化物流成本，运输部门应提高本部门的工作效率，而提高工作效率最直接的方法就是完善运输基础设施，更新工作效率低下的运输设备。J物流企业原有的运输设备已无法满足物流服务的运输要求。新冠疫情发生初期所需运输的应急物资较多，目的地分布较广，公司运输车辆无法有效供应。而购置车辆在短期内可缓解疫情带来的运输压力，但长期来看，车辆的后续保养与维修会增加企业运营成本。因此，J物流企业可通过临时租赁运输车辆的方法应对突发公共卫生事件，避免日后车辆闲置导致成本上升，从而在提高经济效益的同时也提高了社会效益。

（三）加强各部门员工综合素质管理

1. 注重物流科技研发，提升物流作业效率

J物流企业应增加对智能运输的研究投入，加速研发可应用于现实生活中的无人机和无人车，以达到降低人力成本的目的。目前，J物流企业的人力成本支出主要体现在末端配送方面，尤其是一些交通不便的地方，运输效率低、人力成本高、资源闲置率和产能闲置率高。一方面，可以通过无接触配送保障安全；另一方面，可以优化闲置资源和闲置产能的配置，降低企业运营成本。

2. 构建员工共享机制，降低企业人力成本

新冠疫情期间，各个行业均受到不同程度的冲击，导致企业处于停工停产状态，企业员工面临短暂失业风险。而运输行业由于网购量和应急物资需求激增，仓储和运输员工短缺。J物流企业可通过员工共享机

制，使短暂失业人员进入人员需求量大的部门，从事分拣、包装、配送等工作。一方面有利于缓解就业压力，降低不确定性带来的风险；另一方面能够缓解企业自身员工需求压力，降低无法及时完成工作的时间损耗成本，优化社会资源配置，降低不必要的人力成本损耗。

3. 完善员工绩效考核体系，增强员工工作积极性

新冠疫情期间，物流从业人员大幅减少，企业应改变以往以人数占优的情况，提高员工的综合素质，以解决突发公共卫生事件导致的人手不足问题。把加强培训视作未来企业发展的一项重要举措，重视每一次培训，明确各个部门员工应加强和改进的工作部分。对此，公司应完善员工绩效考核体系。首先，公司应就绩效考核相关事宜加强与员工的沟通。在考核的前、中、后期与基层员工充分沟通，让员工认识到新冠疫情对企业的巨大冲击，以及在疫情等突发公共卫生事件发生时，在企业人手不足的情况下提升综合素质的必要性，为员工绩效考核提供保障。其次，在考核过程中若员工培训不过关、作业过程中存在多次失误，则不能让其处理关键作业，必须严格遵守新的考核体系。对于员工在工作中出现的失误，情节严重者应重新回到培训流程，重新接受考核。最后，公司应根据员工绩效考核的结果来调整员工的薪酬，在物质和精神上给予员工一定的补偿，以增强员工工作积极性。

4. 加强成本管理教育，培养员工成本管理意识

J物流企业在新冠疫情发生前，使用的仍然是传统成本核算方法，导致企业在受到突发公共卫生事件冲击时，运营成本激增，无法及时有效面对突发状况。因此，企业在实施时间驱动作业成本法时，还需要员工在日常作业中增强成本管理意识。突发公共卫生事件使公司经营成本增加，而基层员工无法完全得知上层制定的成本预算，这就使得部分员工存在浪费物资与时间的情况。在公司日常的经营中，采用这种新方法必然会增加某些员工的工作量，由此，必须让员工意识到成本优化管理的重要性。尤其是在发生新冠疫情的情况下，有些物流企业面临资金链断裂、运营成本激增等风险，成本管理已经成为物流企业应急管理的一

项重要指标。增强员工成本管理意识，让员工参与到成本管理的环节中至关重要。在增强员工成本管理意识的同时，物流企业还可引入行业内参与过抗击新冠疫情的专业团队参与员工成本管理教育，让专业团队参与企业一线作业流程，让基层员工了解物流作业对抗击新冠疫情的作用。这不仅可以提高企业的运营效率，还可以提升其应对突发公共卫生事件的能力，让员工在工作中增强成本管理意识，一同参与企业内部的成本优化过程。

第七章　物流企业高质量发展

第一节　突发公共卫生事件下物流企业发展现状

2020 年初突如其来的新冠疫情，使我国物流业的发展面临员工复工难、企业运营难、资金周转难等一系列问题，我国物流业景气指数大幅度下降，物流企业绩效受到严重影响。面对这一新形势，陕西省内物流企业亟须探索出一条既能有效应对突发公共卫生事件，又能实现自身高质量发展的道路。江苏省物流业的发展水平在全国排名前列。江苏省作为国内众多产业循环的发起点和联结点、融入国际循环的重要通道和有力支点，运用"通道+枢纽+网络"现代物流运行体系，发挥"一带一路"交汇点、长江经济带重要枢纽和长三角区域一体化核心区域的物流比较优势，为构建陆海内外联动、东西双向互济的开放格局提供支撑。鉴于此，本章旨在借鉴江苏省的先进发展经验，提出一系列针对陕西省内物流企业的对策建议，以期在保障物流安全稳定的同时，推动陕西省物流企业向更加高效、智能、绿色、可持续的方向迈进，为区域经济的持续健康发展提供坚实支撑。

一　中国物流业发展现状

物流业是物流资源产业化形成的一种复合型或聚合型产业，是集仓储、运输、配送、信息共享于一体的综合性服务产业。我国物流业经过三十多年的发展，已经成为国民经济的支柱产业和重要的现代服务业。目前，我国物流总额呈现逐年上升趋势，物流业与制造业、零售业和服务业联动发展，为国民经济持续健康发展做出了贡献。

（一）发展规模持续扩大，发展态势良好

随着我国流通领域现代物流的不断发展，物流运输路线增多，运输产品类型增加，运输规模也在不断扩大，使物流业的发展进一步满足了社会公众的日常需求。中国物流与采购联合会数据显示，2019 年、2020 年全国物流业总收入分别达到 10.3 万亿元与 10.5 万亿元。2021 年 1~10 月，物流业总收入为 9.7 万亿元，同比增长 16.1%，增速比上年同期提高 15.2 个百分点，两年平均增长 8.2%。中国物流业处于向上发展的良好态势，未来的物流发展空间会继续扩大，整个行业收入也会持续增长。

（二）物流费用不断增长，发展空间较大

社会物流总费用在一定程度上反映了社会对物流的总需求。近年来，我国社会物流总费用保持整体增长趋势。2016~2020 年，社会物流总费用逐年增长，2021 年社会物流总费用为 16.7 万亿元，同比增长 12.5%。我国物流业近年来虽然保持较快的增长速度，但整体运行效率仍旧较低。中商情报网数据显示，2016~2018 年我国社会物流总费用占国内生产总值的比重呈现逐年下降趋势，2020 年社会物流总费用占 GDP 的比重为 14.7%，2021 年该比重为 14.6%，比上年下降了 0.1 个百分点。与欧美发达国家 8% 的水平相比，仍然有较大的差距。可见，我国的物流效率仍旧有较大的提升空间。同时，2021 年我国社会物流总费用中，运输费用为 9.0 万亿元，增长 15.8%，占社会物流总费用的 53.9%；保管费用为 5.6 万亿元，增长 8.8%，占社会物流总费用的 33.5%；管理费用为 2.2 万亿元，增长 9.2%，占社会物流总费用的 13.2%。由数据分析可以看出，我国社会物流总费用中各细分费用均保持增长。

二　突发公共卫生事件下中国物流业发展现状

随着社会转型与体制改革步伐的加快，我国正处于机遇与风险并行阶段。突发公共事件具有规模较大、影响范围较广、危害性较强的特性。就 2020 年初发生的新冠疫情而言，我国制造业、零售业、物流业等各行业均受到了影响。员工复工难、企业运营难、资金周转难等一系列的问题，使得众多行业面临着较大的风险与挑战。

物流业作为我国服务业中的重要行业，受到了新冠疫情的巨大冲击。物流业景气指数（LPI）包括业务总量、人员数量、库存周转率、设备利用率、物流服务价格等指数，可用来反映物流业发展的总体变化情况。2019 年 10 月至 2020 年 6 月我国物流业景气指数变化情况如图 7-1 所示。

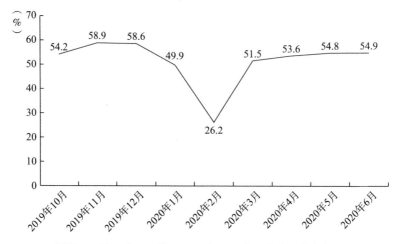

图 7-1 2019 年 10 月至 2020 年 6 月中国物流业景气指数

资料来源：中国物流信息中心。

2020 年 2 月，我国 LPI 值大幅度下降，降至最低点 26.2%，与上月同期相比降幅明显。新冠疫情使物流企业受到了巨大冲击。在此期间，新冠疫情导致物流企业的运营活动受阻，物流各细分行业运行明显回落。具体来说，物流企业供应链运行中断，业务总量指数较 1 月下降了 23.7个百分点；物流设备利用率指数仅为 39.1%，较 1 月下降了 11.1 个百分点，设备利用明显不足；同时，物流从业人员指数也下降了 18.5 个百分点，降至 30.1%，返岗复工率大大低于往常水平。① 在新冠疫情影响下，

① 《物流活动严重受阻 2 月物流业景气指数 26.2%（附商贸物流开发区一览）》，中商情报网，2020 年 3 月 2 日，https://www.askci.com/news/chanye/20200302/1417331 157462_2.shtml。

物流企业各项指数下降，是我国 LPI 值下降的重要原因，也是我国物流企业绩效难以提升的重要原因。

在新冠疫情的影响下，具有代表性的江苏省物流企业也难以避免受到冲击。因此，本书对江苏省物流企业的高质量发展进行研究，具有十分重要的意义。

三　突发公共卫生事件发生前后江苏省物流企业现状分析

（一）突发公共卫生事件发生前江苏省物流企业发展现状

近年来，随着社会经济的发展以及互联网和电商的快速普及，物流业获得了较大的发展空间。江苏省作为全国经济发达的省份，服务业的水平一直居于前列，江苏省物流企业的发展前景相对较好，本章从运营、财务和客户三个层面对其在疫情前的发展状况进行分析。

1. 发挥江苏省区域优势，提高物流企业运营水平

物流企业的运营水平对物流企业的发展有着重要影响，运营水平提高能够促进企业的发展。货运量是物流企业运营水平的指标体现，货运量增加表明物流企业的供应链上游供应商供应充足、制造商生产产能大，整个物流业呈现持续向好的发展态势。物流企业货物周转量是物流运营的一个重要衡量指标，货物周转量增加能够促进物流转运中心能力增强，提升物流运输的效率，进一步提高物流企业作业水平。2015~2019 年江苏省货运量和货物周转量的具体数据情况如图 7-2、图 7-3 所示。

由图 7-2 可知，2015~2019 年，江苏省货运量由 198998 万吨逐年增加到 262749 万吨，且近两年增长速度较快，2019 年同比增加近 30000 万吨。其中，铁路货运量由 5304 万吨增加至 7501 万吨；水路货运量由 80343 万吨增加至 90670 万吨；公路货运量从 113351 万吨增加至 164578 万吨。各类运输的货运量呈现上升的趋势。货物运输是物流的重要功能，货物运输水平的高低是物流企业运营状况的重要衡量标准，货运量增加表明物流企业的运营状况变好。

由图 7-3 可知，2015~2019 年，江苏省货物周转量由 8270.23 亿吨

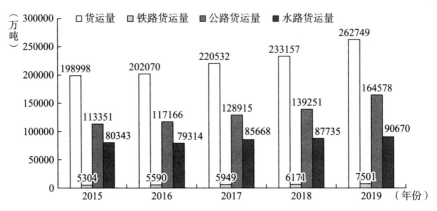

图7-2 2015~2019年江苏省物流企业货运量

资料来源：国家统计局。

公里增加至9947.68亿吨公里，呈现上升趋势。其中，铁路货物周转量增加了22.85亿吨公里；水路货物周转量则增加了492.74亿吨公里；公路货物周转量从2072.96亿吨公里逐年增长至3234.82亿吨公里，增长率为56.05%，是各类运输中增长最快的。江苏省物流企业2015~2019年货物周转量呈现上升趋势，物流运输配送效率提升，运营水平不断提高。

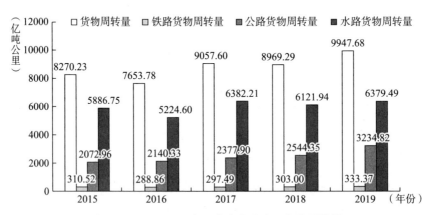

图7-3 2015~2019年江苏省物流企业货物周转量

资料来源：国家统计局。

综上所述，2015~2019年，江苏省物流企业的货运量和货物周转量均呈现上升的趋势，物流企业的运营水平不断提高，运营绩效增长。

2. 优化企业内部业务流程，促进企业营收增长

物流企业财务状况的衡量指标为营业收入、成本费用等。营业收入的增加与成本费用的降低，推动了物流企业利润的增长。本章通过整理相关资料，对 2015～2019 年物流企业财务状况进行研究。

由图 7-4 可知，2015～2019 年，江苏省物流企业快递业务收入逐年上涨，2019 年高达 6189768.28 万元。业务收入呈现正增长，其中 2019 年的增长率最高，为 28.71%。可见，物流企业快递业务收入水平呈现上升的趋势。

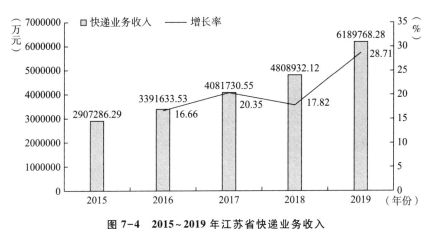

图 7-4　2015～2019 年江苏省快递业务收入

资料来源：国家统计局。

社会物流总费用是指报告期内国民经济各方面用于物流活动的各项费用支出的总和，主要包括运输费用、保管费用和管理费用。社会物流总费用占 GDP 的比重代表着物流成本费用对 GDP 的影响，比重越高，则物流成本费用越高。由图 7-5 可知，2012～2019 年，江苏省物流企业社会物流总费用占 GDP 的比重由 15.4% 直降至 13.8%，可见江苏省物流企业的物流成本费用持续下降。

3. 满足客户个性化需求，提高物流服务质量

物流行业作为服务行业，拥有客户的数量充分反映了客户对物流企

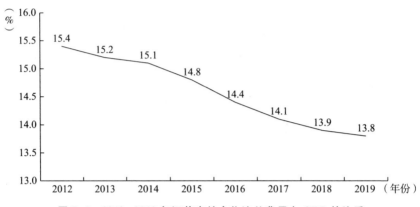

图 7-5　2012～2019 年江苏省社会物流总费用占 GDP 的比重

资料来源：中国物流信息中心。

业服务的满意程度，客户的购买量可理解为物流企业的业务量，同时可作为衡量企业客户服务水平的重要指标。2015～2019 年江苏省物流企业快递业务量大幅度增加（见图 7-6）。2018～2019 年，物流企业快递业务量增长速度最快，反映出客户对物流企业的信任增强，对物流企业服务质量的满意度不断提升。

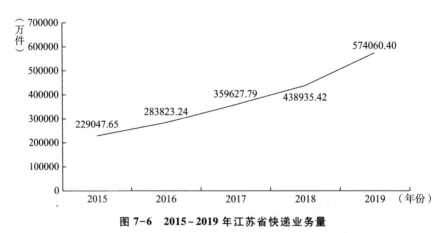

图 7-6　2015～2019 年江苏省快递业务量

资料来源：国家统计局。

综上所述，2015～2019 年，江苏省物流企业的运营水平不断提高；业务收入增加、运营成本下降，财务绩效呈现上升趋势；客户服务水平随着顾客对企业业务需求量的增加而提高，客户绩效也不断上升。由此可预测，江苏省物流企业在正常经营情况下，后期的运营绩效、财务绩效及客户绩效应会逐年增长。

（二）突发公共卫生事件下江苏省物流企业的现状

1. 物流运力波动明显，企业运营绩效下降

新冠疫情发生后，物流企业的运营状况受到了严重的影响，物流企业的货运量及货物周转量与原本的预测量相比均出现了大幅度偏差。2019~2021 年江苏省物流企业 1~2 月的货运量和货物周转量数据分别如图 7-7、图 7-8 所示。2020 年 1~2 月，物流企业货运量同比下降28.1%。其中，铁路货运量同比下降 18.2%；公路货运量由 1.90 亿吨降至 1.20 亿吨，同比下降 36.8%；水路货运量由 1.17 亿吨降至 0.98亿吨，同比下降 16.2%。各种运输方式的货运量均呈现下降趋势，物流企业的运营面临巨大冲击。同时，根据图 7-8 数据可知，2020 年 1~2月，江苏省物流企业货物周转量同比下降 22.1%。其中，铁路货物周转量同比下降 12.2%；水路货物周转量同比下降 18.6%；公路货物周转量由 370.0 亿吨公里下降至 235.4 亿吨公里，同比下降 36.4%。物流企业

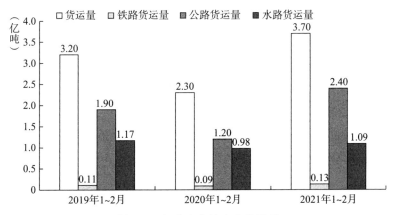

图 7-7　江苏省物流企业货运量

资料来源：江苏省交通运输厅。

货运量和货物周转量的低值均出现在 2020 年 1~2 月，由此可知新冠疫情对物流企业的运营状况产生了影响。

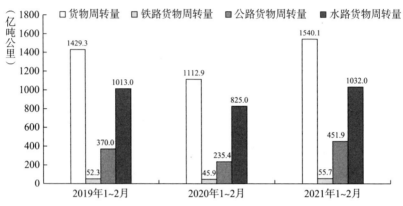

图 7-8　江苏省物流企业货物周转量

资料来源：江苏省交通运输厅。

2. 客户需求大幅减少，企业成本增加

新冠疫情下江苏省物流企业的快递业务收入受到了严重的影响。江苏省统计局数据显示，江苏省物流企业 2020 年的业务收入为 708.9 亿元，同比增长 14.5%，其增速较 2020 年 1~9 月提高 0.5 个百分点，较 1~6 月提高 2.7 个百分点，较 1~3 月提高 7.5 个百分点。相比之下，2020 年 1~3 月，物流企业的业务收入增长速度是全年当中最慢的，仅为 7%。

中国物流与采购联合会数据显示，2020 年第一季度江苏省物流企业中营业收入同比下降 10% 及以下的占 9.5%，下降 10%~30% 的占 40.5%，下降 30%~50% 的占 28.6%，下降 50% 以上的占 21.4%（见图 7-9）。第一季度的营业收入下降，且下降幅度较大。

江苏省统计局数据显示，2020 年江苏省快递业务量为 69.8 亿件，增速较 1~9 月提高 1.0 个百分点，较 1~6 月提高 4.4 个百分点，较 1~3 月提高 15.3 个百分点。相比之下，江苏省物流企业在疫情发生初期业务量的增速是全年当中最慢的，表明该时期客户的购买量增速较低。

中国物流与采购联合会数据显示，2020 年第一季度，江苏省物流

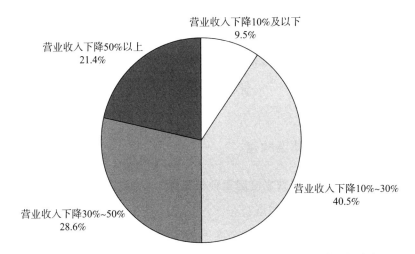

图 7-9　2020 年第一季度江苏省物流企业营业收入下降的比例分布

资料来源：中国物流与采购联合会。

企业接单量同比下降 10% 及以下的企业占 12.5%，接单量同比下降 10% ~ 30% 的企业占 32.5%，接单量同比下降 30% ~ 50% 的企业占 35.0%，接单量下降 50% 以上的企业占 20.0%。在疫情期间，江苏省物流企业几乎都存在接单量下降情况，且下降幅度较大的占比较大，可见疫情下物流企业的客户订单量减少（见图 7-10）。

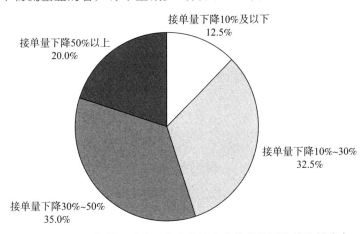

图 7-10　2020 年第一季度江苏省物流企业接单量下降的比例分布

资料来源：中国物流与采购联合会。

第二节　突发公共卫生事件下物流企业绩效影响因素的实证分析

一　评价指标体系构建

（一）物流企业绩效影响因素评价指标

在深入分析江苏省物流企业面对突发公共卫生事件时的表现及相关数据后，本章发现企业的绩效在危机下遭受了显著的冲击。在探讨物流企业绩效的影响因素时，学术界出现了多元化的观点。吴琼认为物流企业的基础能力对其绩效产生了决定性的影响。[1] 李亚等认为物流服务能力直接关系企业绩效的高低。[2] 张凡进一步指出，物流信息管理能力是维持物流企业绩效的关键，尤其是在突发公共卫生事件下，这一能力的提升对于保持企业绩效至关重要。[3] 邓金蕾提出，物流企业在面对突发公共卫生事件时，必须提高服务能力并拓展服务范围，以确保企业绩效的稳定。[4] 综上所述，本章将影响物流企业绩效的因素概括为四个关键维度，即物流生产运作能力、物流信息管理能力、物流基本要素能力以及物流服务延伸能力，并据此构建了一套评价指标体系（见表7-1）。

---

[1]　吴琼：《快递业物流服务能力对企业绩效的影响研究》，硕士学位论文，太原理工大学，2017，第55页。

[2]　李亚、郑广文、黄振辉：《我国第三方物流服务能力对企业绩效的影响》，《山东大学学报》（哲学社会科学版）2016年第1期。

[3]　张凡：《企业应急物流系统能力评价研究》，硕士学位论文，湖南大学，2010，第56页。

[4]　邓金蕾：《"互联网+高效物流"下物流成本绩效评价体系构建》，《财会学习》2019年第9期。

表 7-1 物流企业绩效影响因素的评价指标体系

一级指标	二级指标
物流生产运作能力 A	需求的响应性 A_1
	交付的可靠性 A_2
	送达的准时性 A_3
物流信息管理能力 B	信息的获取 B_1
	信息的处理 B_2
	信息化投资水平 B_3
物流基本要素能力 C	人力 C_1
	资金 C_2
	设施设备 C_3
物流服务延伸能力 D	资源整合 D_1
	信息共享 D_2
	技术创新 D_3

（二）物流企业绩效评价指标

目前，学术界关于物流企业绩效的探索主要聚焦于绩效评价指标构建研究。本章通过参考相关学者的研究文献，结合物流企业在突发公共卫生事件下的实际状况，将物流企业绩效分为财务绩效、运营绩效和客户绩效三个方面（见表 7-2）。

表 7-2 物流企业绩效的评价指标体系

一级指标	二级指标
财务绩效 E	营业收入 E_1
	净资产收益率 E_2
	企业利润增长率 E_3
运营绩效 F	订单完成率 F_1
	交货及时性 F_2
	系统衔接性 F_3

续表

一级指标	二级指标
客户绩效 G	顾客回头率 G_1
	顾客满意度 G_2
	物流市场占有率 G_3

二 研究设计

(一) 研究假设

1. 突发公共卫生事件下物流企业生产运作能力对物流企业绩效的影响

关于突发公共卫生事件对物流企业影响的研究，于晓辉等提出在突发公共卫生事件的影响下，外部环境的不确定性将导致物流运输配送过程受阻，不仅使得货物出现交付延迟和破损率上升等问题，还会直接影响物流企业的运营效率。[①] 同时，后期甚至可能会出现退货、投诉、罚款等方面的问题，使物流企业的财务运营也受到负面冲击。李亚等的研究进一步指出，物流企业生产运作能力的提高，不仅能够增强物流配送能力，提升物流企业运营绩效，还能够降低物流企业的财务损失，进而提升物流企业的财务绩效。[②] 在物流生产运作能力中，需求的快速响应和货物交付的及时性对于提升物流服务质量具有至关重要的作用，这些因素直接影响物流企业的客户绩效。在突发公共卫生事件下，物流企业生产运作能力不足将导致供应链上游供给不足、下游需求响应不及时等问题，进而导致物流服务质量下降和客户满意度降低，最终使客户绩效下降。因此，物流企业在应对突发公共卫生事件时，增强其生产运作能力，可以有效提升客户绩效。基于以上分析，本章提出如下研究假设。

---

① 于晓辉、何明珂、杜志平等：《不确定风险下快递末端共同配送问题的博弈分析》，《模糊系统与数学》2019 年第 5 期。

② 李亚、郑广文、黄振辉：《我国第三方物流服务能力对企业绩效的影响》，《山东大学学报》（哲学社会科学版）2016 年第 1 期。

H1：突发公共卫生事件下物流企业的生产运作能力对物流企业绩效有正向显著影响。

H1a：突发公共卫生事件下物流企业的生产运作能力对物流企业财务绩效有正向显著影响。

H1b：突发公共卫生事件下物流企业的生产运作能力对物流企业运营绩效有正向显著影响。

H1c：突发公共卫生事件下物流企业的生产运作能力对物流企业客户绩效有正向显著影响。

2. 突发公共卫生事件下物流企业信息管理能力对物流企业绩效的影响

突发公共卫生事件下物流企业的内外信息交流受阻，供应链上下游的运行信息不再透明，进而使得企业在整个运营过程中难以快速获取可靠的信息。物流信息管理能力的提升对于物流企业供应链的运营绩效具有显著的正向影响。[①] 信息的及时获取和准确处理，不仅能够节约企业的人力、物力和财力等资源，还有助于物流企业吸引和整合更多客户资源，对提升客户绩效起到至关重要的作用。[②] 李亚等在研究信息技术研发投入对企业绩效的影响时发现，虽然高额的研发投入在某些情况下可能对企业的财务绩效产生负面影响，但在突发公共卫生事件下，物流企业早期对信息技术的研发投入能够带来截然不同的效果。[③] 这种投入不仅能够为企业在风险环境下的运营提供支持，还能够在市场竞争中为企业赢得优势。基于以上分析，本章提出以下假设。

---

① 宋光、王妍、宋少华等：《全渠道零售策略下的供应链整合与企业绩效关系研究》，《管理评论》2019 年第 6 期。

② 刘华明：《制造行业供应链伙伴关系、物流能力与供应链整合的关系研究》，博士学位论文，重庆大学，2018，第 121 页。

③ 李亚、郑广文、黄振辉：《我国第三方物流服务能力对企业绩效的影响》，《山东大学学报》（哲学社会科学版）2016 年第 1 期。

H2：突发公共卫生事件下物流企业的信息管理能力对物流企业绩效有正向显著影响。

H2a：突发公共卫生事件下物流企业的信息管理能力对物流企业财务绩效有正向显著影响。

H2b：突发公共卫生事件下物流企业的信息管理能力对物流企业运营绩效有正向显著影响。

H2c：突发公共卫生事件下物流企业的信息管理能力对物流企业客户绩效有正向显著影响。

3. 突发公共卫生事件下物流企业基本要素能力对物流企业绩效的影响

在突发公共卫生事件的影响下，物流企业的人力资源、财务资源和设施装备方面的资源整合能力，对于维持和提升其绩效具有决定性作用。人力资源的匮乏可能会导致物流业务的暂停或效率下降，财务资源的不足会增加企业面临的资金流转风险，设施设备的落后则既造成资源的低效利用，又增加企业的固定成本负担。因此，物流基本要素能力中的人力、资金及设施设备对物流企业的绩效有着重要的影响。周俊杰认为协调处理好物流企业基本要素，可以有效推动物流企业的正常运营。① 倪玲霖在其研究中将财务资源视为支撑物流企业运营的核心要素，认为其对提高物流服务质量和客户满意度具有关键性影响。② 进一步的研究发现，仓储面积和车辆对物流企业年收入有着正向的影响，即物流设施设备水平与物流企业的收入呈正相关关系。基于上文的分析，本章提出如下的研究假设。

H3：突发公共卫生事件下物流企业的基本要素能力对物流企业绩效有正向显著影响。

H3a：突发公共卫生事件下物流企业的基本要素能力对物流企

---

① 周俊杰：《卷烟配送中心物流要素能力评价研究》，《物流技术》2010 年第 1 期。

② 倪玲霖：《物联网置入快递业的机理与方案探索》，《中国流通经济》2014 年第 1 期。

业财务绩效有正向显著影响。

H3b：突发公共卫生事件下物流企业的基本要素能力对物流企业运营绩效有正向显著影响。

H3c：突发公共卫生事件下物流企业的基本要素能力对物流企业客户绩效有正向显著影响。

4. 突发公共卫生事件下物流企业服务延伸能力对物流企业绩效的影响

在突发公共卫生事件下，增强物流服务延伸能力对企业绩效的提升尤为重要，物流企业面临服务资源大量闲置、资源利用率大幅度降低等问题，从而影响企业满足客户需求的能力，并降低企业客户服务水平，对企业绩效造成负面冲击。因此，通过增强物流服务延伸能力，企业不仅可以更有效地整合服务资源，确保供应链的顺畅运行，提高运营效率[1]，还能够与供应链末端客户建立更紧密的合作伙伴关系，提供更高效的服务，从而显著提升客户绩效。[2] 戴君等在对 BSC 模型进行组合推导时，提出物流服务延伸能力对企业绩效具有显著影响，尤其是对财务绩效有正面影响。[3] 在突发公共卫生事件下，增强服务延伸能力可使物流企业的市场占有率提高、客户数量和订单需求量增加，进而促进营业收入的增长，降低财务风险，提高财务绩效。基于此，本章提出以下假设。

H4：突发公共卫生事件下物流企业的服务延伸能力对物流企业绩效有正向显著影响。

---

[1] 吴文征、鞠颂东：《物流园区网络协同运作研究》，《北京交通大学学报》（社会科学版）2013 年第 2 期。

[2] 戴君、谢琍、王强：《第三方物流整合对物流服务质量、伙伴关系及企业运营绩效的影响研究》，《管理评论》2015 年第 5 期。

[3] 李亚、郑广文、黄振辉：《我国第三方物流服务能力对企业绩效的影响》，《山东大学学报》（哲学社会科学版）2016 年第 1 期。

H4a：突发公共卫生事件下物流企业的服务延伸能力对物流企业财务绩效有正向显著影响。

H4b：突发公共卫生事件下物流企业的服务延伸能力对物流企业运营绩效有正向显著影响。

H4c：突发公共卫生事件下物流企业的服务延伸能力对物流企业客户绩效有正向显著影响。

（二）研究框架

根据研究假设构建研究框架，如图 7-11 所示。

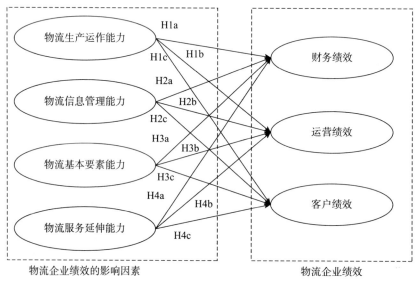

图 7-11　研究框架

三　数据处理

通过调查问卷，对物流企业绩效及其影响因素的评价指标进行李克特五分量表打分，进而对获取的数据进行量化分析。此次问卷调查在预测试的基础上进行，调查对象主要是江苏地区的物流企业，调查问卷通过网络数据平台进行发放。共发放 300 份问卷，经过初次筛选后有效问卷共 240 份，有效率为 80.0%。问卷调查的结果与实际情况相符合，并且满足本章研究所需。

（一）描述性分析

根据表 7-3 中各变量的描述性统计分析，各变量呈现如下特点：最小值介于 1 和 2 之间，最大值均为 5；变量的平均值集中在 3.45 和 3.75 之间，主要围绕 3.65 上下波动；所有变量的标准偏差均小于 1；偏度和峰度的范围均在 -1 和 1 之间。由此可知，各变量的平均值超过中值 3，这表明调查参与者对于各评价指标的重要性普遍持中等偏上的态度。同时，各变量的偏度和峰度均在 -1 和 1 之间，表明数据呈现近似正态分布的特点。这样的分布特征是结构方程模型分析所需的关键条件，从而说明此次调查所获得的样本数据完全符合结构方程模型的数据处理和分析要求。

表 7-3 变量描述性统计结果

变量	N	最小值	最大值	均值	标准偏差	偏度	峰度
A_1	240	2	5	3.67	0.963	-0.201	-0.781
A_2	240	1	5	3.71	0.999	-0.776	0.989
A_3	240	1	5	3.46	0.977	-0.483	0.510
B_1	240	2	5	3.63	0.924	-0.220	-0.606
B_2	240	1	5	3.71	0.999	-0.776	0.989
B_3	240	1	5	3.54	0.977	-0.432	0.696
C_1	240	2	5	3.54	0.884	-0.137	-0.504
C_2	240	1	5	3.58	0.974	-0.563	0.841
C_3	240	1	5	3.71	0.999	-0.776	0.989
D_1	240	1	5	3.58	0.974	-0.563	0.841
D_2	240	2	5	3.67	0.868	-0.129	-0.475
D_3	240	1	5	3.71	0.999	-0.776	0.989
E_1	240	2	5	3.63	0.711	-0.087	0.042
E_2	240	1	5	3.58	0.974	-0.870	0.967
E_3	240	1	5	3.71	0.999	-0.776	0.989

续表

变量	N	最小值	最大值	均值	标准偏差	偏度	峰度
F_1	240	1	5	3.50	0.978	-0.608	0.607
F_2	240	2	5	3.75	0.944	-0.127	-0.879
F_3	240	2	5	3.71	0.806	-0.481	0.168
G_1	240	2	5	3.71	0.908	-0.115	-0.690
G_2	240	2	5	3.71	0.955	-0.331	-0.643
G_3	240	1	5	3.58	0.974	-0.563	0.841

（二）信度分析

由表 7-4 可知，一方面，物流企业绩效影响因素的 4 个潜变量的 Cronbach's α 系数分别为 0.826、0.802、0.878、0.799，均大于 0.7；另一方面，物流企业绩效的 3 个潜变量的 Cronbach's α 系数分别为 0.872、0.852、0.848，同样均大于 0.7。由此可见，该量表的信度较高，量表设计符合结构方程的要求，可以进行下一步的研究分析。

表 7-4 信度分析结果

潜变量	可测变量个数	Cronbach's α 系数
物流生产运作能力 A	3	0.826
物流信息管理能力 B	3	0.802
物流基本要素能力 C	3	0.878
物流服务延伸能力 D	3	0.799
财务绩效 E	3	0.872
运营绩效 F	3	0.852
客户绩效 G	3	0.848

（三）效度分析

效度分析是对测量量表的有效性和准确性进行分析。本章主要运用结构分析中探索性因子分析（EFA）与验证性因子分析（CFA）的方法对调查问卷的样本数据进行效度分析。

1. 探索性因子分析

本章首先对物流企业绩效影响因素进行相关检验，检验结果如表 7-5、表 7-6 所示。

表 7-5　KMO 和 Bartlett 球形度检验

统计量		数值
KMO 值		0.704
Bartlett 球形度检验	近似卡方	151.120
	df	66
	p 值	0.000

表 7-6　总方差解释

成分	初始特征值			提取载荷平方和			旋转载荷平方和		
	特征值	方差贡献率（%）	累计（%）	特征值	方差贡献率（%）	累计（%）	特征值	方差贡献率（%）	累计（%）
1	4.480	37.336	37.336	4.480	37.336	37.336	3.994	33.286	33.286
2	2.966	24.718	62.054	2.966	24.718	62.054	2.319	19.327	52.613
3	1.264	10.533	72.587	1.264	10.533	72.587	2.319	19.327	71.940
4	0.877	7.308	79.895	0.877	7.308	79.895	0.955	7.955	79.895
5	0.627	5.225	85.121						
6	0.444	3.704	88.824						
7	0.414	3.453	92.277						
8	0.322	2.683	94.961						
9	0.200	1.667	96.627						
10	0.178	1.481	98.108						
11	0.132	1.102	99.211						
12	0.095	0.789	100.000						

注：提取方法为主成分分析法。

根据表 7-5 的结果可知，KMO 值为 0.704，大于 0.7，适合对物流企业绩效影响因素的 4 个潜变量进行因子分析；Bartlett 球形度检验中近似卡方为 151.120，df 为 66，p 值为 0.000，说明各变量间的相关性强，适合做因子分析。在此基础上，本章通过主成分分析法对其进行因子提取，具体结果如表 7-6 所示，4 个因子的初始特征值分别为 4.480、2.966、1.264、0.877，其累计方差贡献率为 79.895%。通过 SPSS 25.0 进行方差最大旋转，得到旋转后的因子载荷矩阵。因子载荷量大于

0.5，结构效度良好。根据此判断标准，对小于等于 0.5 的因子载荷进行删除，并对各因子进行命名，结果如表 7-7 所示。

表 7-7 探索性因子分析结果

编码	因子			
	1	2	3	4
C_1	0.848			
C_2	0.843			
C_3	0.875			
D_1		0.734		
D_2		0.828		
D_3		0.861		
A_1			0.873	
A_2			0.719	
A_3			0.879	
B_1				0.523
B_2				0.617
B_3				0.884
特征值	4.480	2.966	1.264	0.877
累计方差贡献率（%）	37.336	62.054	72.587	79.895
因子命名	物流基本要素能力	物流服务延伸能力	物流生产运作能力	物流信息管理能力

注：提取方法为主成分分析法；旋转方法为 Kaiser 标准化正态旋转法；旋转 6 次迭代后收敛。

对物流企业绩效进行相关检验，检验结果如表 7-8、表 7-9 所示。

表 7-8 KMO 和 Bartlett 球形度检验

统计量		数值
KMO 值		0.717
Bartlett 球形度检验	近似卡方	104.753
	df	36
	p 值	0.000

表 7-9 总方差解释

成分	初始特征值			提取载荷平方和			旋转载荷平方和		
	特征值	方差贡献率（%）	累计（%）	特征值	方差贡献率（%）	累计（%）	特征值	方差贡献率（%）	累计（%）
1	3.900	43.335	43.335	3.900	43.335	43.335	2.674	29.713	29.713
2	1.880	20.888	64.223	1.880	20.888	64.225	2.292	25.471	55.184
3	1.344	14.935	79.158	1.344	14.935	79.158	2.158	23.974	79.158
4	0.596	6.625	85.783						
5	0.406	4.513	90.296						
6	0.292	3.241	93.537						
7	0.278	3.089	96.626						
8	0.186	2.070	98.697						
9	0.117	1.303	100.000						

注：提取方法为主成分分析法。

根据表 7-8 的结果可知，KMO 值为 0.717，大于 0.7，适合对物流企业绩效的 3 个潜变量进因子分析；Bartlett 球形度检验中近似卡方为 104.753，df 为 36，p 值为 0.000，说明各变量间的相关性强，适合做因子分析。在此基础上，本章通过主成分分析法对物流企业绩效进行因子提取，结果如表 7-9 所示。3 个因子的初始特征值为 3.900、1.880、1.344，其累计方差贡献率 79.158%。通过 SPSS 25.0 进行方差最大旋转，得到旋转后的因子载荷矩阵。对小于等于 0.5 的因子载荷进行删除，并对各因子进行命名（见表 7-10）。

表 7-10 探索性因子分析结果

编码	因子		
	1	2	3
G_1	0.657		
G_2	0.882		
G_3	0.824		
F_1		0.899	
F_2		0.885	

续表

编码	因子		
	1	2	3
F_3		0.789	
E_1			0.878
E_2			0.818
E_3			0.845
特征值	3.900	1.880	1.344
累计方差贡献率（%）	43.335	64.223	79.158
因子命名	客户绩效	运营绩效	财务绩效

注：提取方法为主成分分析法；旋转方法为 Kaiser 标准化正态旋转法；旋转 5 次迭代后收敛。

综上所述，物流企业绩效影响因素的 4 个潜变量和物流企业绩效的 3 个潜变量均符合结构模型的效度要求。表明该量表的效度较高，可以使用样本数据进行模型构建。

2. 验证性因子分析

根据调查问卷的数据对物流企业绩效影响因素进行验证性因子分析，结果如表 7-11 所示。

表 7-11　物流企业绩效影响因素的验证性因子分析

路径	Estimate	S.E.	C.R.	p	STD.	SMC	1-SMC	CR	AVE
$A_1 \leftarrow A$	1				0.853	0.728	0.272		
$A_2 \leftarrow A$	1.117	0.097	11.545	***	0.739	0.546	0.454	0.776	0.642
$A_3 \leftarrow A$	1.157	0.098	11.720	***	0.809	0.654	0.346		
$B_1 \leftarrow B$	1				0.693	0.480	0.520		
$B_2 \leftarrow B$	1.123	0.116	10.968	***	0.747	0.558	0.442	0.815	0.597
$B_3 \leftarrow B$	1.212	0.121	10.245	***	0.864	0.764	0.236		
$C_1 \leftarrow C$	1				0.818	0.663	0.337		
$C_2 \leftarrow C$	1.084	0.108	11.612	***	0.853	0.728	0.272	0.888	0.725
$C_3 \leftarrow C$	1.225	0.110	12.257	***	0.885	0.783	0.217		

续表

路径	Estimate	S. E.	C. R.	p	STD.	SMC	1-SMC	CR	AVE
$D_1 \leftarrow D$	1				0.784	0.615	0.385		
$D_2 \leftarrow D$	1.089	0.109	10.813	***	0.838	0.702	0.298	0.861	0.675
$D_3 \leftarrow D$	1.201	0.132	11.108	***	0.841	0.707	0.293		
	$\chi^2 = 151.120$　　df = 66　　$\chi^2/\text{df} = 2.290$								
	RMSEA = 0.099　　GFI = 0.923　　AGFI = 0.912　　CFI = 0.945								

注：*** 代表 p≤0.001。

由表 7-11 可知，物流企业绩效影响因素的标准化因子负荷值（STD.）分布在 0.693 和 0.885 之间，均大于 0.5；同时，平均抽取方差（AVE）分别为 0.642、0.597、0.725、0.675，均大于 0.5。因此，物流企业绩效影响因素的数据聚合效度良好。

根据调查问卷的数据对物流企业绩效进行验证性因子分析，结果如表 7-12 所示。

表 7-12　物流企业绩效验证性因子分析

路径	Estimate	S. E.	C. R.	p	STD.	SMC	1-SMC	CR	AVE
$E_1 \leftarrow E$	1				0.876	0.767	0.233		
$E_2 \leftarrow E$	1.038	0.093	12.371	***	0.798	0.637	0.363	0.875	0.700
$E_3 \leftarrow E$	1.067	0.104	11.313	***	0.835	0.697	0.303		
$F_1 \leftarrow F$	1				0.879	0.773	0.227		
$F_2 \leftarrow F$	1.053	0.084	14.179	***	0.865	0.748	0.252	0.885	0.720
$F_3 \leftarrow F$	1.015	0.078	14.218	***	0.799	0.638	0.362		
$G_1 \leftarrow G$	1				0.757	0.573	0.427		
$G_2 \leftarrow G$	1.187	0.101	12.931	***	0.852	0.726	0.274	0.856	0.665
$G_3 \leftarrow G$	1.219	0.097	12.575	***	0.834	0.696	0.304		
	$\chi^2 = 104.753$　　df = 36　　$\chi^2/\text{df} = 2.910$								
	RMSEA = 0.085　　GFI = 0.931　　AGFI = 0.920　　CFI = 0.953								

注：*** 代表 p≤0.001。

由表 7-12 可知，物流企业绩效的标准化因子负荷值（STD.）分布在 0.757 和 0.879 之间，均大于 0.5；同时，平均抽取方差（AVE）分别为 0.700、0.720、0.665，均大于 0.5。因此，物流企业绩效的数据聚合效度良好。

综上所述，物流企业绩效各影响因素与物流企业各层面绩效的问卷调查数据的效度较好，适合用于结构方程模型的分析。

四 模型构建与求解

（一）结构方程模型检验

通过对 SEM 模型构建的文献进行研究，本章选取以下拟合度指数对模型进行检验，主要包括：卡方值（χ^2）、卡方值与自由度之比（χ^2/df）、拟合优度指数（GFI）、近似误差的均方根（RMSEA）以及比较拟合指数（CFI）。验证性因子分析的结果如表 7-13 所示。

表 7-13 模型拟合度指数

指标	χ^2	χ^2/df	GFI	RMSEA	CFI
标准	—	<5	>0.9	<0.1	>0.9
物流企业绩效影响因素	151.120	2.290	0.923	0.099	0.945
物流企业绩效	104.753	2.910	0.931	0.085	0.953

对照模型拟合度指数的统计值与标准值，可以发现物流企业绩效影响因素和物流企业绩效的模型适配度良好。在此基础上，运用 AMOS 21.0 对物流企业绩效影响因素的 4 个自变量与物流企业绩效的 3 个因变量进行验证性因子分析，具体结果如表 7-14、图 7-12 所示。

表 7-14 外生变量对内生变量验证性因子分析结果

路径	Estimate	S. E.	C. R.	p	STD.	SMC	1-SMC
$E \leftarrow A$	0.386	0.136	3.902	***	0.546	0.298	0.702
$F \leftarrow A$	0.629	0.141	4.514	***	0.647	0.419	0.581
$G \leftarrow A$	0.367	0.147	2.736	**	0.291	0.085	0.915
$E \leftarrow B$	0.129	0.141	0.250	Ns	-0.085	0.007	0.993

续表

路径	Estimate	S. E.	C. R.	p	STD.	SMC	1−SMC
$F \leftarrow B$	0.316	0.112	3.630	***	0.297	0.079	0.921
$G \leftarrow B$	0.591	0.139	4.514	***	0.674	0.454	0.546
$E \leftarrow C$	0.258	0.185	3.983	***	0.487	0.237	0.763
$F \leftarrow C$	0.280	0.091	3.989	***	0.464	0.215	0.785
$G \leftarrow C$	0.257	0.099	2.785	**	0.372	0.138	0.862
$E \leftarrow D$	0.371	0.182	2.974	**	0.286	0.082	0.918
$F \leftarrow D$	0.229	0.119	2.744	**	0.434	0.118	0.882
$G \leftarrow D$	0.703	0.117	5.604	***	0.809	0.654	0.346
	$\chi^2 = 1291.852$		df = 356		$\chi^2/df = 3.629$		
	RMSEA = 0.087	GFI = 0.925		AGFI = 0.914		CFI = 0.959	

注： *** 代表 p≤0.001， ** 代表 p≤0.01，Ns 代表 p>0.05。

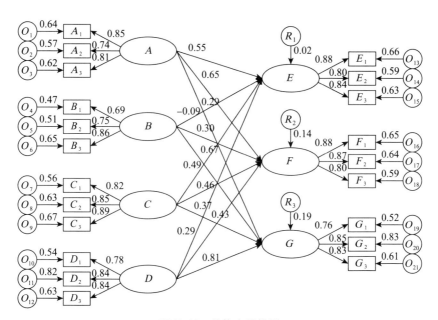

图 7-12 结构方程模型

由表 7-14 可知，χ^2 为 1291.852，df 为 356，χ^2/df 为 3.629，小于 5，模型适配度可以接受；RMSEA 为 0.087，小于 0.1，表明模型拟合度良好；GFI 为 0.925，CFI 为 0.959，介于 0 和 1 之间，且大于 0.9，

模型适配度良好。因此模型适配度可以接受。

（二）研究假设检验

根据 p 值与标准化路径系数大小，可对本章的研究假设进行检验（见表 7-15）。

表 7-15　假设检验

研究模型假设	p	标准化路径系数	研究结果
H1a：物流生产运作能力→财务绩效	***	0.55	支持
H1b：物流生产运作能力→运营绩效	***	0.65	支持
H1c：物流生产运作能力→客户绩效	**	0.29	支持
H2a：物流信息管理能力→财务绩效	Ns	−0.09	不支持
H2b：物流信息管理能力→运营绩效	***	0.30	支持
H2c：物流信息管理能力→客户绩效	***	0.67	支持
H3a：物流基本要素能力→财务绩效	***	0.49	支持
H3b：物流基本要素能力→运营绩效	***	0.46	支持
H3c：物流基本要素能力→客户绩效	**	0.37	支持
H4a：物流服务延伸能力→财务绩效	**	0.29	支持
H4b：物流服务延伸能力→运营绩效	**	0.43	支持
H4c：物流服务延伸能力→客户绩效	***	0.81	支持

注：*** 代表 $p \leqslant 0.001$，** 代表 $p \leqslant 0.01$，Ns 代表 $p > 0.05$。

由表 7-15 可知，物流生产运作能力对物流企业财务绩效、运营绩效和客户绩效的标准化路径系数分别为 0.55***、0.65***、0.29**，显著性良好。物流信息管理能力对物流企业财务绩效的标准化路径系数为−0.09；对运营绩效和客户绩效的标准化路径系数分别为 0.30*** 和 0.67***，显著性良好。物流基本要素能力对物流企业财务绩效、运营绩效和客户绩效的标准化路径系数分别为 0.49***、0.46***、0.37**，显著性良好。物流服务延伸能力对物流企业财务绩效、运营绩效和客户绩效的标准化路径系数分别为 0.29**、0.43**、0.81***，显著性良好。

（三）实证分析结论

由表 7-15 的数据可知，物流生产运作能力、物流基本要素能力和物流服务延伸能力对物流企业的绩效具有显著的正向作用，而物流信息管理能力在特定领域内也显示出其价值。

1. **财务绩效的影响因素**

物流生产运作能力、物流基本要素能力以及物流服务延伸能力与财务绩效的研究假设得到了支持。但物流信息管理能力对财务绩效的路径系数为 -0.09，假设不成立。根据标准化路径系数的大小可知，财务绩效的主要影响因素为物流生产运作能力（0.55^{***}）、物流基本要素能力（0.49^{***}）。因此，物流企业在制定提升财务绩效的策略时，应当着重考虑优化生产运作流程和加强基本要素的管理与应用。通过提高运作效率和优化资源配置，企业能够有效降低成本，增强盈利能力，从而实现财务绩效的整体提升。

2. **运营绩效的影响因素**

物流生产运作能力、物流信息管理能力、物流基本要素能力以及物流服务延伸能力与运营绩效的研究假设均得到了支持。但根据标准化路径系数的大小可知，运营绩效的主要影响因素为物流生产运作能力（0.65^{***}）、物流基本要素能力（0.46^{***}）、物流服务延伸能力（0.43^{***}）。因此，物流企业应当致力于提高生产运作的效率、优化物流基本要素的配置与管理，以及拓展物流服务的范围和提高物流服务的质量。通过以上改进措施，物流企业不仅可以提高运营效率，还能提升客户满意度和忠诚度，从而能够在竞争激烈的市场环境中有更好的绩效表现。

3. **客户绩效的影响因素**

物流生产运作能力、物流信息管理能力、物流基本要素能力以及物流服务延伸能力与客户绩效的研究假设均得到了支持。但根据标准化路径系数的大小可知，客户绩效的主要影响因素为物流信息管理能力（0.67^{***}）、物流服务延伸能力（0.81^{***}）。因此，为了提升客户绩效，企业应重点关注并提升物流信息管理能力和物流服务延伸能力。这不仅需要物流企业在技术和服务上进行创新和改进，还需要其在战略层面上重新评估和调整，以确保在激烈的市场竞争中保持优势，进而提升客户满意度和忠诚度。

第三节　物流企业转型升级驱动力分析

一　技术驱动力分析

（一）物联网

随着网络信息技术的不断进步，物流、资金流、信息流越来越依赖于互联网，而物联网则是利用互联网将各种信息和数据收集并结合起来，实现智能化识别和管理。物联网在军事、农业、医疗、环境、工业等领域应用广泛，在物流行业的作用越来越显著。物联网主要包括激光技术、射频识别技术、传感器技术、电子标签识别技术，它是利用通信网络将物流环节的各种实体物品连入互联网，便于在整个流程中更好地传输物品的数据信息、运输信息、配送信息等。此外，物联网还具有智能定位、实时跟踪功能，在突发公共卫生事件下确保物流企业能够远距离获取物资的实时状态。总体来说，物联网主要具备以下两大功能。一是信息处理功能。物联网的发展在很大程度上改变了传统物流行业的人工模式，人工模式收集分析突发公共卫生事件信息的能力远远不及网络大数据，还会耗费大量的人力、物力和财力。物联网的发展使物流企业可以利用大数据和云计算平台对突发公共卫生事件的信息进行及时收集处理，确保在最短时间内确定物资需求数量和运输方式。二是定位感知功能。物联网采用各种红外线、传感器技术，能够实现对物资状态的实时监控，包括物资的运输路径、运输速度等，改变了传统物流行业中很难对物资信息进行实时把控和定位的局面。物联网的应用可以推动物流行业向信息化方向发展。

（二）大数据

大数据是涵盖各种数据的数据集，大数据技术可以帮助物流企业全面、准确、系统地获取突发公共卫生事件的相关信息，使企业采取有效的应对措施。在功能上，大数据技术可以弥补物流企业在短时间内无法及时获取信息、存储信息、分析信息、处理信息的不足,其在物流行业的作用日益显现。物流企业在面对突发公共卫生事件时会对各种信息进行收集、处理、判断,如果只利用传统的人工模式会大大降低效率,而利用大数据技术可以大大提高物流效率。目前,大数据技术在应急信息收集、应急物资储备、应急物资配送等方面发挥了重要的作用,为物流企业的管理层提供了详细的数据,使其更加科学地制定应对措施,也在一定程度上促进了物流行业数据技术方面的升级。

(三) 人工智能

人工智能是一种延伸、模拟人的智能的新兴技术。虽然人工智能在物流行业的应用处于初步发展阶段,但是物流行业已经开始采用无人仓储、无人配送等方式,人工智能相较于人工模式具有高效率、低成本的优势。物流企业在应急管理过程中应用人工智能技术可以有效降低成本,促进物流行业向智能化方向发展。

(四) 区块链

区块链在某种程度上是一种信息共享技术,它分为私有区块链、公有区块链和联合区块链三种,将多方主体纳入其中,能够实现信息的共享。物流企业与供应链上的生产商、分销商和供应商组成一个完整的链条,各个主体之间紧密相连,沟通比较复杂,信息的传递可能会出现偏差,各个主体可能会发生纠纷。而在物流供应链管理过程中,使用区块链技术可以使各个环节的信息公开透明,保证信息传递顺畅,及时发现物资运送过程中存在的问题,有效解决供应链各主体间的问题。

上述四种新兴技术能够促进物流行业在发展模式、经营业态、物流技术等方面变革。目前,相比于西方发达国家,我国物流行业面临基础相对薄弱、创新能力不足、基础设施不完善、资金投入不足、运营模式落后等问题,这些问题制约着物流行业的进一步转型升级,而新兴技术能够在技术层面、组织层面、信息层面推动物流行业发生变革,使传统物流行业转型升级为新的产业业态。物流行业的转型升级离不开新兴技术的支撑,新兴技术能够补齐物流行业的短板。新兴技术能够促进物流信息共享，推动物流行业信息化发展，实现资源合理配置；新兴技术可以将多方主体纳入同一平台，实现物流行业的协同发展；新兴技术可以推动物流行业智能化发展，实现物流各个环节有效衔接和理性决策。

二 市场驱动力分析

（一）新零售模式驱动

最初的零售模式是个人、企业单独在线上或线下销售，二者并未同时存在，销售模式具有一定的局限性。线下销售模式需要花费大量人力、财力、物力等，成本较高、花费时间较长，但客户的体验感强，对产品有直接的感官体验。线上销售模式成本较低、广告传播效果较好，但可能会导致消费者对产品缺乏直观体验。二者有利有弊，于是出现了一种个人用户和企业之间以互联网为载体，通过先进技术手段销售的新零售模式。新零售模式的发展得到了诸如大数据、物联网和云计算等智能技术的支持，这些技术代表了现代科技的发展方向。这些技术可以用于优化商品的生产、流通和销售过程。这进一步改变了零售业的业态结构和生态圈，实现了线上服务、线下体验以及现代物流的深度融合，创造了全新的零售模式。[①] 当前，为消费者提供可以摆脱固定时间、固定空间限制的崭新购物方式，是许多销售端企业实施"新零售"战略的主要目标之一。

（二）市场拉力运营模式驱动

传统零售在向新零售转型的过程中，以市场需求为出发点，智能发展和提效增益两手抓，这为新零售的发展奠定了基础。在新冠疫情的影响下，线上零售呈爆发式增长。对于零售行业来说，突发公共卫生事件推动了线上零售的发展，而物流服务在其中扮演着必不可少的角色，在购买、保存、销售等业务活动中承担着商品储存与流转的重要职能。伴随着新零售的到来，传统物流行业难以满足庞大的新零售消

---

① 徐俪凤、梅莉：《消费升级背景下新零售业核心竞争力及提升路径》，《商业经济研究》2022年第2期。

费需求，物流业应通过模式改造和转型变革加快适应新零售的发展
节奏。

三　需求驱动力分析

需求在经济学领域，常常指消费者购买某商品或劳务的欲望和能
力。随着经济社会的发展，人均可支配收入快速提升，消费者的需求也
在逐渐改变，企业需把握好消费者需求变化的四个关键阶段，并以此调
整企业的经营模式，把握创收时机。

（一）数量满足阶段

在商品经济的初级阶段，由于生产力、经济条件不高和物质资源供
给不足，限制了社会公众的购买力，大部分消费者在消费的时候会优先
考虑生活必需品。在这个阶段，社会公众可以为了满足最基本的生存需
要而忽略商品的质量。随着经济社会的发展，消费者的购买需求被不断
刺激，当一种需求得到满足时，另一种需求又会产生。消费需求总是由
低级向高级发展，由简单向复杂发展。

（二）质量满足阶段

消费者心理需求的变化往往与现实生活环境以及当下生产技术的发
展息息相关。随着大众消费观念、时尚潮流话题、工作环境的改变，文化
艺术的渲染，包装、广告等数不清的诱导因子都在潜移默化地影响着消费
者需求。伴随着改革开放的深入，社会公众的收入水平也在不断提高，对
商品的需求也在变化，商品开始向高品质、多样化、差异化等方向发展。

（三）情感满足阶段

进入信息社会后，社会公众的生活节奏日益加快，已不满足于商品
的功能、数量、质量等，而是更加注重精神层面上的需求。当社会公众
购买、使用某种物品时，不只要求能够使用它，而且越来越追求在购
买、使用物品过程中所产生的心理感受。其需求已经逐步推进到情感满
足阶段，更看重的是商品服务的心理价值，即商品可以给自己带来更多
的附加值，如荣誉感、身份感等。

（四）个性化、多样化满足阶段

随着互联网时代的到来，社会公众的消费习惯和生活方式发生了翻天覆地的改变，由原先只在意温饱转变为现在的专属定制、追求个性化。社会公众不仅在意商品自身的质量、功能、价值，更追求商品的与众不同，体现自己独特的个性。正是这样的需求，推动了商品向个性化、多样化方向发展，企业需要不断地去进行创新，根据消费者不断变化的需求及时调整企业的生产方式、经营模式，不断提高消费者的满意度，尽可能地满足消费者的个性化需求，从而获得消费者的认可。

第四节　物流企业高质量发展评价

一　物流企业高质量发展评价指标体系构建原则

构建评价指标体系是评价研究对象的基础与关键，是基于研究对象自身的特点，选取一系列指标。王佳提出评价指标选取要遵循实用性、易操作性、全面性、定量性与科学性等原则[①]；王丽丽在高校教师科研绩效量化评价研究中，按照系统性、可行性、层次性、定量与定性相结合等原则对评价指标进行选取[②]。本章结合物流企业高质量发展的相关研究，遵循以下几个原则选取指标。

（一）科学性原则

指标体系的构建是在对现有文献的研究基础上进行的，有科学的依据作为支撑。评价结果的可信度取决于信息收集的合理性与可靠性，而信息收集的合理性与可靠性又是建立在科学性的基础之上的。因而，对于获取到的数据，应筛选出与本章研究内容有关的数据，剔除与研究内容无关的数据，从而减少误差、提高准确性。

---

① 王佳：《我国林权制度改革绩效及影响因素研究》，博士学位论文，东北农业大学，2020，第66页。
② 王丽丽：《高校教师科研绩效量化评价研究》，博士学位论文，哈尔滨师范大学，2017，第62页。

（二）全面性原则

评价指标的选取不能从研究对象的一个层面进行，而应从不同的影响层面，全面、系统地考虑评价指标存在的可能性。对于本章研究中物流企业高质量发展评价指标的选取，应从物流企业高质量发展与其影响因素两个层面进行。

（三）可行性原则

对于评价指标的选取，应注重指标内容的简洁性，文字表述要通俗易懂，目的意义要简要明确。选取的指标要有利于评估人员的正确理解与操作，有利于评价指标在实际评价工作中的应用，而不可直接用量化指标对其进行定性的分析。

（四）定量与定性相结合原则

为了保证评价结果的客观性，应对评价指标进行量化分析，进而所构建的评价指标应分为定性与定量两类。本章在研究过程中，运用问卷调查数据对相关评价指标进行量化研究，从而在分析评价结果时，有了相关的权重数据作为定性评价的基础，确保了评价的客观性。

二　物流企业高质量发展评价指标

目前，我国经济已经从高速增长阶段转变为高质量发展阶段，大数据、人工智能、物联网等高新技术迅猛发展，物流业进入新的发展阶段。从消费者需求来看，自改革开放以来，我国人均 GDP 持续增长，消费者需求由“有”向“好”转变，消费需求升级。这要求物流企业提供高附加值、高品质、高时效性的服务，以满足人民日益增长的美好生活需要。从市场体系发展需求来看，打造现代物流体系，促进物流企业高质量发展，有助于盘活实体经济，帮助物流企业降本增效，更好地发挥市场在资源配置中的决定性作用，为形成具有良好秩序的现代市场体系打好基础。从供应链体系来看，全球供应链体系发展进入新阶段，我国应抓住机遇，加快供应链体系建设，扩大国内外市场，推动国内国际市场双向互通。综上所述，在互联网浪潮的推动下，当前物流企业高质量发展的主要内涵是：在"双碳"背景下发挥物流集群效应，坚持提供高效率、高品质的物流服务，以创新驱动物流产业转型升级。

物流业作为支撑国民经济发展的基础性、战略性、先导性产业，在新时期经济高质量发展的过程中扮演着重要角色。本章从经济发展质量、创新驱动发展能力、绿色发展要求、政府支持力度、信息技术共享五个方面构建出一套包含 5 个一级指标、13 个二级指标的衡量物流企业高质量发展水平的指标体系（见表 7-16）。

表 7-16　物流企业高质量发展评价指标体系

一级指标	二级指标	性质
经济发展质量	社会消费品零售总额（亿元）X_1	+
	地区生产总值（亿元）X_2	+
	货物周转量（亿吨公里）X_3	+
创新发展质量	交通运输、仓储和邮政从业人数（万人）X_4	+
	专利申请授权量（件）X_5	+
绿色生态发展	物流业能源消耗量（万吨）X_6	−
	二氧化碳排放量（万吨）X_7	−
	财政环境保护支出（亿元）X_8	+
政府政策支持	交通与运输财政支出（亿元）X_9	+
	公铁内河航道营业里程（万公里）X_{10}	+
	物流业新政策发布（个）X_{11}	+
信息共享能力	平均每一营业网点服务人口（万人）X_{12}	−
	每百家企业拥有网站数（个）X_{13}	+
	企业信息化及电子商务（个）X_{14}	+

注："+"为正向指标"−"为逆向指标。

（一）经济发展质量

经济发展质量是衡量物流企业高质量发展水平的指标之一。随着经济发展水平不断提高，我国在社会保障、基层服务、交通道路等方面的投入增加。同时，伴随着技术水平和劳动生产率的提高，新型消费进一步带动物流企业转型升级。因此，在衡量物流企业高质量发展水平时，需要将区域经济发展水平纳入指标体系。本章选取了社会消费品零售总额、地区生产总值、货物周转量三个指标来衡量经济发展质量。其中，最直接体现国内消费需求的指标是社会消费品零售总额，它是分析国内零售市场情况、反映经济好坏的重要指标。而货物周转量是一定时期内，利用不同种类的运输工具实际完成的运送量和运送距离计算出的货物运输量。

（二）创新发展质量

传统物流行业在处理物流信息时，呈现效率低、成本高等特点。随着数字技术的发展，物流行业技术创新刻不容缓。物流企业高质量发展需要以创新作为驱动力，推动企业降本增效，促进行业"向好向优"发展。本章以交通运输、仓储和邮政从业人数以及专利申请授权量作为衡量物流企业创新发展质量的指标。

（三）绿色生态发展

"绿水青山就是金山银山"是新时期绿色生态发展理念。"双碳"背景下衡量物流企业高质量发展不能忽视企业发展对周边环境的影响，物流企业在转型升级的同时，要树立绿色发展理念，加强绿色技术创新与推广。本章选取物流业能源消耗量和二氧化碳排放量两个指标来衡量物流企业的低碳发展能力，同时选取财政环境保护支出来衡量环保投入水平。

（四）政府政策支持

任何一个行业的发展都离不开政府的大力支持，随着社会经济的发展，为防止市场出现恶性竞争、稳定社会经济，各级相关政府部门会制定一些有利于行业发展的政策来扶持行业中的企业发展。政府的支持行为，一方面可以弥补行业中部分企业的发展短板，使企业在发展中更加具有竞争力，提升企业适应市场的能力；另一方面可以提升企业市场影响力，树立行业标杆，引领行业高质量发展。本章选取了交通与运输财政支出、公铁内河航道营业里程、物流业新政策发布作为衡量政府政策支持的指标。

（五）信息共享能力

一方面，信息共享可以使物流企业有效地整合运输、装卸、仓储等各个环节的物流信息，推动物流企业降本增效，提高行业工作效率，保证物流服务质量。另一方面，提升物流企业信息共享能力可以最大限度地节约社会资源，避免重复劳动、重复投资，提高资源利用率，降低物流企业实际运营成本并进行合理的资源配置。本章选取平均每一营业网点服务人口、每百家企业拥有网站数、企业信息化及电子商务三个指标来衡量物流企业高质量发展的信息共享能力。

三 物流企业高质量发展的实证分析

（一）数据来源及处理

本书对2014~2021年《江苏统计年鉴》中14个指标的数据进行收集整理（见表7-17），并采用熵值法对指标权重与高质量发展指数进行测算。

表 7-17 原始数据

指标	2013 年	2014 年	2015 年	2016 年	2017 年	2018 年	2019 年	2020 年
X_1	20878.2	23458.1	26710.1	29612.5	32818.2	35472.6	37672.5	37086.1
X_2	59349.4	64830.5	71255.9	77350.9	85869.8	93207.6	98656.8	102719
X_3	9924.59	10417.86	8270.23	7653.78	9057.6	8969.29	9947.68	10895.72
X_4	137.7	145.9	150.7	166.4	193.1	219.3	228.1	182.87
X_5	239645	200032	250290	231033	227187	306996	314395	499167
X_6	27946.07	26912.61	27209.12	28048.13	26620.03	25407.28	24902.05	26907.92
X_7	94.7	90.47	83.51	57.8	38.32	31.68	28.46	11.26
X_8	229.18	237.78	308.45	285.11	292.1	317.99	372.77	336.9
X_9	448.58	496.93	547.81	511.81	482.13	497.95	574.95	550.83
X_{10}	18.3	18.46	18.59	18.45	18.57	18.62	18.79	18.67
X_{11}	158	123	357	354	179	188	158	338
X_{12}	0.89	0.67	0.73	0.6	0.53	0.53	0.38	0.39
X_{13}	73	63	64	64	64	61	60	55
X_{14}	104560	103661	102423	103749	100429	103460	104951	120188

资料来源：2014~2021年《江苏统计年鉴》。

（二）建立初始数据矩阵

根据衡量物流企业高质量发展水平的 m 个年份的 n 个指标建立评价矩阵，表示第 i 年的第 j 个指标的数值。其中，$i = 1，2，\cdots，m$；$j = 1，2，\cdots，n$。

（三）数据标准化处理

收集到的数据计量单位不一致，为了确保数据的一致性，需要对原始数据进行标准化处理，处理公式如下。

正向指标：

$$X'_{ij} = \frac{X_j - \min\{X_j\}}{\max\{X_j\} - \min\{X_j\}} \tag{7-1}$$

负项指标：

$$X'_{ij} = \frac{\max\{X_j\} - X_{ij}}{\max\{X_j\} - \min\{X_j\}} \tag{7-2}$$

计算第 i 年的第 j 个指标值的比重：

$$Y_{ij} = \frac{X'_{ij}}{\sum\limits_{i=1}^{m} X'_{ij}} \tag{7-3}$$

计算指标信息熵：

$$e_j = -k \sum\limits_{i=1}^{m} (Y_{ij} \times \ln Y_{ij}) \tag{7-4}$$

计算信息熵冗余度：

$$d_j = 1 - e_j \tag{7-5}$$

计算指标权重：

$$W_i = d_j / \sum\limits_{j=1}^{n} d_j \tag{7-6}$$

计算单指标评价得分：

$$S_{ij} = \sum\limits_{i=1}^{n} (W_i \times Y_{ij}) \tag{7-7}$$

式（7-1）～式（7-7）中，X_{ij} 表示第 i 年第 j 个指标值，$\min\{X_j\}$ 和 $\max\{X_j\}$ 分别为所有年份中第 j 个指标的最小值和最大值，$k = \dfrac{1}{\ln m}$，其中 m 为年数，n 为指标数。原始数据标准化处理结果和各级指标权重分别见表 7-18 和表 7-19。

表 7-18　原始数据标准化处理结果

指标	2013 年	2014 年	2015 年	2016 年	2017 年	2018 年	2019 年	2020 年
X_1	0.000100	0.153718	0.347355	0.520175	0.711056	0.869109	1.000100	0.965183
X_2	0.000100	0.126481	0.274636	0.415172	0.611597	0.780790	0.906435	1.000100
X_3	0.700548	0.852701	0.190248	0.000100	0.433119	0.405879	0.707670	1.000100
X_4	0.000100	0.090808	0.143905	0.317578	0.612932	0.902755	1.000100	0.499768
X_5	0.132525	0.000100	0.168111	0.103735	0.090878	0.357678	0.382412	1.000100
X_6	0.032540	0.361032	0.266784	0.000100	0.454030	0.839510	1.000100	0.362522
X_7	0.000100	0.050795	0.134208	0.442334	0.675795	0.755373	0.793964	1.000100
X_8	0.000100	0.059993	0.552158	0.389612	0.438292	0.618597	1.000100	0.750292
X_9	0.000100	0.382707	0.785334	0.500456	0.265590	0.390778	1.000100	0.809232
X_{10}	0.000100	0.326631	0.591937	0.306222	0.551120	0.653161	1.000100	0.755202
X_{11}	0.149673	0.000100	1.000100	0.987279	0.239416	0.277878	0.149673	0.918903
X_{12}	0.000100	0.431473	0.313825	0.568727	0.705982	0.705982	1.000100	0.980492
X_{13}	1.000100	0.444544	0.500100	0.500100	0.500100	0.333433	0.277878	0.000100
X_{14}	0.209169	0.163671	0.101016	0.168125	0.000100	0.153498	0.228958	1.000100

表 7-19　各级指标权重

一级指标	权重	二级指标	权重
经济发展质量	0.17691	X_1	0.05847
		X_2	0.06514
		X_3	0.05330
创新发展质量	0.19421	X_4	0.08217
		X_5	0.11204
绿色生态发展	0.23087	X_6	0.08387
		X_7	0.08160
		X_8	0.06539

续表

一级指标	权重	二级指标	权重
政府政策支持	0.19016	X_9	0.05174
		X_{10}	0.04675
		X_{11}	0.09167
信息共享能力	0.20785	X_{12}	0.04563
		X_{13}	0.04897
		X_{14}	0.11325

（四）计算结果分析

1. 指标权重分析

为了对物流企业高质量发展水平做出准确评价，本章运用熵值法计算出各指标的权重。由表 7-19 可知，在本章选取的 14 个指标中，对物流企业高质量发展最重要的 3 个一级指标分别为绿色生态发展、信息共享能力和创新发展质量。

绿色生态发展在整个评价体系中的权重约为 23.09%，对物流企业的高质量发展影响最大。物流企业在发展中充分考虑"绿色因素"的影响，有助于企业转型升级和国家创新战略推进。在"双碳"背景下，减少物流业能源消耗和二氧化碳排放量，积极应用新能源物流车进行物流运输和配送，对于实现物流企业高质量发展尤其重要。在评价体系中排名第二的是信息共享能力，占比约 20.79%。传统物流企业在运输、储存、装卸、搬运、包装等环节中普遍存在信息不对称、标准不统一、效率偏低、成本偏高等痛点。随着信息技术的发展，物流企业有了新的管理方式，物流信息处理是其基本功能之一。信息技术发展水平越高，物流企业发展效率和质量也就越高。因此，物流信息化水平也对物流企业高质量发展有着重要影响，推动物流企业高质量发展必须从提高物流信息化水平着手。在评价体系中排名第三的是创新发展质量，占比约 19.42%。该指标体现了物流企业对自身技术创新的投入。近年来，随着政府陆续出台促进物流企业智能化发展的相关激励政策，5G、人工智能、AR、无人驾驶等新兴技术陆续被应用于物流企业的各个环节。

同时，物流企业从新冠疫情中汲取经验和教训，对传统物流运营方式进行了创新，出现了无接触式配送、配送企业数字化转型、新基建赋能城乡配送等。新兴技术的使用和传统物流运营方式的创新降低了企业物流运营成本，对提高物流企业的经济效益起到了重要的作用。

2.2013~2020年江苏省物流企业高质量发展排名分析

本章通过构建物流企业高质量发展评价指标体系，选取江苏省2013~2020年的相关指标进行高质量发展排名分析。由表7-20和图7-13可知，2013~2020年江苏省物流企业高质量发展综合评价指数呈递增趋势，其发展大致可分为两个阶段：低速发展阶段（2013~2017年）和高速发展阶段（2017~2020年）。

表 7-20　2013~2020 年江苏省物流企业高质量发展排名

年份	综合评价指数	排名
2020	0.18512	1
2019	0.16082	2
2018	0.12536	3
2017	0.09331	4
2015	0.08303	5
2016	0.08017	6
2014	0.05230	7
2013	0.03843	8

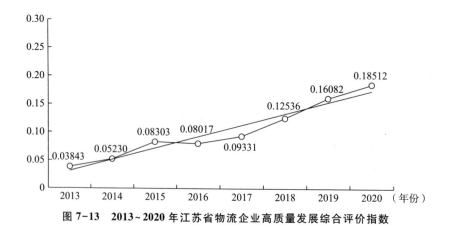

图 7-13　2013~2020 年江苏省物流企业高质量发展综合评价指数

第一阶段：低速发展阶段（2013~2017年）。在该阶段中，江苏省物流业基础设施逐渐完善并开始进入整合阶段。伴随着"互联网+"模式下电子商务、供应链管理等新兴业态涌现，江苏省内物流业规模不断扩大。同时，江苏省积极打造供需对接、集约化运作的物流平台，利用平台对物流各个环节的功能进行集成，为物流业的发展带来集聚效应。但由于区域物流基础设施资源配置不均衡、多元化物流运输方式衔接效率低、行业内产品结构单一，江苏省物流企业的发展在此阶段受到一定影响。首先，江苏省内经济发展不平衡导致物流基础设施完善程度也不均衡，在很大程度上降低了物流企业的运营效率。其次，省内海、陆、空运输网络建设在国内处于领先的地位，但在该阶段并没有发挥出多式联运的优势。相反，由于各运输方式之间无法有效衔接，运输效率降低。最后，大部分物流企业只能提供单一的物流服务，缺乏规模化的全程式服务，这也是制约该阶段物流企业发展的因素之一。

第二阶段：高速发展阶段（2017~2020年）。自"十三五"以来，江苏省物流业逐渐成为全省国民经济的支柱性产业之一。仅2018年上半年，全省社会物流总额就高达16.1万元，物流业增加值达2020亿元。2019年，物流规模扩大，全省社会物流总额达31.88万元，物流业增加值达5778.79亿元。与此同时，截至2020年3月，全省A级物流企业共639家，在全国范围内居前列。近年来，江苏省物流业发展重心集中在优化货物运输结构、提升集约化水平、改善高质量发展环境等方面。但由于受到中美贸易摩擦影响，江苏省进口货物物流总额同比减少5.9%，加之受新冠疫情影响，高耗能物流和大宗商品物流需求降低，省内经济短时间内出现大规模下滑。疫情带来挑战的同时也为物流业发展带来了新的机遇。一方面，无接触配送、共享物流、网络货运平台等新兴业态在疫情期间崛起。另一方面，疫情也推动了物流产业链数字化转型，扩大了物流企业数字化运营范围。

综上所述，江苏省物流企业发展水平在国内处于领先地位。当下，江苏省和共建"一带一路"国家积极开展物流合作，创新物流业和制造业的深度融合模式，最大限度地挖掘物流数据价值，为建设智能物流提供信息服务。随着物流行业新旧动能转换，江苏省智慧物流建设将迎来新机遇。

第五节　关于物流企业高质量发展的对策建议

面对突发公共卫生事件带来的挑战与机遇，陕西省内物流企业亟须探索一条高质量发展之路。本节通过借鉴江苏省在物流领域积累的丰富经验和创新策略，提出了一系列针对性的对策建议。旨在帮助陕西省物流企业提升应急响应能力、推动数字化转型与智能化升级，以及加强绿色物流与可持续发展等，从而在应对突发公共卫生事件的同时，实现转型升级与高质量发展。

一　加强政府政策支持与引导，促进物流企业绿色转型

物流企业的高质量发展离不开政府的大力支持，目前大部分的物流产业政策仍然指向传统的物流产业，发展绿色物流的具体措施和实施细则很少，针对绿色物流产业具体运作过程的法律法规体系尚未形成。因此，政府应制定发展绿色物流的具体规划和法律法规，为物流企业绿色转型提供制度保障。一是结合国家发布的物流业最新政策，通过物流服务平台和相关培训，指导物流企业用好用足相关政策，从而推动企业积极开展绿色物流行动。二是政府部门间加强协调，加强对绿色物流的经济政策扶持，进一步细化绿色物流的发展方案，引导物流企业在发展绿色物流的过程中引入"碳标签"理念，使企业主导推行碳标签在绿色物流领域的运用，消费者积极响应，从而促进物流领域"碳中和"，形成政府引导、企业主导、社会公众参与的局面。三是构建物流各环节碳排放追踪系统，并向消费者展示个人消费活动在物流环节所产生的碳排放，提升全体人民对物流环节碳排放的认知水平。

二　加速建立数字化信息交互渠道，提高物流信息服务水平

随着服务设施的网络化、数字化、智能化发展，作为连接企业内外环境的信息枢纽，信息交互渠道也应朝着数字化方向发展。数字化信息交互渠道的建立可以提高物流企业信息的透明度，提高对客户信息的获取与处理效率，提高对客户的信息服务水平，提升客户的满意度，进而提高物流企业的客户绩效。对此，首先应加大对数字化信息交互渠道的投资力度，减少突发公共事件下物流企业和客户之间的信息交互障碍，保证信息交互的及时性和渠道的畅通性，进一步提高信息服务水平，促进物流企业高质量发展。其次要加强对数字化信息交互渠道的管理。在突发公共卫生事件下，物流企业充分运用大数据平台对信息交互渠道进行管理，可准确预测客户的需求信息，提高客户信息的处理效率，保证信息交互的准确性与准时性，从而有利于提升物流信息服务水平，提高客户的满意度，提升企业客户绩效。因此，对数字化信息交互渠道进行投资与管理，有助于提高物流信息服务水平，提高客户满意度、回头率，进而有助于物流企业高质量发展。

三　促进物流企业智能化发展，优化物流企业运营机制

随着社会科技水平的提高、互联网技术的快速发展，物流企业的运营机制应向智能化方向转型。在突发公共卫生事件下，物流企业工作人员短缺、复工困难，设施设备运营的水平较低，导致物流企业供应链中断，生产运营受阻。对此，首先应运用智能化技术替代传统的人工作业，如机器人、人工智能技术等。这样既可以缓解突发公共卫生事件下人力资源不足的问题，又能大幅度提高作业效率，减少运营的安全隐患。其次应提高设施设备的智能化水平，建立智能化立体仓库，运用无人机车进行货物的运输与配送，提高仓库设备的作业水平，大大降低因突发公共卫生事件产生的道路运营受阻的负面影响，提高设施设备的运营绩效。因此，物流企业整个生产运营系统应加快智能化发展，物流企

业的运营机制应向智能化方向进行升级与优化，以促进物流企业高质量发展。

四 拓展物流企业的服务维度，构建平台化运营模式

一方面，物流企业应拓展自身的服务维度，开发潜在的增值服务，如资源整合、信息共享等。相比其他物流企业，顺丰和京东之所以能成功地应对突发公共卫生事件，是因为它们具有更强的资源整合与调配能力，能够重新组合企业的闲置资源，缓解企业运营资源不足、业务停顿等压力，进而提高物流作业效率。另一方面，物流企业运营模式应向平台化方向转型，打破传统的"各自为营"模式，实现数据开放共享与服务的一体化。将现有的单一制仓储配送等服务模式升级为"共享模式"，有利于提高物流作业效率，提升物流业务水平。因此，物流企业应加强平台化运营模式的构建，开发多维度的物流延伸服务，提高物流企业作业效率与业务水平，进而促进物流企业高质量发展。

五 加强无接触式"最后一公里"服务，创新物流服务技术

物流企业的服务延伸能力对客户绩效有着正向的影响。物流服务技术的创新，可以保证物流企业拥有更强的市场竞争优势，获取更多的市场份额，也有利于提升客户服务满意度。在新冠疫情的影响下，物流企业"最后一公里"的配送服务由于封村封路及人员隔离等遇到了困难。物流企业难以将货物完好准时地交至客户的手中，客户对于延迟且破损率高的货物交货满意度下降。对此，物流企业应加强无接触式"最后一公里"服务，采用无人配送智能车、无人配送飞机等新型科技产品完成末端配送工作。这样既减少了人员接触，又准时高质量地完成了"最后一公里"配送，提升了客户满意度与物流服务市场的占有率。同时，物流企业还应升级物流服务设备，加强对5G、云计算等科学技术的运用，将物流与科技紧密结合。当突发公共卫生事件发生时，运用先进的物流服务设备可以获得更多消费者的支持，占据更大的市场份额，为客户提

供优质的服务。因此，物流企业加强无接触式"最后一公里"的服务，创新物流服务技术，可以在突发公共卫生事件下拥有更多的客户与市场，提高企业的客户绩效。

六 构建物流运作的风险预警系统，减少企业财务亏损

突发公共卫生事件发生后，物流企业难以准确预测其对供应市场的影响，业务运作受阻，财务收入下降。对此，物流企业应构建物流运作的风险预警系统，以减少财务亏损，提升财务绩效。首先，建立风险预警专业部门，打造风险预警团队。在突发公共卫生事件下，风险预警团队可以为企业调整经营战略，缓解企业物流中断、货物堆积等造成的经营压力，保证物流企业能够正常运作，减少其财务损失。其次，在风险预警的前提下，物流企业应增强运作的柔性。物流企业应根据对多次风险经历的总结，与整条供应链上的企业协商确定仓库的安全值，寻求企业快速反应与安全库存的平衡点。风险预警系统的构建，有利于物流企业拥有足够的供应柔性和采用正确的经营战略，从而有利于提高企业的营业收入、减少损失，进而实现企业财务绩效的提升。

第四篇

保障机制篇

完善保障机制 稳固企业生产

随着 2003 年"非典"疫情、2020 年"新型冠状病毒"疫情等突发公共卫生事件的发生，我国在处理该类事件上的应急能力逐步加强。物流是循环的重要动力，在疫情期间，我国物流企业多次暴露出应对突发公共卫生事件的应急能力不足，导致物资供应不及时，无法满足一线物资需求。应急物流保障机制是国家为应对各类自然灾害、突发性公共事件而提供的应急物流保障措施。而物流在企业复工复产中发挥着"生命线""先行军"的保障作用。因此，如何完善应急物流保障机制，稳固企业生产，成为企业应对突发公共卫生事件时亟待解决的重大问题。

与国外发达国家相比，我国在应急物流保障机制构建的研究方面还存在一定差距。近年来，随着各类突发公共事件的发生，我国在应急物流保障机制方面存在的短板不断暴露。目前，由各级政府、物流行业以及物流企业所形成的多方联动机制尚未高效运作。此外，在应急物流设施设备资源保障、应急物流信息共享、应急物资储备及应急物流补偿等方面还没有建立起完善的运营机制，使得应急物流运作出现短板。为此，必须高度重视应急物流保障机制建设，充分发挥应急物流在应对突发事件方面所起到的重要支撑作用，增强应对突发公共卫生事件时的主动性。

应急物流保障机制涉及多部门密切配合、环节复杂、对时效性要求极高，其运作效率需要完善的应急物流组织管理机制作保障。为此，本章在借鉴发达国家先进组织管理经验以及案例研究的基础上构建了物流应急管理体系，并基于 4R 模型构建了物流企业运作与安全保障机制，包括突发公共卫生事件监测、预警、发生、解决四个层面的保障机制，提出物流企业应在财务管理方面、科学技术方面、人员管理方面、基础设施建设方面加强保障，形成多方协同联动机制。

第八章 突发公共卫生事件下物流企业应急管理体系

第一节 中国物流企业应急管理体系发展现状

我国对应急物流的研究起步较晚，国内外学者对应急物流的认知也不尽相同。欧忠文等提出应急物流是指在突发公共卫生事件或突发性自然灾害等紧急情况下，以为事件发生地提供应急物资为主要目的，在此基础上，实现灾害损失最小化、应急成本最低化和时间效益最大化的特殊物流活动。[①] 从上述定义中可以看出，应急物流属于物流的一种，但是它又与物流存在差别，它不以追求利益为目标，而是在降低成本的基础上尽可能地缩短物资的运输时间，最大限度地减少灾害损失，在某种层面上它是一种特殊化的物流形式。应急物流的起因在于突发公共卫生事件的不可预测性、突发性、随机性、强时效性、急迫性、非常规性、弱经济性以及参与主体的多样性和物资采购的地域性等。

学术界将突发公共事件分为四类：自然灾害、事故灾害、公共卫生事件以及社会安全事件。通过梳理相关理论研究发现，目前大多数关于突发公共卫生事件的理论研究是从应急管理角度出发，从多方面完善应急管理工作以应对突发公共卫生事件的暴发。[②] 姚杰等提出应急管理是

---

① 欧忠文、王会云、姜大立等：《应急物流》，《重庆大学学报》（自然科学版）2004年第3期。
② 童星：《中国应急管理的演化历程与当前趋势》，《公共管理与政策评论》2018年第6期。

指事前对突发公共事件进行监测预警、事中采取措施对突发公共事件进行控制和处理、事后针对事件发生地的重建与恢复，其主要包含具体实践过程中的指导调度和理论层面上的制度安排两个方面。[①]

近年来，突发公共卫生事件增多，从 2003 年暴发的"非典"到 2020 年的新冠疫情，暴露出我国在应急物流管理方面存在很多缺陷与不足。物流企业应建立安全高效、切实可行和完整的应急管理体系，以最大限度地降低突发公共卫生事件对社会公众的影响，并且该体系要具有事前预警、事中控制以及事后恢复和学习的保障作用，能够最大限度地控制和减少突发公共卫生事件带来的不良影响。因此，结合我国当前实际情况，建立一套符合中国特色的现代应急管理体系显得尤为重要。

构建应急管理体系的目的是满足突发性的物流需求，该体系能够将应急物流中的各个环节、元素和实体组合在一起，进而形成一个相互依赖、相互作用、相互联结、相互协调的高效有机体系。它具有联结性、时效性、共享性、开放性、协同性、快速反应性和可扩展性等特点。关于我国物流企业应急管理体系构建的目的，不少学者提出了自己的观点。孟参和王长琼认为构建应急物流管理体系的主要目的是实现物资在时间和空间上的合理配置，使物流活动中的各环节能够做到有序合理衔接。[②] 王旭坪等指出构建应急管理体系有两个基本目的，即提高体系在突发公共卫生事件下的快速反应能力与增强应急管理体系的可扩展性和开放性。同时，应急管理体系构建的原则主要有时间效益大于经济效益、事前预警与事后应急相结合、法律机制和市场机制并存。[③]

2022 年，《"十四五"国家应急体系规划》和《"十四五"现代物流发展规划》出台，为我国物流业应急管理体系和能力的现代化指明了发展方向并提出了具体指导意见。我国在经济、科技等方面快速发展，

---

① 姚杰、计雷、池宏：《突发事件应急管理中的动态博弈分析》，《管理评论》2005 年第 3 期。

② 孟参、王长琼：《应急物流系统运作流程分析及其管理》，《物流技术》2006 年第 9 期。

③ 王旭坪、傅克俊、胡祥培：《应急物流系统及其快速反应机制研究》，《中国软科学》2005 年第 6 期。

现有的应急管理体系已无法满足预防突发公共卫生事件的要求。当突发公共卫生事件发生时，虽然可以在一定程度上保障应急物资能够及时送达，但在实践过程中由于各协作企业之间缺少有效沟通，造成部分地区物资无法得到充分满足，大幅降低了物流效率。构建一个有效协调、科学有序、高效运转的应急管理体系成为我国物流企业系统建设中的重要内容，为确保社会安全和公众生活稳定，物流企业应急管理体系的建设刻不容缓。但物流企业在应急管理体系方面还存在许多问题，制约了物流企业的平稳发展。

一　应急物资储备不合理

目前，我国主要由各级政府负责应急物资的储备和管理，政府在应急物资保障中发挥着主要作用。物流企业可支配的应急物资较少，在应急物资储备方面主要存在以下两个问题：一是各物流企业凭借自身能力和过往经验确定物资数量，不会提前储存较多的物资，因此在突发公共卫生事件发生之后，可能会出现应急物资储备不足，无法满足事件发生地受灾公众的物资需求的问题；二是物流企业缺乏应急物资管理的信息化手段，缺少应急物资保障机制。[①]

我国物流企业储备点较少、地理位置分配不均衡导致其在应对突发公共卫生事件时出现了物资严重短缺的情况，救灾物资不能按时按量分发到受灾群众手中。与之相对应的是，物流企业应急物资偶尔也会受社会经济影响而大量堆积，造成资源的浪费。

二　应急预案操作性不强

在新冠疫情防控过程中，早期颁布的《国家突发公共卫生事件应急预案》已无法适应现实生活中的应急管理工作的需求，虽然我国物流企业初步形成了应急预案，但还是存在诸多问题，如操作性不强、针对性

---

① 赵秋红：《重特大突发事件分形应急物流管理体系建设及其保障机制》，《江淮论坛》2020 年第 4 期。

较弱等。① 在制订应急预案时，会出现同质化、缺乏统一标准、针对性不强、及时反应能力不足、程序不明确等问题，导致应急预案在复杂多变且难以预测的突发公共卫生事件下缺乏时效性、针对性和实际操作性。

此次新冠疫情波及范围广，单个区域的治理无法阻止疫情的蔓延，需要各个区域协同治理，但物流企业尚未形成跨区域协同治理的应急预案。在突发公共卫生事件下，物流企业出现应急演练不到位、反应速度慢、组织管理混乱、应急人员权责划分不明、准备工作不足、应急管理人员缺乏专业知识与应急经验等问题，导致物流企业应急管理部门与人员在面对突发公共卫生事件时，难以高效开展应急工作。

三　应急物流信息化程度较低

信息化程度在很大程度上决定了物流企业应急管理体系的建设情况，一个成熟完善的应急管理体系需要信息化作为支撑。物流企业在面对突发公共卫生事件时，仍然不能做到全面收集信息、及时传递信息、互相共享信息。与此同时，在应对突发公共卫生事件的过程中，我国大部分物流企业缺乏应急信息发布与共享平台，导致物流企业间无法实现信息的有效互通与及时传递。除此以外，物流企业在对突发公共卫生事件相关信息进行处理时，由于没有全面深入了解真实情况，经常会使实际需求得不到满足，导致应急工作未能发挥应有作用，给物流企业带来诸多运行上的问题。

在突发公共卫生事件下，容易出现信息互相交杂、信息传递不及时、信息共享不够、信息准确性不高等问题。由于物流企业缺少统一的信息指挥中心，在应急物资运输途中可能会出现运输秩序紊乱、运输道路堵塞、运输设备不足等问题，最终导致应急物资不能被及时运送到事件发生地。与此同时，物流企业供应链上各企业间缺少一个旨在真实反

---

① 闪淳昌、周玲、秦绪坤等：《我国应急管理体系的现状、问题及解决路径》，《公共管理评论》2020年第2期。

映每个受灾地区对应急物资的需求情况的供需网络信息平台，导致企业间出现了信息不对称的情况，使信息传递效率低下，应急物资供需不能有效匹配。[①]

四　安全保障机制缺失

突发公共卫生事件下，企业安全保障体系不完善，同时也没有与之相匹配的安全保障机制，无法为企业恢复运作提供指导和保障。安全保障机制的缺失，导致物流企业无法满足当前应对突发公共卫生事件的要求，主要体现在预警阶段信息流动性差、突发响应能力较弱、人才资源基础薄弱、决策阶段指挥不力、沟通协调机制单一以及信息共享平台体系不完善等方面。因此，大多数企业需要通过借鉴以往应对突发公共事件的经验来采取措施解决危机。

五　外部协同机制不够健全

目前，物流企业与其供应链上各主体企业间的关系及职责并没有完全理顺，出现了企业间协同不力等问题，需要进一步加强企业间的协作。在应急管理过程中，多数企业权责范围不明确，出现多头治理的混乱局面。在应急物资配送过程中，企业间缺乏对物资配送的统筹规划和物资配送方案的优化设计，导致各企业不能快速统一战线，形成统一的应急物资配送体系。此外，统一指挥中心的缺失，导致企业难以统一调配应急物资。在突发公共卫生事件的应急处理过程中，企业多独自采取行动以应对危机，容易出现难以全面掌握应急需求变化和配送状态变化、物资和车辆信息不匹配等问题，且由于各地政策不同，应急物资运输车辆通行可能会受到阻碍，从而使物资配送效率降低。

---

① 王付宇、汤涛、李艳等：《重大突发灾害事件下应急资源供给与配置问题研究综述》，《自然灾害学报》2021 年第 4 期。

第二节 国外应急管理体系的经验借鉴

一 国外应急管理体系现状

现代物流应急管理体系源于西方发达国家，最早是美国政府通过设立专门机构应对突发公共事件。日本、美国以及德国的应急管理体系较为成熟完善。这三个国家的应急管理体系虽各有差异，但都是根据各自国家的具体情况来构建的。其中，日本主要是通过实行政企合作对救灾物资进行分阶段管理，美国主要依靠政府设置应急机构，德国主要依靠民间公益组织。本章通过分析这三个国家的应急管理体系，总结其先进的应急物流理念，为我国应急管理体系建设提供借鉴经验，从而进一步完善我国物流企业的应急管理体系。国外的应急物流方案大致分为三种：一是针对灾区灾情进行深入研究，根据灾区受灾群众的需要为其提供相应的物资；二是借助信息化手段实时监控整个应急管理体系的各个环节和各个要素；三是根据灾情的发生阶段提供应急物资，有效减少物资的浪费。

（一）日本应急管理体系

日本作为一个岛国，地理位置决定了其对应急管理体系的构建十分重视。日本对物流应急管理体系的研究起步较早，尤其是针对应急物流出台了相关法律，主要包括《灾害救助法》《灾害对策基本法》《海洋污染和海上灾害防治法》等。其特点主要有以下几个。

1. 应急物流法律体系立法涉及范围广

日本应急物流法律体系主要包括两部分：专门性立法和一般性立法。1947 年颁布的《灾害救助法》属于一般性立法的范畴，其中大多数规定针对的是应急物流管理方面，例如医疗器械的紧急调拨、救灾食物和被褥等生活必需品的及时供应等。日本在 1961 年颁布的《灾害对策基本法》中规定了企业、中央及地方各级政府和社会组织的权利和义务，明确划分了各个主体的权责。与此同时，日本针对具体的突发公共卫生事件又制定了专门的法律，如《海洋污染和海上灾害防治法》。日本还特别重视应急物流信息系统的设计，已经建立了较为全面的应急物流信息系统，覆盖多个领域，例如通信、运输、气象等，完善的应急物流信息系统为救援工作提供了强有力的支持。

2. 独特的应急补偿机制

在应急管理体系的补偿机制上，日本采用的是由政府和保险公司共同承担的方法，并且详细规定了补偿方式和补偿价格。补偿价格是根据市场价格确定的，以合同签订地市场价格作为补偿价格，而不是由政府来确定补偿标准，其补偿方式以现金补偿为主。[①]

3. 明确的应急管理体系分工

日本按照灾害的规模和损害程度将灾害分为一般灾害和特别灾害。一般灾害规模较小、损害较浅，由地方政府管理；特别灾害规模较大、损害较深，由中央政府管理。两级政府在对灾害相关信息进行分析后，根据灾害的规模和损害程度，将命令下达给相关组织和人员。对于一些损害较深的特别灾害事件，一般由中央政府设立专门的事件应对总部，同时充分调动人力、物力、财力应对事件。在管理上，各级政府负责制订灾害运输替代方案，并编制应急物流作业手册。除此之外，政府还负责建立避难所和救援物资发放点。日本将救灾物资的配送环节细化为三个阶段：一是政府下辖的各个行政部门负责救灾物资的收集、储存和运输，军队的主要任务是维护道路秩序、保证道路通畅；二是各个物流公司负责按照政府调配计划对救灾物资进行储存管理；三是物流公司根据灾区的实际情况制订救灾物资的配送计划。由此可以看出，日本形成了"中央政府统一指挥、各级地方政府具体实施、各个物流公司具体执行"的应急管理模式。

---

① 徐慧敏：《美日灾害性事件应急物流体系法律保障机制分析及对我国的启示》，《物流技术》2014 年第 9 期。

4. 统一的应急物流终端

日本应急管理体系的一个最大特点就是应急事件的分阶段管理。统一的应急物流终端概括来说就是一个终端场所，这个终端场所一般规模比较大，会储存一些生活必需物资，在突发公共卫生事件发生后，可以在第一时间将所有受灾群众聚集在一起，大大提高了救灾的效率，有利于救灾物资的分发。在应急物资存储方面，日本采取的是终端存储和仓库存储相结合的方式，会在一些大型的适合存储的场所储藏一些简单的生活必需物资，即使外界物资无法准时送达灾情较严重的地区，储存的物资也可以暂时满足灾民的需要。日本还会根据各个事件发生地的实际情况建立相应的避难场所，若当地人口数量较多，其避难场所的规模也会相应较大，数量也会增多。在避难场所中会提供充足的水、食物、被褥、医疗用品等物资，从而满足了灾民基本的生活需求。

5. 分阶段救灾模式

当突发公共事件发生后，日本会将突发公共事件发生的过程划分为三个阶段。第一阶段是在突发公共卫生事件暴发后的几天之内，在这个阶段主要由政府统筹应急救灾工作、负责应急救灾物资的运送，尽全力抢时间以挽救更多生命。第二阶段是事件发生几天后，灾情慢慢得到控制和缓解，在这个阶段主要是政府和第三方物流企业共同协作。第三阶段是事件发生后的数月内，政府完全退出，由物流企业单独负责。

（二）美国应急管理体系

美国设有专门的机构——联邦紧急事务管理局（FEMA）负责处理全国范围内重大的灾害事件。在联邦紧急反应计划中，主要是由联邦和州两级政府负责提供应急救援物资。美国联邦紧急事务管理局是世界上第一个应对应急事件的组织，该组织是由政府设立的专门应急部门，主要负责应急物资的日常储备、应急物资的配送线路规划、应急物资储备中心选址、预测各类救灾物资需求等。美国联邦紧急事务管理局是整个应急管理体系的指挥中心，由其对州级应急单位进行统一指挥调度。美国按照应急事件发生的时间将其发生的过程分为两个阶段：应急事件发生前和应急事件发生后。

1. 应急事件发生前

应急事件发生前的工作主要是制订应急管理体系预案，借助应急信息系统全面收集和分析应急事件相关信息，从而根据事件发生地受灾情况和应急物资供需情况，调整应急物资数量和种类。为了更加有序地应对应急事件，提升各部门应急速度和效率，美国在平时会加强对应急指挥的演练、增强部门之间的协调性、加强应急事件的预测和监控以及优化运输设备和线路。

目前，美国的应急物资储备中心主要有三种：一是针对国外应急事件建立的海外通用物资储备中心，比如成立对外灾害援助办公室（OF-DA），负责为国外提供救援支持，OFDA 在全球规划和建设了 7 个应急物资储备中心；二是针对国内应急事件建立的国家级物资储备中心；三是针对特殊应急事件建立的特殊物资储备中心，特殊物资是指不同寻常的、比较危险的物资，同时这种物资是应对危险应急事件必须使用的物资，如炸药、燃油等。

2. 应急事件发生后

应急事件发生之后的工作主要涉及两方面。一方面，联邦紧急事务管理局组织相关部门与应急人员对应急事件的性质、危害、范围等进行分析，并宣布实施联邦紧急反应计划。同时，利用应急物流信息系统的数据，针对应急事件发生地选择最为合适的物资运输方式。另一方面，各州提前进行应急物资的储备，在应急事件发生后，根据联邦紧急事务管理局的指挥迅速进入应急状态，根据事件发生地的实际情况以最快的速度将所需物资运往事件发生地，满足其物资需求。

（三）德国应急管理体系

德国的应急管理体系主要依靠民间公益组织发挥作用。当突发公共事件暴发时，联邦军队、警察、民间组织、物流企业等社会各界积极参与救灾，各方协作力求最大限度地减少损失。德国最大的公益组织是德国健康促进会，该组织的职能主要是在突发公共事件发生后为群众提供帮助。民间公益组织是德国应急管理体系中的主要成员，它极大地促进了德国应急管理体系的发展和完善。①

德国的应急物流信息系统也比较完善，在应急反应和信息传递等方面具有丰富的经验。一旦获取突发公共事件的相关信息，德国的灾害救助办公室就会发挥指挥调度作用，全方位调动警察、社会组织、企业、公民、联邦军队、公务人员，使其加入应急救援工作当中，在最短的时间内发挥他们各自的力量救助灾区的受灾群众。德国的民间公益组织会利用其掌握的各种社会资源为灾区群众提供应急所需物资，并利用先进交通信息网络，确保应急物资在第一时间保质保量地送达灾区。

二 国外经验借鉴

应急物流是针对突发公共事件的一种特殊物流形式，它不同于普通的物流，它针对将来可能发生的突发公共事件提前做好预案。当突发公共事件暴发时，应急管理体系中的应急指挥机构将调动各方力量，选择最合适的运输方式和线路，以最快的速度将救援物资送往事件发生地。物流企业的应急管理体系涉及物资的采购、储存、运输、分发等多个环节。物流企业应从实际出发，结合我国国情，采取循序渐进的方式，逐步建立协同运作、科学高效的应急管理体系。通过对日本、美国和德国应急管理体系构建经验的学习，就目前我国物流企业的应急管理体系来看，应从以下几个方面进行改进。

（一）从战略高度统一指挥

我国物流企业的应急管理体系缺乏长期、科学的规划。首先，在突发公共卫生事件发生后，物流企业在应急预案执行上缺乏统一性，没有一个专门的指挥调度机构。因此，企业应设立针对突发公共卫生事件的指挥机构，通过对企业内部各部门的统一协调指挥，实现应急管理体系的高效运作。其次，我国物流企业间缺乏高效的协同配合，在突发公共

---

① 朱力、吴晟：《地震灾害下应急物流体系构建研究》，《物流技术》2013 年第 7 期。

卫生事件下，无法做到信息有效共享与资源合理配置。必须加强物流企业间的联系、配合和协同，使其在应对突发公共卫生事件时能够做到协同合作，迅速对突发情况做出反应。最后，我国针对应急物流依然没有形成一套完整的法律法规体系。我国应在法律层面根据应急物流发展现状和存在的问题设立应急法案，特别是物流企业是应急管理体系中的重要组成部分，必须通过法律手段对其进行一定的约束，使应急管理体系在实际运行中做到有法可依、有法必依。

（二）　加强信息化建设

应急物流信息系统是物流企业应急管理体系的要素之一，应急指挥机构作用的发挥是建立在应急物流信息系统对最优线路的选择、运输方式的优化、应急物资种类和数量的预测等基础之上。目前我国物流企业正积极整合物联网、云计算、AI、5G 等先进的信息技术，以实现对应急物资去向的动态监控。物流企业可以从信息平台的软件和硬件两个方面对应急物流信息系统进行建设。在硬件方面，通过先进的定位系统和设备动态监测应急车辆的运输线路和道路状况；在软件方面，主要是利用先进信息技术和库存管理模型实现对应急物资的科学管理，促进企业间的信息资源共享。

（三）　加强应急物资保障系统建设

有效应对突发公共卫生事件的前提是应急物资能够得到良好保障，应急物资的有效保障对社会稳定也起到了一定的作用。[①] 以新冠疫情为例，疫情发生初期，武汉乃至全国大多数医院缺乏医用口罩、呼吸机、防护服、除颤仪、酒精、消毒液等医疗物资，暴露出应急物资在生产、储备、保障等方面的不足。因而在应对突发公共卫生事件时，需要强大的物流企业群体作为支撑。就物流企业而言，应当具备危机意识，提前储备应急物资。在突发公共卫生事件发生后，根据事件的类型有针对性地调整应急物资的数量、种类和运输方式等。首先，在应急物资的日常

[①]　范玉改、姚建红、刘智勇等：《突发公共卫生事件应急物资保障能力提升对策与建议》，《中国护理管理》2021 年第 5 期。

管理中，物流企业需要对应急物资进行精细化分类，设定储备管理的标准，保证应急物资的质量。在突发公共卫生事件发生后，物流企业迅速进入应急阶段，快速开展应急物资的运输配送，必要时开辟应急物资运输的绿色通道，持续保障事件发生地的物资供应。其次，加大资金投入力度，加强应急物资储备、运输、调配方面的基础设施建设，构建科学高效的物资储备与运输系统。最后，充分利用先进信息技术和先进运输设备，使企业能够快速、安全、保质、按需将应急物资运送到事件发生地。[①]

第三节 物流企业应急管理体系的要素构成与现状

一 应急管理体系的要素构成

应急管理体系涉及应急物资储备、应急物资库存管理、应急指挥中心建设与应急物资运输配送等具体环节。因此，物流企业的应急管理体系是复杂的体系，为了建设完善的体系并促进其高效运转，必须引进大量先进的技术、设备以及人才，更好地配合物流企业应急管理工作的开展。[②]

高效成熟的应急管理体系应当具备快速反应的能力，针对突发公共卫生事件的不同类型和具体情况采取不同的应急方式。快速反应能力包括两个方面：一是面对突发公共卫生事件时，快速反应的能力；二是根据突发公共卫生事件危害范围和事件性质对各种应急组织进行快速整合的能力。应当将企业人员、社会志愿者、各种公益组织、政府部门等一系列主体合理有序地纳入应急管理体系，从而发挥其最大作用并最大限度地减少资源浪费，使得各种资源在突发公共卫生事件下能够得到高效

[①] 王伟进、何立军：《目标、渠道、能力与环境——一个社会组织协同应急管理的分析框架》，《学习论坛》2022 年第 1 期。

[②] 王敏晰：《基于供应链思想的应急物流体系的构建及管理》，《铁道运输与经济》2009年第 12 期。

利用。应急管理体系主要包括应急物流指挥机构、物流节点、物流企业（中心）及应急物流信息系统。

应急物流指挥机构是应急管理体系中不可或缺的一个重要组成部分，充当了决策者的角色，起着指挥作用。它虽总揽全局，但并不直接从事具体工作，而是将工作分配给各个应急物流中心。其主要职能是根据突发公共卫生事件的具体情况分析应急物资需求、制定应急物流方案、进行应急物流综合调度、收集物资供需信息等。它由领导机构、信息网络中心、技术支持中心、物资管理部门、财务监督部门、运输保障部门和采购部门组成。[①] 其主要有三个任务：一是对应急体系中的全部人员和物资进行统一调配，进一步保证人员各司其职、物资各在其位，避免在突发公共卫生事件发生时慌乱失措；二是制定相应的应急方案，按照不同情况将方案进行科学分类，例如对不同类型的突发公共卫生事件提出针对性措施，做到具体问题具体分析，并制定相应的协同保障机制；三是突发公共卫生事件发生后，根据事件发生的前因后果进行相应的事后反思学习并制订相应计划，以降低类似事件发生的概率。

物流节点是应急管理体系的重要组成部分，如物资的采购、装卸、运输、仓储、分配等。物流节点涉及两个方面：一是国家级、省市级、区县级的物资存储仓库；二是不同层级仓库的物资采购、运输、装卸、储存。

物流企业（中心）是整个应急管理体系中的执行主体，分散于全国各地，处于各个运输网络上。应急物流注重的是效率和速度，在突发公共卫生事件发生时，需要以最快的速度将物资运送到事发地点，此时需要由政府引导，调动全国各地的物流企业和物流中心，以便其在统一指挥下发挥好自身的作用。

应急物流信息系统主要是对应急管理体系各个环节进行及时准确的监控，并收集信息，根据信息做出相应的决策。这体现在以下三个方

---

① 薛梅、胡志娟：《我国应急物流系统构建研究》，《经济论坛》2010 年第 7 期。

面：一是应急物流信息系统能在突发公共卫生事件发生后对应急物资需求进行准确分析，利用信息技术全面监测事件发生地的物资需求情况，以确保及时供应；二是应急物流信息系统可以进行突发公共卫生事件的事前监控和预防，帮助制定各种预防措施，以减少突发公共卫生事件造成的损失；三是应急物流信息系统通过掌握应急运输车辆的动态路线等情况，确保应急物流的高效运转。

二　应急管理体系的要素现状

（一）　应急物流指挥机构现状

目前，我国物流企业针对突发公共卫生事件的应急物流指挥机构并不完善，甚至没有设立专门负责应急指挥调度的机构，很多是在突发公共卫生事件发生后成立的临时性组织。这些组织具有临时性、分散性、非专业性与紧急性等特点，容易造成应急管理体系各主体之间分工不明的问题，不能发挥出相应的作用。特别是在实际情况瞬息万变时，很容易出现救援效率低下、调度管理混乱等问题，进一步严重影响应急救援的速度和质量。如在2003年抗击"非典"期间，由于缺乏统一的应急物流指挥机构，以及各处交通网络相对闭塞，物资并没有在事发后的第一时间被送到指定地点。

（二）　应急物资存储现状

应急物资储备是物流企业应急管理体系中的重要环节之一。当前，我国物流企业的应急物资储备中心建设刚刚起步，各省、市、区、镇存储应急物资的数量和种类均比较少，在突发公共卫生事件发生时，无法满足应急物资的需求。而应急物资储备中心是否有足够的物资储备直接关系着救灾的效率。当某个地区发生突发公共卫生事件时，其暂时会被隔离，外界物资无法送达。目前我国应急物资储备中心主要分布在天津、北京、郑州、西安等十个城市，即中东部地区，存在空间上分布不合理的问题。因此，物流企业需要结合实际情况重新调整应急物资储备中心的布局，确保其能够满足紧急情况下的物资需求，为灾害救援提供有力支持。

综上所述，目前物流企业的应急物资储备中心主要存在以下三个方面的问题：一是应急物资储备中心物资数量和种类不足；二是应急物资储备中心在空间上分布不合理；三是应急物资储备中心未建立应急物资的储备信息系统。

目前，我国物流企业应急物资管理呈现分散的局面，主要包括应急物资管理分散和应急物资存储分散，并且主要体现在以下三个方面：一是救灾所需的粮食、蔬菜等食物是由民政部门管理；二是药品、医疗器械、医用设备是由医院管理；三是调度的车辆是由交通运输部门管理。由于各部门所处的层级与受管辖的上级机构不同，部门之间信息相对闭塞，无法实现信息共享与协同配合，在很大程度上增加了救灾成本，并降低了救灾效率。以新冠疫情为例，一方面，疫情发生前，社会公众平时不会想到囤积生活物资、口罩、酒精等物品，等到疫情发生后，急需此类应急物资时，却无法及时获取。另一方面，物资储备不足、储存形式单一。虽然一些企业通过物资代储模式补充应急所需物资，但由于受到市场价格波动、采购制度变动等多种因素影响，极易出现储备链断裂问题。以湖北省应急物资为例，在疫情初期，全国向湖北省运输的应急物资总量较低，且呈现不稳定的状态，凸显了我国物流企业应急管理能力不足。

（三）应急物流预案现状

在国家层面，我国自 2003 年非典之后开始逐步建立突发公共事件应急管理体系，该体系以"一案三制"为基础框架。2006 年国务院颁布《国家突发公共卫生事件应急预案》（以下简称《应急预案》），2011 年国务院修订《突发公共卫生事件应急条例》。在应急管理方面，国家卫生管理部门负责对全国突发公共卫生事件的组织调控，地方各级人民政府卫生行政部门负责地方应急处理工作，提高生产应急物资的能力并建立应急物资的储备仓库，依据应急处理过程中物资的需求变化，随时调整应急物资的储备数量和种类。[①] 在应急救援物资方面，我国卫生行政部门建议提前储备医疗设备、医疗器械、医疗救援物资等物品，食品药品监管部门负责对医疗设备、医疗器械、医疗救援物资等物品进行监管，发展改革部门负责应急物资的生产、储存、配送和分发，海关部门负责进口特殊应急救援物资的安全检测，社会公益组织统一接收保管社会个人捐赠和海内外组织捐赠的物资，交通运输部门则负责运输道路的畅通无阻，保障应急物资车辆优先通行。

在企业层面，物流企业建立了应对突发公共卫生事件的预案，在企业内部进行了相应的分工协作。但由于突发公共卫生事件具有随机性与突发性，因而在实践中当突发公共卫生事件发生时，很多物流企业应急预案的可操作性不强。加之平时演练太少，各部门之间沟通和协调较少，导致物流企业的应急预案在执行上出现混乱。尤其在新冠疫情的防控中，暴露出的是"重救轻防"的陈旧防控观念，物流企业仍照搬以前的做法，应急方案同质化问题严重，没有做到具体问题具体分析，导致应急预案的实用性不强、操作性较低。

由此可见，我国应急物流预案尚未形成完整体系，还处于起步阶段。在突发公共卫生事件发生后，各部门职责混乱、任务分配不清、人员安排不当，从而导致突发公共卫生事件发生时出现工作混乱、无序的现象。[②]

第四节　关于物流企业应急管理体系的对策建议

一　优化应急物资储备系统

物流企业在应对突发公共卫生事件时，很难在较短时间内筹集到应急物资。受事件发生的时间、地点、运输距离等因素的影响，物流企业

---

① 王付宇、汤涛、李艳等：《重大突发灾害事件下应急资源供给与配置问题研究综述》，《自然灾害学报》2021 年第 4 期。
② 翟玲：《应急物流体系下物流企业管理机制研究》，《物流技术》2012 年第 15 期。

在应急物资数量和种类选择上承受较大压力。当前我国物流企业的应急管理体系尚未做到在全国范围内第一时间对突发公共卫生事件进行响应。因此，在对应急物资储备系统进行优化时应做到以下几点。一是根据应急物资种类和突发公共卫生事件类型对物资的储备工作进行分类，物流企业内部不同部门负责不同类型物资的管理。二是在物流企业内部建立应急物资储备制度、保障制度和管理制度，从制度角度出发，使应急储备物资的数量、质量和种类均满足应急管理体系的要求，使应急物资在较短时间内满足物流配送体系的应急需求[①]。三是建设更高水平的仓储系统。要确保该仓储系统能够在全国范围内被广泛应用，物流企业可以实现跨区域使用仓储系统，进一步优化仓储系统在空间上的布局。四是提升储备效能，物流企业应提前建立统一的应急物资储备制度，增加应急物资储备的多样性。突发公共卫生事件的种类不同，所需物资也会存在不同。因此，需要将应急物资储备的种类扩展到各种突发公共卫生事件范畴内，根据实际情况合理调整应急物资种类、数量和结构，提升储备效能，使其能够最大限度地满足物流企业应急管理工作的需求。[②] 五是根据突发公共卫生事件的复杂性和变化性，构建综合性、多层次、多元化的应急物资储备体系，该储备体系应采用以政府储备为核心、社会补给为补充、物流企业为代储的模式。

二　完善物流企业的应急预案和应急演练制度

目前，我国虽然颁布了关于应急预案的相关法律法规，但是在实践中物流企业仍未将应急预案规定落到实处，应急预案实用性较低。物流企业应开展相关应急演练和应急培训，建立应急演练制度，模拟突发公共卫生事件的真实环境，提升员工在突发公共卫生事件下的应急能力。物流企业还应对历年突发公共卫生事件进行分析整理，划分事件成因和

[①] 朱丹：《供应链应急物流系统构建研究》，《北京交通大学学报》（社会科学版）2011年第2期。

[②] 徐许晨、郭跃、邓豪瀛等：《突发公共卫生事件下的应急物流与应急物资管控及其相关关系》，《物流技术》2021年第11期。

类型，针对不同突发公共卫生事件制定专项预案，建立相对应的应急预案动态调整机制。物流企业应参考《国家突发公共卫生事件应急预案》的相关规定，结合实际情况，调整自身的应急预案内容。该预案旨在对突发公共卫生事件每个阶段的具体工作内容做出科学合理的安排，在应急物资、应急救援工作、应急设备、应急基础设施、应急指挥协调等方面做出规定。[①] 在应急演练结束后，要及时对应急演练过程中出现的问题进行反思总结，保留可用的经验，定期组织专业人员对应急预案进行评估、优化、完善，提高应急预案的科学性和灵活性，使其更好地应对多变的外部环境。应急预案和应急演练二者互为基础和前提，应急预案是理论基础，应急演练是具体实践，目的是检验应急预案是否科学合理，同时也可以看作对物流企业相关人员和部门应急能力的考核，目的是让相关人员和部门深切感知应急管理的全过程，提升他们的应急意识和应急能力，进而全面提升物流企业应急预案效能。

三　深入推进物流企业应急管理体系信息化建设

在数字化转型背景下，我国物流企业应抓住机遇，加快建设开放式应急管理信息平台。该平台主要作用在于形成以物流企业为核心，借助应急物流信息系统，促进应急物流各主体与物流企业间的信息沟通和共享，进一步完善并优化我国物流企业的应急管理体系。应急管理信息平台在物流企业应急管理中发挥着重要作用，承担着重要职能，主要包括：突发公共卫生事件的预警和分析、应急物资的管理、应急过程的评估、受灾人群的统计等。[②] 物流企业应在突发公共卫生事件的应急管理中灵活高效运用各种信息资源，借助信息内容实现高效运行，提高应急管理体系信息化建设水平。物流企业在进行信息内容交换时，应注重信息交换效率和信息共享程度。信息内容的交换可以促进企业间的交流协

---

① 王伟进、何立军：《目标、渠道、能力与环境——一个社会组织协同应急管理的分析框架》，《学习论坛》2022年第1期。

② 马荣华：《基于物联网技术的城市突发公共事件应急物流联合信息平台构建》，《物流技术》2014年第24期。

作，将物流企业人力资源和信息资源结合起来，更好地发挥人力资源价值和信息价值，保证信息传递的稳定和信息处理平台的畅通，实现信息内容有效传递，提升物流企业抗风险能力。

四　强化物流企业安全保障机制

强化物流企业安全保障机制应依靠各方共同完成。一方面，物流企业需要在基础设施、财务资金、人员队伍、信息技术、物资储备等方面加强保障；另一方面，国家和政府部门需要在法律法规完善、政策支持等方面给予保障。最终促进物流企业安全保障机制向更为高效、更为安全、更为全面的方向发展。物流企业在应对突发公共卫生事件时，应根据突发公共卫生事件的类型与对应急物资的实际需求，从监测预警机制、法律法规保障机制、危机教育机制、危机管理的责任机制、危机管理的储备机制、信息共享机制、人才培养机制、数字技术驱动机制以及政府、行业、企业、员工、客户五方耦合联动机制等多种机制中选择合适的机制进行有机结合，进一步强化安全保障机制，使企业在突发公共卫生事件下能保持稳定运作，表现出积极的应对态势。

五　完善物流企业外部应急协同联动机制

突发公共卫生事件具有突发性和破坏性，物流企业进一步提高其应对突发公共卫生事件的能力，完善应急管理体系，需要建立外部应急协同联动机制，需要与其供应链上各主体企业加强协同。一是要建立跨企业的信息沟通机制，促进企业间应急工作的配合和公共卫生资源的合理配置，提高协作效率，减少时间成本，建立长效合作机制。二是要建立企业间协同联动的应急物资调配机制，不同企业之间应急物资储备种类和数量存在差异，当突发公共卫生事件发生时，需要加强企业之间的协同，以便进行应急物资的协调和调配。根据不同类型的突发公共卫生事件，企业应明确划分各部门的职责、加强部门之间的沟通、建立应急管理制度并规范应急管理过程中各个环节的运作，包括应急物资储备、应急物资运输、应急物资配送等。同时，通过建立应急信息共享平台并完善应急信息沟通机制和联络机制，促进各物流企业间应急信息共享和互通、保障信息传递通畅，促进各物流企业间的协同，使企业共同应对突发公共卫生事件。

第九章 突发公共卫生事件下物流企业运作与安全保障机制

第一节 物流企业运作与安全保障机制存在的问题

2020 年的新冠疫情给各行各业带来了巨大冲击，特别是物流行业受到了重创。物流企业之间协同性减弱，导致物流效率下降，物流业景气指数大幅下滑，由之前的上升转为持续下降趋势。随着复工复产持续推进，物流企业复工率平稳上升，但地区之间复工仍旧存在明显差距，呈现复工不均衡的局面，不利于物流业及时恢复并有效提供物流服务。新冠疫情的发生及其引发的一系列问题，警示物流企业亟须增强应急能力。突发公共卫生事件发生时，应急需求响应不及时和管理不到位等问题，显示出物流企业在应对突发公共卫生事件时采用的传统运作方式存在诸多弊端，已经不能满足突发公共卫生事件下严峻形势的要求。物流企业应尽快建立起高效完善的运作与安全保障机制，最大限度地降低突发公共卫生事件带来的风险。

一 预警阶段信息流动性差，突发响应能力较弱

预警阶段主要存在两个方面的问题：一是信息共享机制有所欠缺；二是缺乏高效的预警责任追责制度。在信息共享机制方面主要表现为物流企业内部各部门沟通不畅、信息共享程度不高、层级较复杂、信息传

递速度不快。在预警责任追责方面，则出现预警信息上报缓慢、错误报告与瞒报等情况，信息难以对接成功，信息流动性较差。对于报告不及时、隐瞒与失误等，需要进行及时合理的追责，建立高效的预警责任追责制度，杜绝预警信息失真的可能性。但目前追责制度不够细化、责任划分不够明确，有待进一步加强。我国物流企业现有的应急物流体系对风险的抵抗力较弱，应急后勤保障指挥体系和分配指标体系不够完善。总体而言，物流企业在突发公共卫生事件下响应能力较差。

二 人才资源基础薄弱，决策阶段指挥不力

多数物流企业仅关注现有人力资源的使用，而对人员培训的重视和投入不足。以物流技术创新和知识型人才为中心的教育体系尚未形成。物流人力资源缺乏科学合理的战略规划，导致物流企业整体管理水平低下、发展潜力不足，严重制约了企业的发展。物流企业高层次人才的缺乏也导致了决策阶段指挥不力等问题的出现。此外，当突发公共卫生事件发生时，突发公共卫生事件本身所具有的复杂性又会导致物流企业专职部门越设越多，职责混乱不清，影响企业日常运作效率，增加企业管理难度。在处理应急事件过程中，专项指挥部门很难调动同级别和上级部门，权限职责不清。同时，决策阶段的智力和信息支持系统也不够完善，不能满足突发公共卫生事件下对于支持系统的需要，目前的智力与信息支持系统存在知识结构老化、更新速度慢等问题。大多数物流企业中的应急管理人员达不到专业人员的水平，随意性和主观性比较大，应急管理决策的水平往往不高。

三 沟通阶段协调机制单一，信息共享平台体系不完善

一方面，物流企业的协调机制比较单一，协调能力较差，物流企业间与企业内部各部门间联动困难，信息传达不及时且准确性较低。物流企业急需一个高效统一的信息共享平台，促进协调机制多样化发展。另一方面，物流信息化建设速度较慢，企业内各部门间互通性较低且信息

更新速度缓慢。物流企业整体信息化水平不高，尤其是中小物流企业，信息化水平普遍较低，对先进的信息技术应用较少，缺乏开放的公共物流信息平台体系，库存和运输能力存在浪费情况。物流企业需要通过对收集到的信息数据进行整合与分析，提高预警能力。

第二节　基于 4R 模型的物流企业运作与安全保障机制

一　构建运作与安全保障机制应遵循的原则

现有学者大多将科学性、可行性、可操作性作为构建运营与安全保障机制的原则。结合以往突发公共卫生事件的发生概率、类型、危害程度、影响范围和突发公共卫生事件的内涵来看，突发公共卫生事件会破坏物流企业的正常运转。通常情况下主要表现为原材料供应不足导致物流企业运输中断，消费者需求增加导致物流企业应急物资库存不足，资金链断裂导致物流企业无法正常运营。突发公共卫生事件的发生、演变和消退是一个动态的过程。它的发展变化是有规律可循的，预防和控制也应遵循规律，构建物流企业运作与安全保障机制是一个复杂的过程，需要做到循序渐进、科学可行。基于此，本章在建立突发公共卫生事件下物流企业运作与安全保障机制时遵循以下几个原则。

（一）基于危机管理的原则

物流企业间沟通的断裂一般是由企业间交流受阻演变而来，且沟通断裂绝大多数情况是因为在突发公共卫生事件下，物流企业中的某一个部门或者多个部门出现了供应中断、需求中断、物流中断、信息中断等。而物流企业从中断到恢复正常运营一般会经历潜伏期、发作期、持续期、恢复期四个时期，这与危机的发生过程相似。因此，本章将危机管理作为突发公共卫生事件下物流企业运作与安全保障机制构建的原则之一。

（二）以预防为主的原则

绝大多数突发公共卫生事件是在社会公众毫无准备的情况下发生，对公众的生活和社会的发展造成严重威胁。由于突发公共卫生事件具有突发性、破坏性、持续性、扩散性和失衡性等特点，因此，当突发公共卫生事件发生时，物流企业通常没有足够的时间来组织应对和及时响应。物流企业中某个部门的运营中断可能会导致其多个部门出现问题，甚至会影响物流企业供应链上其他企业的正常运作。此外，不同破坏程度的突发公共卫生事件会给物流企业带来不同程度的影响，基于突发公共卫生事件的不可预测性，建立物流企业运作与安全保障机制应遵循以预防为主的原则，避免突发公共卫生事件再次发生时企业措手不及，以使构建的运作与安全保障机制在物流企业正常运行的过程中起到防微杜渐的作用。

（三）促进物流企业稳定运作的原则

物流企业稳定运作的前提是内部各部门间保持信息共享、协同运作。物流企业受外界环境影响较大，突发公共卫生事件可能会波及企业内部任意一个环节的发展，造成企业运行失衡。如自 2020 年新冠疫情发生以来，物流企业受自身因素影响，运营状况不稳定。由于突发公共卫生事件存在影响物流企业稳定运作的危害性，因此建立物流企业运作与安全保障机制要遵循促进物流企业稳定运作的原则。

（四）降低物流企业风险和减少损失的原则

物流企业运营受阻对物流企业内部各部门来说是一种危险的状态，随着危机影响范围的扩大，如果企业不能及时利用有效的运作与安全保障机制来解决危机，危机会从物流企业的一个部门受阻演变成整个物流企业遭受冲击，从而给物流企业带来不利影响，甚至会导致物流企业面临破产倒闭的风险。因此，物流企业运作与安全保障机制的构建要遵循降低企业风险和减少损失的原则，帮助物流企业迅速恢复正常运作，减少不必要的损失。

（五）兼顾效率和质量的原则

突发公共卫生事件既危险又紧急，越早解决越好，损失也越少。如果突发公共卫生事件得不到及时处理，危害很可能越来越严重。在构建运作与安全保障机制的过程中，既要注重提高工作效率以争取时间，又要注重保证工作质量，提高完成度，最终做到效率与质量均衡。

（六）保障工作人员安全的原则

突发公共卫生事件往往容易对人造成伤害，尤其是一线工作人员承受的风险要比一般人更大，比如在此次新冠疫情中，需要重点加强对工作人员的防护，以保障工作人员的安全。在日常作业时也应通过制定一系列规章制度来尽可能地保障工作人员的安全，工作人员是应急工作顺利进行的重要因素之一。

二　基于 4R 模型的运作与安全保障机制

（一）模型构建

根据余丰民等在应急保障策略中运用的 4R 模型[①]，本章构建的物流企业运作与安全保障机制包含突发公共卫生事件监测、突发公共卫生事件预警、突发公共卫生事件发生、突发公共卫生事件解决四个部分（见图 9-1）。

1. 危机消减（Reduction）

物流企业运作与安全保障机制中的预防阶段与危机管理 4R 模型里的危机消减（Reduction）相对应。预防阶段侧重的是对可能发生的危机进行实时监控预测，及时掌握相关情况。预防阶段安全保障三因素分别是组织团队、宣传教育和风险评估。组建物流应急安全保障小组，参与策略的制定、管理机制的运行以及执行决策计划。物流应急安全保障小组负责制定物流安全保障相关规定，参与应急物流安全保障的管理和计划实施。积极对工作人员进行应急培训，提高其危机防范意识、增强其应急处理能力，使其面对突发公共卫生事件时能够做到沉着应对。

[①]　余丰民、周卫华、汤江明：《基于 4R 模型的高校图书馆文献服务应急保障策略探讨》，《图书馆工作与研究》2020 年第 11 期。

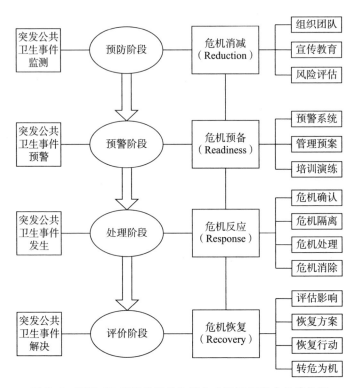

图 9-1 基于 4R 模型构建的物流企业运作与安全保障机制

2. 危机预备 (Readiness)

物流企业运作与安全保障机制中的预警阶段与危机管理 4R 模型里的危机预备 (Readiness) 相对应。预警阶段侧重的是当突发公共卫生事件来临时，对突发公共卫生事件的根源高度警觉，及时开展安全保障工作，争取将危机在前期控制住。预警阶段安全保障三因素分别是预警系统、管理预案和培训演练。一是对突发公共卫生事件危险程度划分等级，做出准确判断。二是采取具有针对性的措施，准备多种管理备案。三是日常多开展培训演练，使工作人员具备应急防控能力，增强各部门协调合作能力，共同解决危机带来的问题。

3. 危机反应 (Response)

物流企业运作与安全保障机制中的处理阶段与危机管理 4R 模型里

的危机反应（Response）相对应。处理阶段侧重的是"反应"，处理危机的 5S 原则需要相关人员重点关注。物流企业应提升其快速响应能力，在面对危机时快速反应，把握关键节点，降低危机进一步扩大和升级的概率。处理阶段安全保障四因素分别是危机确认、危机隔离、危机处理和危机消除。

4. 危机恢复（Recovery）

物流企业运作与安全保障机制中的评价阶段与危机管理 4R 模型里的危机恢复（Recovery）相对应。评价阶段侧重的是评价，为预防服务。评价内容主要包括突发公共卫生事件发生的原因、过程和结果。评价阶段安全保障四因素分别是评估影响、恢复方案、恢复行动、转危为机。在这一阶段，首先需要针对突发公共卫生事件的起因、发生过程、应对过程、应对策略、结果和影响进行数据收集、分析评价。其次需要根据结果制订恢复方案，让物流企业尽快消除突发公共卫生事件造成的不利影响，尽快步入正轨。最后需要根据评价完善物流企业运作与安全保障机制并总结经验。

（二）模型运行模式

运作与安全保障机制要确保物流企业应急管理人员能够及时监测突发公共卫生事件的发生、扩散以及能够运用一系列有效措施及时控制并消除突发公共卫生事件所带来的不利影响，以保障物流企业的正常运作并降低危机升级的可能性，从而帮助企业加速走出危机。根据惠娟和谭清美的运作理论[①]得出具体的运行模式可以包括一个指挥中心，三个工作小组（见图 9-2）。

一个指挥中心是指安全保障管理决策指挥中心，具有最高决策权，同时高度协调和整合各职能部门，确保形成决策统一、反应迅速、协同联动的安全保障模式。三个工作小组分别是沟通处理小组、实时监测小组和资源保障小组。

---

① 惠娟、谭清美：《重大突发公共卫生事件科技研发应急体系运行机制研究》，《科技进步与对策》2020 年第 9 期。

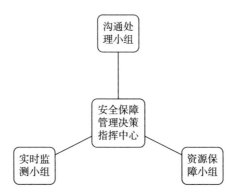

图 9-2 安全保障机制运行模式

1．实时监测小组的运作程序

实时监测小组是指在特殊事件发生前出现异常情况且当事主体还未做出反应的时候，利用已知的信息线索预测发展态势、分析风险因素，对很可能发生的事件作出预判和预报的小组。实时监测小组的主要任务在于制定标准和共享信息。一是将分级标准作为依据判断突发公共卫生事件发生的预兆。二是建立信息共享系统提高信息可信度和精确度，使信息科学高效地在各部门中进行传播。实时监测小组的运作程序一般体现在下述内容上。

（1）对风险进行评估。总共包含两个方面的内容：一是加工和处理已知数据，二是为警报决策提供依据。想要消除风险必须先对其进行了解，遵循客观性、动态性、规范性、系统性等原则对其进行综合分析，把握其演化规律，运用科学方法评估风险因素及其带来的影响，保障物流企业顺利开展应急管理工作。

（2）对风险进行监测。报警环节是预警阶段的核心，对诱发突发公共卫生事件的因素，实时监测小组要进行连续不断的监测，实时掌握风险发展的动态轨迹，在风险来临前拉响警报，启动应急状态。及时整合企业内各相关部门获得的最新信息，确保能够准确地分析突发公共卫生事件的影响因素并实时监测突发公共卫生事件的演变过程。

（3）及时传播警报信息。若要很好地发挥预警作用，需要保证信息准确、及时、高效传播。警报信息传播需要考虑传播主体、传播客体与中介等因素。一是警报信息传播的语言和形式需要简洁明了，充分考虑接收者的特征。二是传播途径和方法必须有效。除此之外，还应建立配套的警报信息传播体系。

（4）采取预控措施。在警报信息发出后，相关部门需要根据应急预案做出应对。同时，各相关部门需要协同配合、积极响应。采取预控措施的主要目的是控制突发公共卫生事件的发展态势，降低其对企业甚至是对社会的不良影响。物流企业化解突发公共卫生事件舆论的关键就在于有效实施应急措施。因此，物流企业应当建立科学合理的监控制度，进行事前预测、事中追踪和事后反馈。

2. 安全保障管理决策指挥中心的运作程序

安全保障管理决策指挥中心的主要任务在决策指挥阶段，决策指挥人员和机构需要做到在有限时间、有限资源条件下，组织应急队伍、制定决策方法，以减少突发公共卫生事件带来的危害。安全保障管理决策指挥中心的运作程序一般体现在下述内容上。

（1）制定决策。物流企业应急管理的决策中枢系统主要是指安全保障管理决策指挥中心。其功能主要是根据突发公共卫生事件性质和风险等级对事件所处阶段进行界定，并做出合理决策，利用行政权力对突发公共卫生事件的应对行动进行紧急部署。

（2）提供信息支持。准确的信息对于物流企业做出正确的决策至关重要。信息支持指的是对物流企业内部的信息进行收集处理，再将信息在各个下属机构里进行共享。信息支持系统可以为决策提供信息，能够进一步将信息传递到各个子部门。

（3）提供智力支持。安全保障管理决策指挥中心为其他小组提供智力支持，提供广泛的意见和参考，引导它们解决问题。其中，建立智库是安全保障管理决策指挥中心为各部门运行提供智力支持的主要形式。

（4）发挥指挥与执行作用。安全保障管理决策指挥中心在确定目标、制定策略、评价选择后，进入方案执行阶段，使方案得以实施，进而及时解决问题，阻止事件进一步恶化，降低事件危害性，在一定原则下指挥调配人力和物资开展并推进应急管理工作。

3. 沟通处理小组运作程序

沟通处理小组的关键任务是使物流企业各部门保持良好沟通。良好沟通是物流企业各部门间积极响应、协同合作的重要保障，和谐的部门关系能够最大限度地提升应急管理的效果。沟通协调小组运作内容主要包含以下几个方面。

（1）沟通大众媒体。媒体作为信息化时代的重要媒介和信息来源，能够有效地联系政府、公众和企业等主体。沟通大众媒体对于物流企业应对突发公共卫生事件、推动社会秩序尽快恢复起到关键性作用。沟通处理小组的任务之一就是沟通大众媒体，向外界传达信息并从相关媒体处及时捕捉外界有效信息，对这些信息进行筛选、处理、利用。

（2）沟通相关行业。行业之间能够畅通地交流信息对及时把控突发公共卫生事件至关重要。在应对突发公共卫生事件时，要最大限度地提高运行效率、强化效果。各类企业之间需要加强沟通，供给公众必需的生活物资和医疗物资等，不同类型的企业可以在各自领域发挥作用，提供专业技术、设备、物资、信息支持。此外，要合理采用政企合作模式，由政府和各企业提供各项服务和实物，合理配置资源，以满足公众的即时需求。

（3）沟通企业内相关部门。面对突发公共卫生事件时，物流企业内部需要团结协作，协同应对。物流企业高效运行，离不开生产、采购、信息、仓库、运输、财务等各个部门的及时沟通，它们会形成一个充满活力的运作循环。沟通处理小组的存在使各部门都能够在第一时间集中精力解决主要矛盾，使企业受到的负面影响最小化，提高综合防控效果。

4. 资源保障小组的运作程序

在突发公共卫生事件得到有效控制后，运行流程开始转入善后保障为主的阶段，资源保障小组的主要任务是在灾后巩固应急成果并促使企业恢复正常运作秩序。资源保障工作分为两个方面：一方面是保障应急管理工作继续进行并提供足够的人力、物力、财力；另一方面是为保障物流企业生产运作恢复正常状态做准备。资源保障小组的运作程序一般体现在下述内容上。

（1）保障人力资源。应急救灾的有效开展离不开人，人力资源是应急运作的关键因素，不仅要保证人的数量，还要保证人的质量。日常进行应急演习，使应急工作人员持续学习并掌握基本的应急知识。根据不同类型突发公共卫生事件，配备具有专业水平的应急工作人员。此外，科学分配人力资源可以使工作人员充分发挥所长，在相应岗位上为应急工作做出贡献。

（2）保障财力资源。财力资源为物流企业平时的稳定运作和事后重建提供了重要的保障，同时也是实现人力、物力合理分配的重要保证，在运作机制中具有极其重要的地位。突发公共卫生事件危害的不仅是人的生命安全，还有经济发展。对于物流企业来说，很容易现金流和资金链中断、成本急剧增长、资金周转不灵，甚至最终破产。因此，成立资源保障小组，对于帮助物流企业平稳度过危机、恢复发展、降低破产风险是非常重要的。

（3）保障物资资源。突发公共卫生事件有时候会面临物资匮乏、物资不能及时供应的情况。对于物流企业来说，可能会出现仓库物资缺乏、采购不及时、车辆配备不足等情况，将直接影响物流企业正常运作。物资资源保障是最基础的保障，在突发公共卫生事件发生时，物流企业还需要承担起运送应急救灾物资的社会责任，满足公众基本物资需求，有效推进应急工作。物流企业要成立资源保障小组，准备好备用物资，帮助物流企业恢复自身运作和维持社会秩序。

（4）维护基础设施。突发公共卫生事件一旦发生，基础设施极易遭到破坏，如交通设施、通信系统、水利电力设备等，而基础设施的破坏会给公众和物流企业带来诸多不便。在物流企业的应急管理中，资源保障小组需要重点关注运输基础设施的保障，做好车辆维护工作。想要尽快恢复正常运作，就需要修复好与物流企业日常运作息息相关的基础设施。

第三节　关于物流企业运作与安全保障机制的对策建议

突发公共卫生事件的性质和特点决定了物流企业应在运作与安全保障机制方面不断进行优化，而物流企业运作与安全保障机制的完善应由政府和物流企业共同努力。一方面，需要国家和政府在政策、行政法规、金融等方面加大支持力度。另一方面，物流企业在财务管理方面、科学技术方面、人员管理方面、基础设施建设方面也应该加强保障。本章基于相关理论和 4R 模型建立了突发公共卫生事件应急运行与安全保障机制，针对各阶段特点，提出以下对策建议。

一　运作与安全保障预防部署阶段

（一）完善法律法规

在应对突发公共卫生事件时，国家颁布的法律法规可以起到保障作用。通过法律法规的约束和强制，物流企业运作与安全保障机制在运行过程中能够做到有法可依、有法必依。虽然我国 2007 年 11 月 1 日施行的《中华人民共和国突发事件应对法》对紧急状态采取的相关措施做了全面规定，但是专门针对物流企业运作与安全保障的相关法律法规还很少。因此，政府应结合我国突发公共卫生事件下物流企业发展现状，颁布有关突发公共卫生事件下，帮助物流企业稳定运作与安全保障的法律法规，为物流企业稳定运作提供法律制度保障。

（二）加强危机教育

完善的物流企业运作与安全保障机制的建立，要求企业管理者树立强烈的危机意识。企业管理者需要在平时工作中加强对企业员工的危机教育，使他们正确认识和对待物流企业运营受阻或资金链断裂等问题，提高对潜在危机的警惕性。同时，企业管理者和相关部门负责人需要时刻保持对可能发生并使物流企业运营受阻或资金链断裂事件的警惕。在预感危机即将来临时，提前制定应急预案，使物流企业受阻从不可控状态转变为可控状态，化被动为主动。

二　运作与安全保障监测预警阶段

（一）构建数字技术驱动机制

人工智能、5G、区块链等新兴数字技术为物流企业提供了与市场需求准确对接的信息，有利于构建物流企业信息系统，以实现对物流企业的智能化管理。疫情期间，网络远程办公模式有力支持企业复工复产，开展线上销售有效减少了客户流失成本，新模式新业态蓬勃发展，在线服务改变固有的生产和服务模式，创造了新需求。因此，为了减少在危机发生时的损失，企业需要完善数字技术驱动机制。企业自身需要加速网络化、数字化、智能化和自动化的建设进程，发展数字经济，完善网络平台，精准预测市场需求，调整生产计划，降低运营成本，创造新型业态销售模式。物流企业需要进行数字化转型，实现企业间与企业内部的协同发展。

（二）建立先进监测技术与信息技术应用机制

观察物流各环节的安全状况，充分利用互联网技术监测危机发生的征兆，及时应对突发状况，实时掌控事件发展进度。物流企业应借助先进信息技术构建应急物流信息平台，制定应急物流运行预案，促进智慧物流发展。大力发展"云服务"和"云配送"、建造全自动化码头、设立"无人场站"、建设智能化仓储、促进"无接触式"发展、开展"虚拟会场"，以增加线上订单量等方式促进"非接触式"行业模式的发展。

三　运作与安全保障处理阶段

（一）建立人才培养机制

物流企业在应急响应阶段为解决危机而实施的一系列措施都是物流

企业应急管理者经过深思熟虑做出的决策，且随着突发公共卫生事件发生频率越来越高，物流企业对应急管理人才的需求进一步增加。因此，物流企业应重视对人才的培养。企业人才培养有以下两种途径：一是拓宽培训渠道，鼓励行业与行业之间、企业与企业之间开展促进物流企业稳定运作的人才培训，促进参加者之间沟通交流，也可以通过组织进修的方式来拓宽员工视野、增长员工知识，为企业培养高质量人才；二是实施合理的人才引进激励机制，在此基础上提高物流企业应急人员的福利待遇，以调动企业员工积极性、激发技术开发人员的创造性，培养出高水平的创新人才团队。

强化物流企业人员危机管理意识，提高物流企业应急管理水平，完善运作与安全保障机制。一是要提高物流企业人员的风险意识、安全意识、应急能力，加强日常宣传教育和培训演习，不断增强员工安全防范能力，提升工作人员在危机管理中正确理解和处理危机的能力，使其保持对危机的警觉，熟悉物流运作与安全保障机制的运作流程，尽可能在事件发生初始阶段与安全保障团队积极沟通。二是要实行科学合理的人员管理和调配制度，管理人员需制定良好的危机管理方案，对人员、资源进行合理的分配和调度，控制突发公共卫生事件从"突发"到"发展"的速度，做到提前"控制"，并且能够正确评估，迅速采取对策，有效缓解和控制不断发展的危机。

（二）建立耦合联动机制

当突发公共卫生事件发生时，企业、政府、行业、员工和客户五方协同配合能发挥出最大的效果并提高解决问题的效率。因此，应构建政府、行业、企业、员工、客户五方耦合联动机制，形成应急共同体，加强各协同方的联系、扩大耦合界面，建立新型共生共赢生态服务关系。建立耦合联动机制有以下三种途径，一是政府发挥引导作用，借鉴以往突发公共卫生事件带来的危害，根据危机环境下企业的实际经营情况，及时制定相应的财政政策和货币政策，帮助有困难的企业渡过难关。政府也可以通过补贴机制，加强政府技术咨询力量，为企业提供应急保障，提升物流企业复原能力。二是企业内部组建应急小组，激励约束各部门根据提前制定的应急预案，采取正确措施来应对危机，并对实施效果进行考核评价，总结有效经验。同时，物流企业内部高层领导应鼓励研发创新，激发研发人员的主动性和积极性，提升物流企业的市场竞争力。在此过程中，政府应鼓励行业之间搭建信息分享平台，相互分享应对危机的经验，从而为物流企业应对危机提供参考和帮助。三是利用全员动员机制，将企业、政府、行业、员工和客户五方组织起来，共同参与物流企业安全保障，给予员工一定的福利补贴，给予客户一定的价格优惠或其他方面的优惠，有效调动员工和客户的主观能动性，进一步加强协同，将各方小力量凝聚成大力量，进一步提高物流企业恢复运作的效率并减少损失。

四　运作与安全保障善后评价阶段

（一）建立案例评估机制

建立案例评估机制是物流企业运作与安全保障善后评价阶段的重要内容，也是通过案例来评价物流企业运作与安全保障机制运行效果的重要手段，其将理论和社会实践结合起来。根据突发公共卫生事件的不同类别以及物流企业受阻的严重程度进行分类，按照 Robert Heath 提出的危机处理的 4R 模型采取恰当的安全保障措施，并对采取安全保障措施之后企业的运营成本、人工成本、租金成本、营销成本、隐性成本等各种成本以及费用和利润进行统计分析。

（二）建立案例库

将不同类型物流企业受突发公共卫生事件影响的案例集中在一个资料库中，方便物流企业应急管理者在案例中寻找相似点和差异点，从其他物流企业的案例中获得启发，总结经验。当新的突发公共卫生事件影响物流企业运作时，企业在预防部署阶段可以通过查找善后评价阶段中的案例，吸取以往物流企业安全保障的经验。因此，在善后评价阶段收集案例并建立案例库对物流企业更好地应对突发公共卫生事件有着不可或缺的作用。

第十章 突发公共卫生事件下物流企业应急协同联动机制

第一节 物流企业应急协同联动机制相关
主体的地位及作用

在突发公共卫生事件下，物流企业在应急管理过程中，可以通过应急协同联动提高弹性，主要涉及政府、企业以及客户等相关主体。

一 政府的地位及作用

突发公共卫生事件下，物流企业与其供应链上企业间的应急协同联动是一个复杂的过程。在此过程中，物流企业供应链会受到不同因素或风险的干扰，且供应链上各节点企业都遵循自身利益最大化原则，因此协调起来比较困难。而政府是社会正常运行的引导者，通过出台各种政策、法律法规保障物流企业健康发展，进而促进国民经济稳步发展、社会公众生活质量稳步提高。政府具有比较强的组织协调能力，可以通过制定相关法律法规与政策引导物流供应链上各节点企业进行应急协同联动，促进其摆脱突发公共卫生事件的影响。

政府通过制定应对突发公共卫生事件的相关法律与发展规划等为物流企业应急协同联动提供法律与制度环境。如我国先后制定的《进出口商品检验法》（1989年）、《仓库防火安全管理规则》（1990年）、《计算机信息系统安全保护条例》（1994年）、《突发公共卫生事件应急条

例》（2003 年）、《突发公共卫生事件与传染病疫情监测信息报告管理办
法》（2003 年）、《国家突发公共卫生事件应急预案》（2006 年）、《突
发事件应对法》（2007 年）、《民法典》（2020 年）。这一系列法律法规
的出台为物流企业应急协同联动营造了良好的法律环境，促进了物流企
业与其供应链上节点企业间的合作，减少了合作的风险。突发公共卫生
事件具有突发性与不确定性，会对物流企业运营造成巨大冲击。突发公
共卫生事件下物流企业的运营离不开政府为其提供的保障环境。我国物
流企业中以中小物流企业占比最大，在疫情期间，由于疫情防控的需要，
物流企业不得不停工停产。因而，政府除了提供法律保护，还提供金融
保障、政策保障和制度保障。

二　供应商的地位及作用

供应商是整个物流企业应急协同联动中不可缺少的组成部分，它是物
流运输与资金流动的始发点，也是外界反馈信息流动的终点。

供应商在整个物流企业应急协同联动中起着重要作用，满足客户需
求是物流企业应急协同联动的初始目标，而供应商向制造商供应原材
料，原材料质量、数量以及供应及时与否都会影响制造商生产进度及其
成本，进而对多变的终端客户需求满足程度产生影响。桂华明和马士华
认为供应商在物流企业应急协同联动中起到了推动作用。[1] 杨瑾在分析
供应商特性对应急协同联动的影响时提出，关键供应商与制造商的产业
相关性、文化兼容性、风险分担和信任的程度对物流企业应急协同联动
会产生正向的影响。[2] 在突发公共卫生事件下，供应商是否可以根据需
求变动满足制造商的原材料需求，会对其供应链上的物流企业产生影
响，由此可以看出物流企业应急协同联动离不开供应商的合作。

---

[1] 桂华明、马士华：《基于供应驱动的供应链协同运作模式》，《湖北大学学报》（哲学
社会科学版）2012 年第 1 期。

[2] 杨瑾：《关键供应商特性对复杂产品供应链协同的影响》，《华东经济管理》2015 年第
5 期。

三　制造商的地位及作用

制造商是物流企业应急协同联动中不可缺少的主体，其利用供应商提供的原材料经过一系列重组加工得到新的产品，对其他成员有较强的影响力，对突发公共卫生事件下保障物流企业正常运营起推动作用。

制造商主要进行采购、接收和生产加工。一方面，制造商根据既定的生产计划提前向供应商采购对应的原材料，并将供应商提供的各种原材料按数接收；另一方面，利用从供应商处接收到的原材料进行重组或转化等生产活动，同时将生产过程中出现的问题与困难反馈给供应商，以便供应商有针对性地进行改进，更好地满足突发公共卫生事件下的客户需求。在此过程中，制造商通过与供应商、物流企业等供应链节点企业共享生产信息、采购需求信息等，解决在生产过程中出现的问题。制造商是最终产品的生产者，对后续产品的销售起着桥梁的作用，其决策与激励等行为对物流企业应急协同联动起重要作用。决策是指制造商对生产产品的类型、数量、个性化程度以及产品的生产具有决定权。产品能否满足突发公共卫生事件下的客户需求，取决于制造商是否看重市场需求，是否注重突发公共卫生事件下的应急响应。因此，制造商需要对突发公共卫生事件下的市场需求进行调研与预测，充分考虑自身是否具有应对突发公共卫生事件的响应能力。激励主要是指，制造商在突发公共卫生事件下通过与供应链上的各节点企业制定合理的利益分配方案，提高各企业的积极性。

四　客户的地位及作用

刘伟华等认为物流是以客户需求为导向，客户是物流实体流动的终端，也是反馈信息流动的起点。[①] 物流企业应急协同联动便是为了在突

---

① 刘伟华、王思宇、贺登才：《面向国际产能合作的智慧供应链绩效影响因素——基于多案例的比较》，《中国流通经济》2020 年第 9 期。

发公共卫生事件下提高其所在供应链的整体应急能力，满足多样化的客户需求，留住原有客户、开发潜在客户。在物流企业应急协同联动中，作为需求方的客户是落脚点。客户与物流企业合作，及时提供需求与反馈信息，帮助物流企业提升应对突发公共卫生事件的应急管理水平、完善服务体系并提高竞争力，对物流企业及其应急协同联动起积极作用。

第二节　物流企业应急协同联动存在的问题

针对新冠疫情对物流企业造成的影响，本书依据现有文献，遵循科学性与全面性等原则设计调查问卷。具体过程如下：首先，确立调查方向，即突发公共卫生事件对物流企业供应链的影响；其次，选择陕西省内 15 家具有代表性的物流企业进行问卷调查，采用选择性问题与开放性问题相结合的方式，更好地进行问题与原因的调查，通过"问卷星"发放 280 份问卷，剔除部分无效问卷，实际回收的有效问卷达到 216份；最后，根据回收的问卷进行统计与分析，由此得出突发公共卫生事件下物流企业存在以下三个方面的问题。

一　现金流短缺，竞争力下降

新冠疫情期间，物流企业在资金运营方面受到了很大影响。如图 10-1 所示，物流企业业务量降幅较大，65%的受访者表示所在物流企业出现业务量比上年同期减少的现象，且 53%的受访者表示所在物流企业处于不同程度的亏损状态。图 10-2 的调研数据显示，35%的物流企业现金余额只能维持 1 个月，30%的物流企业能够维持 2 个月，20%的物流企业能够维持 3 个月，这些调查数据反映了新冠疫情下我国物流企业面临资金短缺的困境。

在财政环境方面，20%的受访者表示所在物流企业享受或部分享受到财政方面贴息支持等，财政补贴政策覆盖范围较小。在金融环境方面，39%的受访者表示第一季度融资环境比上年同期趋紧。虽然政府出

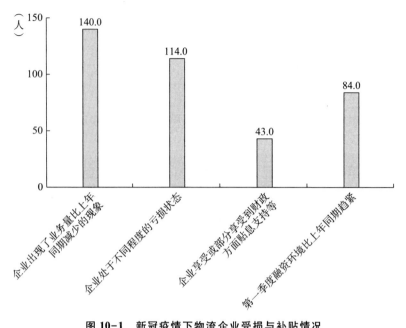

图 10-1　新冠疫情下物流企业受损与补贴情况

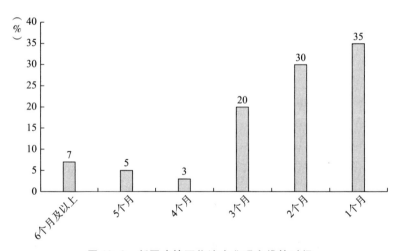

图 10-2　新冠疫情下物流企业现金维持时间

台相关政策加大了对中小物流企业的财政支持力度，但由于各地相关政策并未落实，且借贷款过程复杂，中小物流企业难以享受延期还本付息等优惠政策，对物流企业在疫情期间的运行与快速复工复产不利。

在政策方面，财政部、中国人民银行以及其他政府相关部门纷纷倡导金融机构增加对物流企业的资金支持。总的来说，国家政策为物流企业在新冠疫情下的复工复产创造了良好的环境，银行与金融机构为物流企业生产秩序的恢复提供了资金保障，物流企业在新冠疫情中能够发挥重要作用得到一致认同，我国物流行业整体发展态势得到改善。

然而，从物流企业来看，金融机构所给予的资金支持并不能覆盖所有的物流企业，大多数中小物流企业的生存与发展仍然不能得到保障。这些中小物流企业存在主体信用不佳与抵押物不足等问题，从银行获得融资的难度较大，其生存和发展情况不容乐观。在新冠疫情下，一方面物流企业的业务停滞，另一方面其又难以推动复工复产，物流企业在没有收入的情况下要承担运营成本压力，这导致物流企业的现金流严重不足。

二　风险防控体系不完善，响应能力不足

风险防控体系不完善与应对突发公共卫生事件的准备不充分是新冠疫情期间物流企业暴露出的最大问题。如图 10-3 所示，有 50% 的受访者表示所在物流企业在突发公共卫生事件来临时不知所措。究其原因是没有进行过危机或应急方面的培训，缺乏针对突发公共卫生事件的应急预案，也没有进行相关突发公共卫生事件的训练或演练，更没有建立专门的应急小组，缺乏一套相对完整的响应突发公共卫生事件的流程。

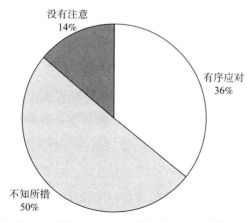

图 10-3　物流企业应对突发公共卫生事件的情况

三　供需对接不畅，协调能力差

调查显示，46%的受访者认为供需对接不畅的原因在于物流企业没有信息共享平台，32%的受访者认为供需对接不畅的原因在于缺乏信息共享标准，22%的受访者认为供需对接不畅的原因在于物流企业供应链协调能力差（见图10-4）。疫情下的物流企业因所处地区受损程度不同，复工复产进度不同。尤其是劳动密集型中小物流企业，由于疫情防控需要，外来人员隔离期较长，复工复产难度较大。物流企业复工复产进度不一，导致物流企业供应链的生产与供应对接不畅，出现"断档"与"冗余"两种截然不同的现象。而且，疫情期间供应链节点企业存货积压，为了清理存货，会减少或暂停向制造商订货，导致制造商对市场需求变化掌握不准确。这种现象出现的最大原因在于信息共享程度不高。

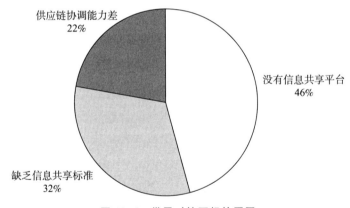

图10-4　供需对接不畅的原因

突发公共卫生事件下物流企业信息共享程度不高的原因主要有：一是信息共享平台建设方面存在不足，使得突发公共卫生事件下物流企业需要交流的信息无法通过有效的渠道进行全面、及时、准确的传递；二是缺乏信息共享标准，导致物流企业在信息共享的过程中无法采取有效的对策，无法对其他供应链节点企业反馈真实有效的信息，出现信息失真的问题，从而加大了物流企业供应链的协调难度。

四　应急指挥中心缺失，应急协同联动效率低下

突发公共卫生事件下，物流企业应急协同联动包含多个主体和不同环节。在多个主体中，需要有一个指挥中心来统筹协调各个应急主体和环节以实现最佳协同联动效果，提升应急协同联动效率。在新冠疫情发生初期，由于缺乏指挥中心，物流企业供应链的协同性非常低，这也是社会应急物流体系没有形成合力的重要原因。调查问卷的结果也证实了这一点，在回答疫情下应急物流管理存在的主要问题时，55%的受访者选择"应急协同联动效率低下"这一选项，如图10-5所示。

物流企业与供应链上各企业间缺乏协同的具体表现如下：一是从供方发货、沿途运输、仓库储存、末端配送再到需方接收环节，整个流程的物流效率低下，不能在最短时间完成；二是疫情防控下的交通控制与应急物流对交通运输的需求之间不协同，造成防疫物资运输受阻；三是缺乏应急指挥中心统筹指挥物流企业与供应链上各企业之间的协同合作，各企业由于缺乏统一领导，存在信息传递不及时、分工不明确、协同效率低下等问题。

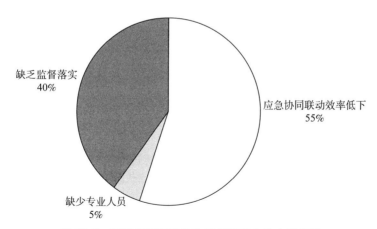

图 10-5　新冠疫情下应急物流管理存在的主要问题

第三节　物流企业应急协同联动机制的建立

本章在分析突发公共卫生事件下物流企业应急协同联动存在的问题的基础上，提出构建并完善突发公共卫生事件下物流企业应急协同联动机制，从而解决突发公共卫生事件下物流企业与其供应链企业间存在的应急协同问题。

突发公共卫生事件下物流企业应急协同联动机制以协同理论为指导，分析各主体协同联动的动因和协同运作的方式，加强各主体间的信息共享、沟通，实现各主体的合作、资源与优势互补，进而使突发公共卫生事件下物流企业的运行具有较强的稳定性与响应性。因此，突发公共卫生事件下物流企业应急协同联动的本质就是参与应急协同联动的物流企业与供应商、制造商、分销商、零售商、客户以及政府有机结合，在协同的各个环节中资源共享、风险共担。①

一　政府应急保障

突发公共卫生事件下政府应采取相关应急管理机制，帮助企业恢复正常运营，从而保证社会秩序的平稳运行。如建立信息公开制度，及时传递预警信息，采取财政金融保障措施，避免企业资金流断裂。企业通过政府应急保障政策，提高整体应急能力，提升市场竞争力。当突发公共卫生事件发生时，政府应急管理机构若能第一时间发出预警信息，企业就可以快速启动应急预案进行应急管理，减少突发公共卫生事件造成的损失。同时，政府应急管理机构通过及时进行舆情引导，避免社会恐慌，保障社会稳定，促进企业正常运营。

（一）监控预警

监控预警的作用在于预防突发公共卫生事件，传递预警信息，使社

---

① Cao M., Zhang Q., "Supply Chain Collaboration: Impact on Collaborative Advantage and Firm Performance," *Journal of Operations Management* 29 (3) (2011): 163.

会、企业、公众及时做好应急准备，应对突发公共卫生事件，减少突发公共卫生事件造成的损失。

首先，设立应急管理机构。在突发公共卫生事件发生前，应急管理机构负责汇总预警监测过程中获取的信息，主要依靠数字技术，对原始数据进行加工和处理，准确识别突发公共卫生事件，及时预警。突发公共卫生事件发生后，应急管理机构负责决策指挥、归纳信息、调度资源以及与其他应急机构对接，如联动各企业的应急管理机构，保障企业正常运行，实现信息和物资共享。

其次，各级政府应建立应急预案，按照"战略级—行动级—战术级—现场级"进行定位，当突发公共卫生事件发生时，明确各级工作人员的职责。同时保证该预案在制定时，符合相关法律，如《突发事件应对法》的规定，避免以案代法的现象出现。此外，要加强预警体系相关法律的建设，如对不同突发公共卫生事件的预警体系单独立法等。

再次，对突发公共卫生事件进行预警监测。突发公共卫生事件在潜伏期时，若能及时发现预兆，将能有效避免突发公共卫生事件的发生或将其影响降至最低。因此，政府应利用信息技术结合历史案例，对各类突发公共卫生事件进行预警监测。通过获取突发公共卫生事件监控预警体系的原始信息数据，对可能发生的各类突发公共卫生事件进行分级预警，一般按照危害性、紧迫性和发展趋势划分为一级（特别严重）、二级（严重）、三级（较重）和四级（一般），依次用红色、橙色、黄色和蓝色表示。

最后，建立预警信息平台，健全监测网络体系。政府应急管理机构应和政府各部门、其他地区应急管理机构实现有效衔接，打破信息孤岛，提高信息使用率。

在确认突发公共卫生事件发生后，应急管理机构应及时将预警信息传播出去。预警信息传播的方式包括广播、电视通知、互联网官方平台发布信息、基层单位逐户通知等，传播的内容包括突发公共卫生事件的类别、危害级别、性质和影响范围等。同时在预警信息传播过程中，要避免虚假传递，防止造成社会恐慌。可构建信息平台，利用数字技术，及时、准确发布信息，打通政府与各物流企业的信息壁垒，实现预警信息及时传递，保证信息的准确性。及时传播预警信息有利于政府、物流企业等各方及时采取应急方案，进行应急响应。

（二）舆情引导

随着移动技术的普及，人人都是信息发布源。在突发公共卫生事件发生时，由于缺乏准确的信息，各种舆论都在网络上肆意蔓延，造成了极大的负面影响，给政府的管理与社会的稳定带来不利影响。因此，应急管理机构要及时引导舆论，减少舆论带来的消极影响，有效引导舆情，压缩谣言传播空间，提供积极的舆论环境。应急管理机构应及时公开突发公共卫生事件最新信息以及相关政策，确保公众的知情权，保证信息时效性；同时对信息进行筛选，确保不误导民众，保证信息的准确性，减少负面影响。除常规渠道外，应急管理机构还需重视新媒体的信息管理，在微博、抖音等渠道及时发布相关信息和相关政策，同时关注各平台的热门话题，有针对性地及时做出回应，关注群体动向，消除群众疑虑，普及相关事件的防范措施，引导民众规范有效地进行防范。

二　财政金融保障

在突发公共卫生事件下，中小物流企业可能面临资金链断裂的危机，因此需要政府通过财政金融保障手段，保障中小物流企业资金链畅通。

（一）财政应急保障

财政政策是国家干预经济的主要手段，当突发公共卫生事件发生时，需要政府为应急响应提供财政支持，发挥"兜底"作用。在突发公共卫生事件发生期间，政府实行扩张性财政政策，调整财政结构，及时统筹应急资金，全面做好保民生、保工资、保运转的"三保"工作，帮扶中小企业和新兴企业调整产业结构，对受到突发公共卫生事件严重影响的行业或企业进行政策倾斜，进行减税或免税；对其中经营困难的中小企业减免房屋场地租金和允许延期支付；对各类公益性基金给予税前扣除；对个人减免个人所得税，暂时减免"五险一金"的单位缴费，减少企业用工成本等。政府通过扩大财政支出，购买产品、推进基础设施和重大工程项目建设，扩大企业生产，促使物流企业平稳运行；同时补齐突发公共卫生事件下暴露的短板，发掘新的经济增长点，如加快5G、物联网等新基建建设，扩大供给，促进动能转换，释放经济发展潜力。

此外，要加强财政应急预防，如在突发公共卫生事件发生前，加大预警资金投入力度，做好事前准备，提高突发公共卫生事件应急管理能力。同时，完善应急预算，加强基础设施建设，为重建工作提供预算，合理调配财政资金。

（二）金融政策保障

政府通过金融政策促进实体经济发展，在突发公共卫生事件发生期间，政府宏观调控，加强对中小物流企业的金融支持，通过稳健的货币政策，恢复经济发展。突发公共卫生事件发生后，政府要对重点物流企业和中小物流企业进行支持，减少负面影响。要求金融机构保持业务正常运行，加强对社会公众的信贷支持，如职工住房公积金贷款不能在规定时间内偿还，不视为逾期；企业还款困难，给予临时性延期。同时，引导银行让利给物流企业，减少企业融资成本，如调整考核标准、容忍不良贷款、落实优惠政策，给中小物流企业更多可选择的金融产品，解决中小物流企业的资金需求。金融机构通过数字技术对金融产品进行创新，加速线上线下融合，增加金融项目，如通过区块链技术，对中小物流企业交易背景进行自动审核，快速匹配需求，减少人工干预，提高融资效率。

三　法律保障

完善的法律法规体系是不可或缺的，只有"立法先行"，实现有法可依，才可有序应对突发公共卫生事件。除国家层面的法律外，地方政府还要制定相应的地方性法规。法规制定时需注意符合地方实际情况，根据当地突发公共卫生事件发生的概率制定法规，兼顾普适性。制定的地方性法规在执行时，应注重合理性和合法性，且不得与国家法律相冲突。不同突发公共卫生事件的危害、来源与成因各不相同，因此，需要制定不同类型的法律法规予以保障，同时在突发公共卫生事件的不同阶段都需制定法律法规，发挥预警功能、应急管理功能等。

目前，不管是国家层面的法律还是地方层面的法规都较为笼统。法律法规制定时应对应急管理机构做出规定，主要包括地位、人员组成、权责分工、资金来源等方面，通过赋予应急管理部门权力以树立权威。当突发公共卫生事件发生时，应急管理部门发挥统筹作用，调度各方资源实现应急管理，对社会、行业、企业和公众起到保障作用。同时，在赋予应急管理部门指挥决策权时，也需要采取措施进行监督制约，避免权力滥用。

四 产能修复

产能修复应着眼于核心物流企业产能的恢复和市场需求，通过编制应急管理预案，在发生突发公共卫生事件时，及时查漏补缺、补齐供应链短板，保障物流企业稳定运行。另外，信息共享是实现产能修复的必要条件，企业应构建信息共享平台加强信息交流，保障信息传递通畅。

（一）动能生成

增强物流企业创新能力，鼓励物流企业发展新动能，为产能修复提供动力。在突发公共卫生事件下，物流企业要加强新型基础设施建设，对物流技术进行升级；培训现有人员，引进新型人才；营造创新氛围，激发创新潜能，给企业注入新动能。

（二）淘汰旧动能，生成新动能

企业要保持稳定运行，需及时转换新旧动能。随着消费者的生活习惯和市场需求发生变化，物流企业应及时淘汰旧动能，积极应对新市场、发掘新技术、构建新模式以培育发展新动能。在内部动力上，新旧动能转换是改变经济增长方式，传统的要素驱动、投资驱动等粗放型经济增长方式已难以为继，需要转换成创新驱动、技术驱动的集约型经济增长方式。在外在表现上，新旧动能转换会改变物流企业产业结构，传统的劳动密集型、资源密集型产业附加值低，环境污染严重，需要转型成知识密集型、技术密集型产业，提高附加值和环保能力。

淘汰旧动能时，要保留其原有优势。培育发展新动能时，要根据市场需求，结合历史经验，利用新技术进行创新，寻求新技术与旧产业的结合点。同时，物流企业要把握政策机遇，吸收政策红利，结合自身实际情况，转换新旧动能，保障应急协同联动机制平稳运行，促进产能修复。

（三）打造新型基础设施，升级企业技术

在新旧动能转换后，物流企业需要打造新型基础设施，利用数字技术进行转型升级。信息化与数字化已成为社会发展趋势，物流企业通过将数字技术与自身实际相结合，推进技术升级并进行数字化管理。物流企业利用数字信息系统等以数字技术为核心的基础设施，依靠物联网、大数据、人工智能等技术，打造智慧物流。

（四）培养数字型人才，营造创新氛围

物流企业形成新动能后，使用数字技术对产业进行转型升级。产业转型升级对人才需求增加，现有工作人员不符合企业生产要求。人工智能、区块链等技术，需要较高层面的知识积累，同时需要企业供应链主体的相互配合，且采购、生产、物流、仓储等不同环节需要不同的数字技术与之对应匹配。企业数字化转型后，现有工作人员对环境的短暂不适应将使其减少工作投入。因此，企业需要建立人才管理制度，在培训企业现有人员的基础上，引进具有专业技能的新型人才，同时加强校企合作。企业管理者应以身作则，结合企业文化，宣传转型的重要性，营造创新氛围，鼓励企业工作人员学习数字技术，提高创新能力。

五 信任约束

突发公共卫生事件发生时，可通过构建信任制度和约束制度，提高各物流企业间的合作能力，降低投机行为出现的概率，减少物流企业的损失。

（一）信任制度

信任是物流企业应急协同联动机制运行畅通的基础和前提，物流企业供应链主体间的良好合作与协同关系建立在信任的基础之上。在突发公共卫生事件下，物流企业会出现不确定性，需要通过构建信任制度，增强应急协同联动机制运行的稳定性。

物流企业供应链各主体间的信任具有不对称性，彼此信任程度各不相同。突发公共卫生事件下，若企业间出现信任危机，物流企业的竞争力也会随之下降。因此，物流企业在选择合作伙伴时，需要利用合适的评选方法，建立健全评价体系，考虑多方面的影响因素，如企业长期发展前景、业绩、规模、信息化水平等；物流企业应注重自我形象的提升，建立良好的企业文化，提高企业专业水平，提升核心企业的认同感、信任程度，力争长期合作。

构建物流企业信任制度，首先需要核心物流企业严格执行评选标准，对其他企业的各项指标进行审查，有效避免投机行为，增强彼此信任。其次，在信任基础上，合作双方签订合约，共担风险，实现利益共享。再次，合作双方加强沟通交流，消除彼此间的猜疑与隔阂，提高信任水平。最后，物流企业应提高信任变化的敏捷性，重视其他企业的信任度变化情况，当信任危机发生时，特别是突发公共卫生事件下，需要快速修复信任关系或引进新的合作伙伴。

（二）约束制度

为了有效避免投机行为，物流企业在构建信任制度后，还需构建约束制度。通过约束制度，解决企业员工消极怠工问题，实现有效监督，充分运用法律、道德、制度等手段抑制企业过分顾及自身利益的情况。

首先，构建法律体系约束。物流企业应急协同联动机制的建设周期长、难度大，为保障物流企业的长期运行，国家制定了相关法律，在法律层面上保障了物流企业的稳定性。法律约束具有强制性，在突发公共卫生事件下，物流企业进行应急管理时，应遵守法律规定，避免出现背弃行为，否则将受到法律严惩。其次，构建合同约束。合同是供应链上各企业主体经过长期协商后，为保证各方的权利、义务所签订的法律约束性文件。最后，对物流企业应急协同过程进行监督约束。在突发公共卫生事件下物流企业应急协同管理中，如果不对各方运作过程实施监督，容易导致机会主义行为的出现，不能及时发现问题和解决问题，从而导致物流企业应急协同联动机制不能有效运转，影响核心产能恢复。因此，要加强物流企业应急协同过程监督约束，借助信用评级实现刚性监督。

六　信息共享平台

突发公共卫生事件发生后，企业恢复生产能力需要信息支持，应提高对信息共享的重视度。随着外部环境的改变与市场运行机制的失灵，企业间的供需信息不能正常传递，出现严重缺货或货物积压现象，导致效率低下，造成成本浪费。因此，需要企业间进行有效的信息沟通，解决信息沟通不畅等问题；同时充分利用信息技术，如5G、区块链、大数据等，构建信息平台，实现信息的有效收集、分析、对接。

（一）沟通有效信息

在突发公共卫生事件发生后，要素价格信息的重要性不言而喻。要素价格信息是指在特殊时期，根据市场供求关系及各种影响因素的变化，及时调整相关生产要素的价格信息。这些要素包括但不限于劳动力、原材料、设备、土地等。收集和分析这些要素价格信息，有助于政府和企业做出更明智的决策，从而降低公共卫生事件对我国经济和社会的影响。如当突发公共卫生事件发生时，可能会导致部分企业停工、停产，使劳动力市场供需关系发生变化。此时，要素价格信息就可以反映这种变化。政府可以根据要素价格信息，采取相应的政策措施。同时，企业也可以根据要素价格信息，调整自身的生产计划和经营策略，以降低损失。此外，要素价格信息还可以帮助政府评估突发公共卫生事件对经济的影响程度，为制定后续的经济政策提供数据支持。总的来说，要素价格信息在应对突发公共卫生事件中的作用至关重要，有助于政府和企业快速应对，减轻事件带来的负面影响。

物流企业要实现高质量信息沟通，需要采取激励措施，通过有效激励、均衡分配利益，增加企业收益，加强沟通交流、实现核心信息的高效共享。物流企业的激励分为企业内部激励和企业间激励。企业内部采取激励措施，调动员工的积极性，促使其自愿共享信息，增加企业信息库存量。企业间激励，首先，核心企业分享信息，保证信息的真实性，使供应链上各企业主体获得收益。其次，鼓励企业间进行信息共享，增加整体收益。可通过激励措施，加快物流企业信息库建设，进而促进合作以实现信息共享。除采取激励措施外，还应采取惩罚措施。由于物流企业的有限理性，为谋求自身利益最大化，某些物流企业会出现投机行为，在获取其他企业有效信息后，分享无效甚至错误信息，破坏企业间的合作与信任，抑制其他企业沟通交流的积极性。因此，可通过惩罚措施，对破坏信息共享的企业进行罚款或将其加入黑名单，保障物流企业应急协同联动机制的信息共享顺利实现。

（二）构建信息平台

通过构建信息平台，实现企业间的有效信息共享。信息平台构建需要信息技术的支撑，然而，各企业间的信息技术水平参差不齐，大多数企业信息技术不仅应用场景少，而且应用层次低，主要体现在尚不能使用信息技术处理应急管理过程中的全部信息。同时，由于各企业的信息系统兼容性差、信息技术标准不一等，企业之间的信息不能有效传递，影响时效性与准确性。

因此，构建信息平台需要规范信息技术、实现信息标准化。首先，各企业主体需要加强信息基础设施建设，在应急协同联动机制运行中具备自动处理信息的能力，扩大信息技术应用范围，提高信息技术应用层次。其次，保证信息技术软硬件设施统一，软件设施如信息系统、信息技术术语等，硬件设施如计算机设备等，减少信息沟通与技术改造的成本，提高应急协同联动机制信息共享效率。最后，各企业主体的信息系统保留数据接口，以及时传递信息，增强时效性。数字技术可以实时挖掘、采集、追踪数据，凭借区块链的分布式组网技术，通过互联网传输，同时由区块链网络层进行验证，对错误、冗余的信息进行排除，构建一条公共主链，将这些信息数据串联起来建设信息平台。

（三）加强信息安全保障

由于各物流企业具有交互性，企业进行信息共享时，会出现核心信息泄露等风险，导致企业利益受损，削弱企业的竞争力。因此，物流企业应加强信息安全保障，利用数字技术对信息平台设置权限，以保障各企业的网络信息安全，通过信任保障，签订诚信承诺书，保障信息安全，避免信息泄露。

七　数字驱动

随着数字技术的发展，大数据、5G、人工智能等技术广泛应用于人们的日常生活，通过数字驱动，可以提升突发公共卫生事件下物流企业应急协同联动水平，提升物流企业核心竞争力，提高经济效益等。随着数字技术的重要性逐渐凸显，通过数字赋能，可提升突发公共卫生事件下物流企业应急响应能力。

（一）结构赋能

在物流企业应急管理中，可通过数字赋能，重构企业组织结构，使企业内部组织与外部组织扁平化、网格化；同时促进多主体协同参与，企业与政府密切联系、协同响应。在突发公共卫生事件下，企业往往会优先考虑自身利益，容易产生数据分散、信息传递不及时、效率低下等问题。数字化转型可使企业内部运行向透明化、智能化方向发展。一方面，企业管理层能及时判断企业经营状态，进行应急管理，提高企业抗风险能力。另一方面，企业员工拥有更多权利，如员工通过应急管理系统，自主决定应急物资运输数量，无须再次进行审批；同时可以通过应急管理信息系统，及时发现应急管理过程中的相关问题。物流企业应通过建立应急管理机构，打破各企业间组织壁垒，重构企业间应急协同联动机制，优化应急协同联动机制运作流程。如依托数字技术构建信息平台，整合供应链上各节点企业运营数据，提升信息流通效率，实现应急管理系统化、综合化。同时，物流企业应急管理机构与政府应急管理机构利用数字技术协同合作，统筹协调相关物资，实现资源优化整合，保障突发公共卫生事件下物流企业应急管理协同机制的稳定运行。

（二）资源赋能

资源赋能强调资源整合能力，即物流企业通过整合数字产品、数字平台以及数字基础设施响应突发公共卫生事件的能力。数字产品是虚拟的，通过终端给用户提供服务或具体产品，包含云计算、大数据等信息技术。如在突发公共卫生事件发生后，在物流企业恢复过程中，实现远程办公；将智能机器人投入运营，提高运营效率。政府和物流企业通过数字平台，打通数据壁垒、整合信息，处理突发公共卫生事件。如通过信息服务平台对物资运输、仓储各环节进行及时审核、调配，达到减少人力并提高效率的目的。在突发公共卫生事件下，事前准备、事中响应以及事后重构都离不开数字基础设施。物流企业利用大数据及时获取供需信息，使用区块链对产品进行全流程溯源。此外，基于数字基础设施，物流企业运营方式发生变革，将云计算、人工智能用于仓储、运输、配送等环节，推动相关环节向数字化转型。

（三）心理赋能

相对于结构赋能与资源赋能，心理赋能更侧重于物流企业员工内心状态，即当突发公共卫生事件发生时，通过数字技术进行心理赋能，使员工增强自我效能感，缓解员工负面情绪。在突发公共卫生事件发生初期，企业员工由于缺乏有效的途径获取相关信息，会产生恐慌心理并逃离工作岗位，导致物流企业配送效率下降、运输中断。可通过数字技术及时传递相关信息，提高员工对事件的认知水平，增强员工自我效能感，即提高员工对自身及企业能够平稳应对此次突发公共卫生事件的自信程度。

（四）数字金融保障

在缓解突发公共卫生事件给物流企业带来的资金压力方面，数字金融比传统金融更具有优势。金融机构通过创新数字金融产品，扩大数字金融服务范围，从而进一步提高物流企业应对突发公共卫生事件的能力。

突发公共卫生事件发生时，中小物流企业的资金链更容易面临断裂的风险，且难以获得金融机构的资金扶持。由于中小物流企业缺乏完善的财务信息，金融机构与中小物流企业间存在信息壁垒。银行贷款给物流企业时，一般会选择通过人工方式收集相关企业信息，进行实地考察，不仅浪费人力、物力、财力和时间，信息的真实性也得不到保证。因此，银行在最大限度地降低对中小物流企业的信贷风险时，往往会提高中小物流企业信贷门槛。此时，借助数字技术，可提升银行识别中小物流企业信用风险的能力。首先，构建数字金融平台。通过区块链技术将物流企业与银行连接到数字金融平台上，借助区块链的分布式存储，将金融服务的各环节都视为一个节点并进行加密，银行以及相关物流企业都可随时查看业务流程，降低了中小物流企业的信贷风险。同时可使用信用平台代替人工核查，提高融资效率，降低融资成本。其次，中小物流企业可借助核心企业的高信用度，质押其应收账款，降低信贷风险，获得银行的融资，但只能质押单个企业的应收账款，不能多个覆盖。此时，借助区块链技术的信任与安全机制，可实现核心企业的信用覆盖多个中小企业，增加中小物流企业的融资途径。通过数字技术，可实现从申请阶段的申请人识别、单据识别、信用风险识别到授信阶段的个性化决策，再到贷后的风险预警和控制等诸多环节的信息处理。

八 数字转型

（一）运营模式转型

通过数字技术实现物流企业的数字化运营，从仓储、运输到配送等环节全方位进行数字化转型。通过数字技术打通企业间数据壁垒，实现全流程的信息共享、数据协同，整合各企业的资源，提高其应急能力。

（二）运输模式转型

物流企业在应对突发公共卫生事件时，常采用的运输方式是单一的公路、铁路运输，极少运用水路运输。但是，在某些情况下，由于突发公共卫生事件的突发性和范围的广泛性，某些交通道路会堵塞，交通网络会瘫痪，此时采用传统的运输模式已不能满足物资运输配送的要求，需要借助数字技术根据道路状况实时变更运输道路和方式，确保在第一时间将物资运输到事件发生地。

第四节 关于物流企业应急协同联动机制的对策建议

一 完善法律法规与资金保障

在法律法规方面，法律具有较强的约束性，突发公共卫生事件下完善的法律法规体系可以为物流企业应急协同联动提供安全、稳定的环境，推动各种应急保障工作顺利开展。因此，制定的法律法规应具有全面性、可操作性和普适性等，如制定并完善突发公共卫生事件下的"突发公共卫生事件应急管理条例"，保障物流企业在突发公共卫生事件下能够及时启动应急预案，强化与各企业主体间的合作，提高信息收集分析的能力并保证应急物资的供应。此外，应急物资运输、突发公共卫生事件紧急状态认定、物流末端配送方式等方面也应完善相关法律法规，确保物流企业的应急协同联动机制在突发公共卫生事件下能够有条不紊地运行。同时，政府应出台相关激励措施，促进政府引导、核心企业主导、其他主体参与的应急协同联动机制形成。

在金融方面，政府相关部门通过提供相应的资金支持，全面推广创新型金融服务产品，如推广"信易贷"、开设一站式金融服务平台，简化贷款审批流程，提高物流企业信用贷款的比例，实行并推广低利率贷款甚至无本贷款，对突发公共卫生事件下物流企业受损程度进行分类，并实施对应的金融保障政策。同时，通过低利息或无利息延期还贷等措施减轻物流企业的资金周转压力。

在财政方面，政府应适度减少或延期收取相关税费，如土地使用税、营业税等，同时合理扩大财政支出刺激消费需求，降低物流企业融资成本，补贴其复工复产、物资运输等投入性成本。通过金融政策与财政政策联动，形成政策合力，减轻突发公共卫生事件对物流企业的冲击，提升物流企业的应急管理能力。

二　提升响应能力

在突发公共卫生事件下，物流企业往往会因为没有做好应急响应的准备、缺少风险防控体系，对供应、需求响应不及时，造成整体效益下降。而响应能力的提升，可以在一定程度上克服这些问题，促进物流企业风险防控体系的完善，增强各物流企业风险意识，增强物流企业应对突发公共卫生事件的有序性和快速性，阻止无序缓慢应对造成的机会流失和灾害范围的扩大。突发公共卫生事件下，物流企业的响应能力主要包括事前预防与事中控制两个方面的内容。[1]

在事前预防阶段，为了减轻突发公共卫生事件给物流企业造成的危害，物流企业应提升其应急能力。首先，需做好事前预防，建立基于突发公共卫生事件的物流企业风险防控体系。政府层面通过其特有资源对突发公共卫生事件进行提前识别、预警，并利用各种渠道进行信息披

---

[1]　孙琦、季建华：《基于快速恢复的供应链突发事件演化过程分析》，《软科学》2012 年第 11 期。

露，为物流企业启动预案提供缓冲时间。物流企业层面注重培养具有风险意识的企业文化，定期进行应对突发公共卫生事件的训练及预演，使企业员工增强危机意识。供应链各主体企业层面共同成立应急指挥小组，密切关注突发公共卫生事件的相关信息，并根据获取的信息对突发公共卫生事件进行分类，对各种风险进行监控、识别，选取关键指标分析并设立警报值。应急指挥小组根据不同等级的突发公共卫生事件为物流企业制定科学的应急预案，为其响应突发公共卫生事件做好引导工作。应急预案包括物流企业预警机构的设置、突发公共卫生事件发生时各组织机构权责的划分，以及突发公共卫生事件下企业资源的调度。同时，物流企业应做好应急资金预留、应急库存储备等准备工作。

在事中控制阶段，首先，物流企业应做好公关工作，控制不实信息的传播，使物流企业员工及时准确了解供应链以及突发公共卫生事件的信息。各节点企业相互协调、相互监督，严格执行应急预案并及时进行反馈，供应商设置原材料安全库存，派专人跟进物料管理与控制，与制造商、客户等其他节点企业共享原材料种类、数量、质量等相关信息及库存状况。供应商积极与其他原材料供应商合作，形成集成优势，以保障对核心企业的原材料供应。同时，与多功能物流中心进行合作，利用其对多种业务的兼容，保障制造商原材料供应阶段运输的及时性与稳定性。制造商在考虑供需平衡的情况下确定原材料以及产成品的安全库存，以保障突发公共卫生事件来临时供应链产品输出的稳定，及时调整生产计划与采购计划，与原材料供应商共享采购计划与库存情况，增强部件和生产线的通用性，提高生产线操作的智能化水平。

三 优化信息共享系统

孙淑生和刘会颖指出建立信息共享平台可以提高信息共享程度。[①]黄晟辰等通过分析信息共享安全问题对物流企业应急协同联动机制运行

---

① 孙淑生、刘会颖：《供应链管理中有效实现信息共享的对策分析》，《商业经济研究》2016 年第 21 期。

的影响，提出建立信息共享安全保障体系的必要性。① 优化突发公共卫生事件下物流企业应急协同联动的信息共享系统主要从以下几个方面实现。

一是建立物流企业的大数据信息共享平台。由核心企业带头联合供应链各主体企业成立跨企业的信息数据管理小组，合理安排资金，引进专业的技术人员负责日常的平台管理，以保障信息共享系统的安全性和及时性。收集包括政府相关部门在内的外部组织对突发公共卫生事件的监控、预警、应急方面的信息与数据，及时公布与物流企业相关的信息。各主体企业通过身份认证在该平台查看系统公告、共享信息与数据。

二是明确信息共享的目的、主体、内容以及标准。明确建立物流企业大数据信息共享平台的目的，通过信息共享提高物流企业响应速度，促进物流企业供应链信息共享机制的形成，进而提升物流企业的协同运作能力。信息共享的主体包括政府、行业、企业以及社会公众。信息共享的内容包括需求信息、供应信息、库存信息、配送信息、运输信息、物资数量等，以及突发公共卫生事件对物流企业影响的预测信息和物流企业的内部资源信息。除此之外，更为重要的是突发公共卫生事件发生后的事件演化以及物资运输动态的监控信息。在一个平台内共享信息要建立统一的信息共享标准，同时每个物流企业对自己共享信息的完整性与准确性负责，争取做到大范围的信息共享。

三是加强信息共享的激励与约束保障。信息的高度共享存在一定的信息泄露风险，一旦物流企业的核心机密泄露，会对物流企业产生极大的影响。因此，除了政府出台相应保护信息的政策外，平台信息数据管理小组也要采用网络安全技术、登录机制对泄露信息的行为进行源头追溯，在信息共享的同时加大约束力度、完善奖惩制度，鼓励合作企业间互相监督，利用契约形式规定对违约成员的惩罚。与此同时，大力培养

① 黄晟辰、李勤、李剑锋等：《供应链信息安全体系框架研究》，《科技管理研究》2014年第5期。

或引进信息技术方面的高科技人才，对物流企业内部人员进行培训，使其熟练掌握平台操作规范，以保障物流企业大数据信息共享平台能够安全高效运营。

四 建立应急指挥中心

物流企业在应对突发公共卫生事件时不仅依靠自身的力量，还需要其供应链上下游企业的协同联动，最大限度地提升物流企业供应链应急指挥联动效率，需要明确供应链的应急指挥中心。在应急管理过程中，统一领导是不可动摇的原则，领导力决定着各主体在应急管理过程中作用的发挥。由于物流企业在应急组织架构、应急物资储备、应急系统信息化程度、应急人员操作规范等方面具有显著优势，要确定并保证物流企业作为应急协同联动机制的指挥中心，统一协调和指挥应急管理过程中的各个主体，促进各主体发挥各自优势，最大限度地发挥协同效应，进一步提高物流企业应急指挥联动效率。

应明确供应链各主体企业的职责，在突发公共卫生事件下，制造商负责物资的生产、供应商负责原材料的及时供应、分销商与零售商负责产品的销售、物流企业则承担物资的运输配送和分发。各主体在指挥中心的统一指挥下，各自承担各自的职责，并保持和上下游企业之间的良好沟通，确保突发公共卫生事件所需物资能够被保质保量地运输至事件发生地，最大限度地发挥企业供应链的作用。

附　录

附录1　突发公共卫生事件下物流企业
影响因素研究

调查问卷

尊敬的女士/先生：

　　您好！

　　我们是××从事物流与供应链管理研究的研究团队。目前，本研究团队正在开展一项有关"突发公共卫生事件下物流企业可持续发展的路径与机制研究"的学术研究，需要深入一些典型企业开展大规模的问卷调查工作。我们郑重地承诺："我们所收集到的数据仅供学术研究使用，不会泄露您所在公司的任何商业信息，更不会泄露您个人的隐私。"

　　我们的研究将收集大量的数据。在我们的研究过程中，我们并不会刻意去关注某个团队领导者或团队成员，只是从大规模的问卷数据中去分析背后的规律。因此，不会涉及各位问卷填答者的任何隐私以及公司信息。请您放心填答问卷。

　　感谢您的支持！祝您工作顺利，万事如意！

××课题组

一、基本资料（请在方框中打√或标红）

1. 您的性别：□男　□女

2. 您的年龄：_____岁

3. 您的学历：□初中及以下　□高中或中专　□大专　□本科
　　　　　　□研究生及以上

4. 您已经参加工作_____年，您在目前的企业工作了_____年。

5. 您目前所在部门：

□采购部门　　　　　□生产部门　　　　　□物流部门

□仓储部门　　　　　□财务部门　　　　　□信息部门

□其他

6. 本公司的职工总人数：

□0～50人　　　　　□50～100人　　　　　□100人以上

7. 本公司年均收入范围

□500万元及以下　　　　　□500万～1000万元

□1000万～2000万元　　　　　□2000万元以上

二、请您对您所在企业以下的影响因素指标内容进行评价，在最能代表您意见或感觉的数字上打"√"。从"1"到"5"，表示"越来越同意"。

题项	非常不同意	一般不同意	不确定	一般同意	非常同意
政府积极的货币、财政等政策有利于企业的融资、借贷	1	2	3	4	5
国家的经济环境与物流企业的效益基本呈线性正相关关系	1	2	3	4	5
市场上现有的最新技术能够帮助企业解决运营问题	1	2	3	4	5
自然灾害或偶发事件会使物流企业运营中断	1	2	3	4	5
资源紧缺或受到控制会使物流企业运营中断	1	2	3	4	5
市场的供求、价格和物流会影响企业的运营目标和成本	1	2	3	4	5

题项	非常 不同意	一般 不同意	不确定	一般 同意	非常 同意
技术直接影响企业的成本、效率以及物流服务的质量	1	2	3	4	5
企业的组织文化、氛围会影响企业员工的积极性和效率	1	2	3	4	5
专业技术人员能够满足物流企业的发展需要	1	2	3	4	5
企业的高层面对风险能快速进行决策和把控	1	2	3	4	5
合作企业之间有良好的协调沟通	1	2	3	4	5
合作企业的运营或发展能力较好	1	2	3	4	5
竞争对手比较多，竞争激烈	1	2	3	4	5

附录2 突发公共卫生事件下物流企业风险评估研究

调查问卷

尊敬的女士/先生：

您好！

我们是××从事物流与供应链管理研究的研究团队。目前，本研究团队正在开展一项有关"突发公共卫生事件下物流企业可持续发展的路径与机制研究"的学术研究，需要深入一些典型企业开展大规模的问卷调查工作。我们郑重地承诺："我们所收集到的数据仅供学术研究使用，不会泄露您所在公司的任何商业信息，更不会泄露您个人的隐私。"

我们的研究将收集大量的数据。在我们的研究过程中，我们并不会刻意去关注某个团队领导者或团队成员，只是从大规模的问卷数据中去分析背后的规律。因此，不会涉及各位问卷填答者的任何隐私以及公司信息。请您放心填答问卷。

感谢您的支持！祝您工作顺利，万事如意！

××课题组

一、基本资料（请在方框中打√或标红）

1. 您的性别：□男　□女

2. 您的年龄：_____岁

3. 您的学历：□初中及以下　□高中或中专　□大专　□本科
　　　　　　　□研究生及以上

4. 您已经参加工作_____年，您在目前的企业工作了_____年。

5. 您目前所在部门：

□采购部门　　　　□生产部门　　　　□物流部门

□仓储部门　　　　□财务部门　　　　□信息部门

□其他

6. 本公司的职工总人数：

□0~50 人　　　　　□50~100 人　　　　　□100 人以上

7. 本公司年均收入范围

□500 万元及以下　　　　　□500 万~1000 万元

□1000 万~ 2000 万元　　　　　□2000 万元以上

二、请您对您所在企业以下的风险指标内容进行评价，在最能代表您意见或感觉的数字上打"√"。从"1"到"5"，表示"越来越同意"。

题项	非常 不同意	一般 不同意	不确定	一般同意	非常同意
监管风险	1	2	3	4	5
提前偿付风险	1	2	3	4	5
运作流程风险	1	2	3	4	5
响应速度风险	1	2	3	4	5
不准确的市场需求预测	1	2	3	4	5
不稳定的关键客户合作	1	2	3	4	5
不准确的风险监控	1	2	3	4	5
交货时间风险	1	2	3	4	5
供应商诚信风险	1	2	3	4	5
信息安全隐患产生的风险	1	2	3	4	5
信息系统不稳定产生的风险	1	2	3	4	5
信息监督隐患产生的风险	1	2	3	4	5
发生自然灾害	1	2	3	4	5
政治形势干扰	1	2	3	4	5
融资不确定风险	1	2	3	4	5
资金周转不畅风险	1	2	3	4	5

附录3 突发公共卫生事件下物流企业应急管理能力评价研究

调查问卷

尊敬的女士/先生：

您好！

我们是××从事物流与供应链管理研究的研究团队。目前，本研究团队正在开展一项有关"突发公共卫生事件下物流企业可持续发展的路径与机制研究"的学术研究，需要深入一些典型企业开展大规模的问卷调查工作。我们郑重地承诺："我们所收集到的数据仅供学术研究使用，不会泄露您所在公司的任何商业信息，更不会泄露您个人的隐私。"

我们的研究将收集大量的数据。在我们的研究过程中，我们并不会刻意去关注某个团队领导者或团队成员，只是从大规模的问卷数据中去分析背后的规律。因此，不会涉及各位问卷填答者的任何隐私以及公司信息。请您放心填答问卷。

感谢您的支持！祝您工作顺利，万事如意！

××课题组

一、基本资料（请在方框中打√或标红）

1. 您的性别：□男　□女

2. 您的年龄：_____岁

3. 您的学历：□初中及以下　□高中或中专　□大专　□本科
　　　　　　□研究生及以上

4. 您已经参加工作_____年，您在目前的企业工作了_____年。

5. 您目前所在部门：

□采购部门　　　　　□生产部门　　　　　□物流部门

□仓储部门　　　　　□财务部门　　　　　　□信息部门

□其他

6. 本公司的职工总人数：

□0~50 人　　　　　□50~100 人　　　　　□100 人以上

7. 本公司年均收入范围

□500 万元及以下　　　　　□500 万~1000 万元

□1000 万~2000 万元　　　　　□2000 万元以上

二、请您对您所在企业以下的应急能力指标内容进行评价，在最能代表您意见或感觉的数字上打"√"。从"1"到"5"，表示"越来越同意"。

题项	非常 不同意	一般 不同意	不确定	一般同意	非常同意
监控预警能力	1	2	3	4	5
设立应急方案	1	2	3	4	5
应急资源（库存）准备	1	2	3	4	5
组织管理能力	1	2	3	4	5
员工应急培训	1	2	3	4	5
与供应商销售商合作的调查准备	1	2	3	4	5
固定的合作伙伴	1	2	3	4	5
采购质量调查准备	1	2	3	4	5
员工反应能力	1	2	3	4	5
风险识别能力	1	2	3	4	5
订单变化处理	1	2	3	4	5
信息及时共享能力	1	2	3	4	5
与供应链成员之间的协调能力	1	2	3	4	5
技术支持能力	1	2	3	4	5
后勤系统支持能力	1	2	3	4	5
管理指挥能力	1	2	3	4	5
物流企业重建能力	1	2	3	4	5
评估损失能力	1	2	3	4	5
修复损失能力	1	2	3	4	5

续表

题项	非常 不同意	一般 不同意	不确定	一般同意	非常同意
责任追究能力	1	2	3	4	5
总结分析能力	1	2	3	4	5
舆论引导能力	1	2	3	4	5
应急方案修正能力	1	2	3	4	5
善后协调能力	1	2	3	4	5
交通运输保障能力	1	2	3	4	5
设备物资保障能力	1	2	3	4	5
设施设备管理能力	1	2	3	4	5
技术保障能力	1	2	3	4	5
与供应链成员间的沟通协调能力	1	2	3	4	5
人员配备保障能力	1	2	3	4	5
信息沟通保障能力	1	2	3	4	5
应急资金保障能力	1	2	3	4	5

附录4 国务院办公厅关于印发"十四五"现代物流发展规划的通知

国办发〔2022〕17号

各省、自治区、直辖市人民政府，国务院各部委、各直属机构：

《"十四五"现代物流发展规划》已经国务院同意，现印发给你们，请认真贯彻执行。

国务院办公厅

2022年5月17日

（本文有删减）

"十四五"现代物流发展规划

现代物流一头连着生产，一头连着消费，高度集成并融合运输、仓储、分拨、配送、信息等服务功能，是延伸产业链、提升价值链、打造供应链的重要支撑，在构建现代流通体系、促进形成强大国内市场、推动高质量发展、建设现代化经济体系中发挥着先导性、基础性、战略性作用。"十三五"以来，我国现代物流发展取得积极成效，服务质量效益明显提升，政策环境持续改善，对国民经济发展的支撑保障作用显著增强。为贯彻落实党中央、国务院关于构建现代物流体系的决策部署，根据《中华人民共和国国民经济和社会发展第十四个五年规划和2035年远景目标纲要》，经国务院同意，制定本规划。

一、突出问题

物流降本增效仍需深化。全国统一大市场尚不健全，物流资源要素配置不合理、利用不充分。多式联运体系不完善，跨运输方式、跨作业环节衔接转换效率较低，载运单元标准化程度不高，全链条运行效率低、成本高。

结构性失衡问题亟待破局。存量物流基础设施网络"东强西弱"、"城强乡弱"、"内强外弱"，对新发展格局下产业布局、内需消费的支撑引领能力不够。物流服务供给对需求的适配性不强，低端服务供给过剩、中高端服务供给不足。货物运输结构还需优化，大宗货物公路中长距离运输比重仍然较高。

大而不强问题有待解决。物流产业规模大但规模经济效益释放不足，特别是公路货运市场同质化竞争、不正当竞争现象较为普遍，集约化程度有待提升。现代物流体系组织化、集约化、网络化、社会化程度不高，国家层面的骨干物流基础设施网络不健全，缺乏具有全球竞争力的现代物流企业，与世界物流强国相比仍存在差距。

部分领域短板较为突出。大宗商品储备设施以及农村物流、冷链物流、应急物流、航空物流等专业物流和民生保障领域物流存在短板。现代物流嵌入产业链深度广度不足，供应链服务保障能力不够，对畅通国民经济循环的支撑能力有待增强。行业协同治理水平仍需提升。

二、面临形势

统筹国内国际两个大局要求强化现代物流战略支撑引领能力。中华民族伟大复兴战略全局与世界百年未有之大变局历史性交汇，新冠肺炎疫情、俄乌冲突影响广泛深远，全球产业链供应链加速重构，要求现代物流对内主动适应社会主要矛盾变化，更好发挥连接生产消费、畅通国内大循环的支撑作用；对外妥善应对错综复杂国际环境带来的新挑战，为推动国际经贸合作、培育国际竞争新优势提供有力保障。

建设现代产业体系要求提高现代物流价值创造能力。发展壮大战略性新兴产业，促进服务业繁荣发展，要求现代物流适应现代产业体系对多元化专业化服务的需求，深度嵌入产业链供应链，促进实体经济降本增效，提升价值创造能力，推进产业基础高级化、产业链现代化。

实施扩大内需战略要求发挥现代物流畅通经济循环作用。坚持扩大内需战略基点，加快培育完整内需体系，要求加快构建适应城乡居民消费升级需要的现代物流体系，提升供给体系对内需的适配性，以高质量供给引领、创造和扩大新需求。

新一轮科技革命要求加快现代物流技术创新与业态升级。现代信息技术、新型智慧装备广泛应用，现代产业体系质量、效率、动力变革深入推进，既为物流创新发展注入新活力，也要求加快现代物流数字化、网络化、智慧化赋能，打造科技含量高、创新能力强的智慧物流新模式。

三、精准聚焦现代物流发展重点方向

（一）加快物流枢纽资源整合建设

深入推进国家物流枢纽建设，补齐内陆地区枢纽设施结构和功能短板，加强业务协同、政策协调、运行协作，加快推动枢纽互联成网。加强国家物流枢纽铁路专用线、联运转运设施建设，有效衔接多种运输方式，强化多式联运组织能力，实现枢纽间干线运输密切对接。依托国家物流枢纽整合区域物流设施资源，引导应急储备、分拨配送等功能设施集中集约布局，支持各类物流中心、配送设施、专业市场等与国家物流枢纽功能对接、联动发展，促进物流要素规模集聚和集成运作。

专栏1　国家物流枢纽建设工程

优化国家物流枢纽布局，实现东中西部物流枢纽基本均衡分布。发挥国家物流枢纽联盟组织协调作用，建立物流标准衔接、行业动态监测等机制，探索优势互补、资源共享、业务协同合作模式，形成稳定完善的国家物流枢纽合作机制。积极推进国家级示范物流园区数字化、智慧化、绿色化改造。

（二）构建国际国内物流大通道

依托国家综合立体交通网和主要城市群、沿海沿边口岸城市等，促进国家物流枢纽协同建设和高效联动，构建国内国际紧密衔接、物流要素高效集聚、运作服务规模化的"四横五纵、两沿十廊"物流大通道。"四横五纵"国内物流大通道建设，要畅通串接东中西部的沿黄、陆桥、

长江、广昆等物流通道和连接南北方的京沪、京哈—京港澳（台）、二连浩特至北部湾、西部陆海新通道、进出藏等物流通道，提升相关城市群、陆上口岸城市物流综合服务能力和规模化运行效率。加快"两沿十廊"国际物流大通道建设，对接区域全面经济伙伴关系协定（RCEP）等，强化服务共建"一带一路"的多元化国际物流通道辐射能力。

（三）完善现代物流服务体系

围绕做优服务链条、做强服务功能、做好供应链协同，完善集约高效的现代物流服务体系，支撑现代产业体系升级，推动产业迈向全球价值链中高端。加快运输、仓储、配送、流通加工、包装、装卸等领域数字化改造、智慧化升级和服务创新，补齐农村物流、冷链物流、应急物流、航空物流等专业物流短板，增强专业物流服务能力，推动现代物流向供应链上下游延伸。

（四）延伸物流服务价值链条

把握物流需求多元化趋势，加强现代物流科技赋能和创新驱动，推进现代物流服务领域拓展和业态模式创新。发挥现代物流串接生产消费作用，与先进制造、现代商贸、现代农业融合共创产业链增值新空间。提高物流网络对经济要素高效流动的支持能力，引导产业集群发展和经济合理布局，推动跨区域资源整合、产业链联动和价值协同创造，发展枢纽经济、通道经济新形态，培育区域经济新增长点。

（五）提升现代物流安全应急能力

统筹发展和安全，强化重大物流基础设施安全和信息安全保护，提升战略物资、应急物流、国际供应链等保障水平，增强经济社会发展韧性。健全大宗商品物流体系。加快构建全球供应链物流服务网络，保持产业链供应链稳定。充分发挥社会物流作用，推动建立以企业为主体的应急物流队伍。

四、加快培育现代物流转型升级新动能

（一）推动物流提质增效降本

促进全链条降成本。推动解决跨运输方式、跨作业环节瓶颈问题，打破物流"中梗阻"。依托国家物流枢纽、国家骨干冷链物流基地等重大物流基础设施，提高干线运输规模化水平和支线运输网络化覆盖面，完善末端配送网点布局，扩大低成本、高效率干支仓配一体化物流服务供给。鼓励物流资源共享，整合分散的运输、仓储、配送能力，发展共建船队车队、共享仓储、共同配送、统仓统配等组织模式，提高资源利用效率。推动干支仓配一体化深度融入生产和流通，带动生产布局和流通体系调整优化，减少迂回、空驶等低效无效运输，加快库存周转，减少社会物流保管和管理费用。

专栏 2　铁路物流升级改造工程

大力组织班列化货物列车开行，扩大铁路"点对点"直达货运服务规模，在运量较大的物流枢纽、口岸、港口间组织开行技术直达列车，形成"核心节点+通道+班列"的高效物流组织体系，增强铁路服务稳定性和时效性。有序推动城市中心城区既有铁路货场布局调整，或升级改造转型为物流配送中心。到2025年，沿海主要港口、大宗货物年运量150万吨以上的大型工矿企业、新建物流园区等的铁路专用线接入比例力争达到85%左右，长江干线主要港口全面实现铁路进港。

（二）促进物流业与制造业深度融合

促进企业协同发展。支持物流企业与制造企业创新供应链协同运营模式，将物流服务深度嵌入制造供应链体系，提供供应链一体化物流解决方案，增强制造企业柔性制造、敏捷制造能力。推动设施联动发展。加强工业园区、产业集群与国家物流枢纽、物流园区、物流中心等设施布局衔接、联动发展。支持生态融合发展。统筹推进工业互联网和智慧物流体系同步设计、一体建设、协同运作，加大智能技术装备在制造业物流领域应用，推进关键物流环节和流程智慧化升级。

专栏3　物流业制造业融合创新工程

在重点领域梳理一批物流业制造业深度融合创新发展典型案例，培育一批物流业制造业融合创新模式、代表性企业和知名品牌。鼓励供应链核心企业发起成立物流业制造业深度融合创新发展联盟，开展流程优化、信息共享、技术共创和业务协同等创新。研究制定物流业制造业融合发展行业标准，开展制造企业物流成本核算对标。

（三）强化物流数字化科技赋能

加快物流数字化转型。利用现代信息技术推动物流要素在线化数据化，开发多样化应用场景，实现物流资源线上线下联动。推进物流智慧化改造。深度应用第五代移动通信（5G）、北斗、移动互联网、大数据、人工智能等技术，分类推动物流基础设施改造升级，加快物联网相关设施建设，发展智慧物流枢纽、智慧物流园区、智慧仓储物流基地、智慧港口、数字仓库等新型物流基础设施。促进物流网络化升级。依托重大物流基础设施打造物流信息组织中枢，推动物流设施设备全面联网，实现作业流程透明化、智慧设备全连接，促进物流信息交互联通。

专栏4　数字物流创新提质工程

加强物流公共信息服务平台建设，在确保信息安全的前提下，推动交通运输、公安交管、市场监管等政府部门和铁路、港口、航空等企事业单位向社会开放与物流相关的公共数据，推进公共数据共享。利用现代信息技术搭建数字化、网络化、协同化物流第三方服务平台，推出一批便捷高效、成本经济的云服务平台和数字化解决方案，推广一批先进数字技术装备。推动物流企业"上云用数赋智"，树立一批数字化转型标杆企业。

（四）推动绿色物流发展

深入推进物流领域节能减排。加强货运车辆适用的充电桩、加氢站及内河船舶适用的岸电设施、液化天然气（LNG）加注站等配套布局建设，加快新能源、符合国六排放标准等货运车辆在现代物流特别是城市配送领域应用，促进新能源叉车在仓储领域应用。加快健全逆向物流服务体系。探索符合我国国情的逆向物流发展模式，鼓励相关装备设施建设和技术应用，推进标准制定、检测认证等基础工作，培育专业化逆向物流服务企业。

专栏 5　绿色低碳物流创新工程

依托行业协会等第三方机构，开展绿色物流企业对标贯标达标活动，推广一批节能低碳技术装备，创建一批绿色物流枢纽、绿色物流园区。在运输、仓储、配送等环节积极扩大电力、氢能、天然气、先进生物液体燃料等新能源、清洁能源应用。加快建立天然气、氢能等清洁能源供应和加注体系。

（五）做好供应链战略设计

提升现代供应链运行效率。推进重点产业供应链体系建设，发挥供应链核心企业组织协同管理优势，搭建供应链协同服务平台，提供集贸易、物流、信息等多样化服务于一体的供应链创新解决方案，打造上下游有效串接、分工协作的联动网络。强化现代供应链安全韧性。坚持自主可控、安全高效，加强供应链安全风险监测、预警、防控、应对等能力建设。

专栏 6　现代供应链体系建设工程

现代供应链创新发展工程。总结供应链创新与应用试点工作经验，开展全国供应链创新与应用示范创建，培育一批示范城市和示范企业，梳理一批供应链创新发展典型案例，推动供应链技术、标准和服务模式创新。

制造业供应链提升工程。健全制造业供应链服务体系，促进生产制造、原材料供应、物流等企业在供应链层面强化战略合作。建立制造业供应链评价体系、重要资源和产品全球供应链风险预警系统。

> 提升制造业供应链智慧化水平，建设以工业互联网为核心的数字化供应链服务体系，深化工业互联网标识解析体系应用。选择一批企业竞争力强、全球化程度高的行业，深入挖掘数字化应用场景，开展制造业供应链数字化创新应用示范工程。

（六）培育发展物流经济

壮大物流枢纽经济。发挥国家物流枢纽、国家骨干冷链物流基地辐射广、成本低、效率高等优势条件，推动现代物流和相关产业深度融合创新发展，促进区域产业空间布局优化，打造具有区域集聚辐射能力的产业集群，稳妥有序开展国家物流枢纽经济示范区建设。发展物流通道经济。围绕共建"一带一路"、长江经济带发展等重大战略实施和西部陆海新通道建设，提升"四横五纵、两沿十廊"物流大通道沿线物流基础设施支撑和服务能力，密切通道经济联系，优化通道沿线产业布局与分工合作体系，提高产业组织和要素配置能力。

五、深度挖掘现代物流重点领域潜力

（一）加快国际物流网络化发展

推进国际通道网络建设。强化国家物流枢纽等的国际物流服务设施建设，完善通关等功能，加强国际、国内物流通道衔接，推动国际物流基础设施互联互通。补齐国际航空物流短板。依托空港型国家物流枢纽，集聚整合国际航空物流货源，完善配套服务体系，打造一体化运作的航空物流服务平台，提供高品质"一站式"国际航空物流服务。培育国际航运竞争优势。加密国际海运航线，打造国际航运枢纽港，提升国际航运服务能力，强化国际中转功能，拓展国际金融、国际贸易等综合服务。提高国际物流综合服务能力。优化完善中欧班列开行方案统筹协调和动态调整机制，加快建设中欧班列集结中心，完善海外货物集散网络，推动中欧班列双向均衡运输，提高货源集结与班列运行效率。

专栏7 国际物流网络畅通工程

　　国际物流设施提升工程。 培育一批具备区域和国际中转能力的海港、陆港、空港。发挥国家物流枢纽资源整合优势，加快中欧班列集结中心建设，完善物流中转配套能力，加快形成"干支结合、枢纽集散"的高效集疏运体系；开展航空货运枢纽规划布局研究，提升综合性机场货运设施服务能力和服务质量，稳妥有序推进专业性航空货运枢纽机场建设。

　　西部陆海新通道增量提质工程。 发挥西部陆海新通道班列运输协调委员会作用，提升通道物流服务水平。加强通道物流组织模式创新，推动通道沿线物流枢纽与北部湾港口协同联动，促进海铁联运班列提质增效。推动通道海铁联运、国际铁路联运等运输组织方式与中欧班列高效衔接。

　　（二）补齐农村物流发展短板

　　完善农村物流节点网络。围绕巩固拓展脱贫攻坚成果与乡村振兴有效衔接，重点补齐中西部地区、经济欠发达地区和偏远山区等农村物流基础设施短板，切实改善农村流通基础条件。提升农村物流服务效能。围绕农村产业发展和居民消费升级，推进物流与农村一二三产业深度融合，深化电商、快递进村工作，发展共同配送，打造经营规范、集约高效的农村物流服务网络，加快工业品下乡、农产品出村双向物流服务通道升级扩容、提质增效。推动物流服务与规模化种养殖、商贸渠道拓展等互促提升，推动农产品品牌打造和标准化流通，创新物流支持农村特色产业品质化、品牌化发展模式，提升农业产业化水平。

　　（三）促进商贸物流提档升级

　　完善城乡商贸物流设施。优化以综合物流园区、专业配送中心、末端配送网点为支撑的商贸物流设施网络。提升商贸物流质量效率。鼓励物流企业与商贸企业深化合作，优化业务流程，发展共同配送、集中配送、分时配送、夜间配送等集约化配送模式，优化完善前置仓配送、即时配送、网订店取、自助提货等末端配送模式。

（四）提升冷链物流服务水平

完善冷链物流设施网络。发挥国家物流枢纽、国家骨干冷链物流基地的资源集聚优势，引导商贸流通、农产品加工等企业向枢纽、基地集聚或强化协同衔接。提高冷链物流质量效率。大力发展铁路冷链运输和集装箱公铁水联运，对接主要农产品产区和集散地，创新冷链物流干支衔接模式。发展"生鲜电商+产地直发"等冷链物流新业态新模式。

专栏8　冷链物流基础设施网络提升工程

国家骨干冷链物流基地建设工程。到2025年，面向农产品优势产区、重要集散地和主销区，依托存量冷链物流基础设施群布局建设100个左右国家骨干冷链物流基地，整合集聚冷链物流市场供需、存量设施以及农产品流通、生产加工等上下游产业资源，提高冷链物流规模化、集约化、组织化、网络化水平。探索建立以国家骨干冷链物流基地为核心的安全检测、全程冷链追溯系统。

产地保鲜设施建设工程。到2025年，在农产品主产区和特色农产品优势产区支持建设一批田头小型冷藏保鲜设施，推动建设一批产地冷链集配中心，培育形成一批一体化运作、品牌化经营、专业化服务的农产品仓储保鲜冷链物流运营主体，初步形成符合我国国情的农产品仓储保鲜冷链物流运行模式，构建稳定、高效、低成本运行的农产品出村进城冷链物流网络。

（五）推进铁路（高铁）快运稳步发展

完善铁路（高铁）快运网络。结合电商、邮政快递等货物的主要流向、流量，完善铁路（高铁）快运线路和网络。创新高铁快运服务。适应多样化物流需求，发展多种形式的高铁快运。在具备条件的高铁场站间发展"点对点"高铁快运班列服务。依托现有铁路物流平台，构建业务受理、跟踪查询、结算办理等"一站式"高铁快运服务平台，推动高铁快运与电商、快递物流企业信息对接。

（六）提高专业物流质量效率

完善大宗商品物流体系。优化粮食、能源、矿产等大宗商品物流服务，提升沿海、内河水运通道大宗商品物流能力，扩大铁路货运班列、"点对点"货运列车、大宗货物直达列车开行范围，发展铁路散粮运输、棉花集装箱运输、能源和矿产重载运输。安全有序发展特种物流。提升现代物流对大型装备制造、大型工程项目建设的配套服务能力，加强大件物流跨区域通道线路设计，推动形成多种运输方式协调发展的大件物流综合网络。

（七）提升应急物流发展水平

完善应急物流设施布局。整合优化存量应急物资储备、转运设施，推动既有物流设施嵌入应急功能，在重大物流基础设施规划布局、设计建造阶段充分考虑平急两用需要，完善应急物流设施网络。统筹加强抗震、森林草原防灭火、防汛抗旱救灾、医疗救治等各类应急物资储备设施和应急物流设施在布局、功能、运行等方面相互匹配、有机衔接，提高紧急调运能力。

提升应急物流组织水平。统筹应急物流力量建设与管理，建立专业化应急物流企业库和人员队伍，健全平急转换和经济补偿机制。充分利用市场资源，完善应急物流干线运输和区域配送体系，提升跨区域大规模物资调运组织水平，形成应对各类突发事件的应急物流保障能力。

健全物流保通保畅机制。充分发挥区域统筹协调机制作用，鼓励地方建立跨区域、跨部门的应对疫情物流保通保畅工作机制，完善决策报批流程和信息发布机制，不得擅自阻断或关闭高速公路、普通公路、航道船闸等通道，不得擅自关停高速公路服务区、港口码头、铁路车站和航空机场，严禁采取全城 24 小时禁止货车通行的限制措施，不得层层加码实施"一刀切"管控措施；加快完善物流通道和物流枢纽、冷链基地、物流园区、边境口岸等环节的检验检疫、疫情阻断管理机制和分类分级应对操作规范，在发生重大公共卫生事件时有效阻断疫情扩散、确保物流通道畅通，保障防疫物资、生活物资以及工业原材料、农业生产资料等供应，维护正常生产生活秩序和产业链供应链安全。

专栏 9　应急物流保障工程

　　研究完善应急物流转运等设施和服务标准，对具备条件的铁路场站、公路港、机场和港口进行改造提升，建设平急两用的应急物资运输中转站。完善应急物流信息联通标准，强化各部门、各地区、各层级间信息共享，提高应对突发事件物流保障、组织指挥、辅助决策和社会动员能力。

六、强化现代物流发展支撑体系

（一）培育充满活力的物流市场主体

　　提升物流企业市场竞争力。鼓励物流企业通过兼并重组、联盟合作等方式进行资源优化整合，培育一批具有国际竞争力的现代物流企业，提升一体化供应链综合服务能力。规范物流市场运行秩序。统筹推进物流领域市场监管、质量监管、安全监管和金融监管，实现事前事中事后全链条全领域监管，不断提高监管效能。

专栏 10　现代物流企业竞争力培育工程

　　支持具备条件的物流企业加强软硬件建设，壮大发展成为具有较强国际竞争力的现代物流领军企业，参与和主导全球物流体系建设和供应链布局。支持和鼓励中小微物流企业专业化、精益化、品质化发展，形成一批"专、精、特、新"现代物流企业。

（二）强化基础标准和制度支撑

　　健全物流统计监测体系。研究建立物流统计分类标准，加强社会物流统计和重点物流企业统计监测，开展企业物流成本统计调查试点。健全现代物流标准体系。强化物流领域国家标准和行业标准规范指导作用，鼓励高起点制定团体标准和企业标准，推动国际国内物流标准接轨，加大已发布物流标准宣传贯彻力度。加强现代物流信用体系建设。加强物流企业信用信息归集共享，通过"信用中国"网站和国家企业信用信息公示系统依法向社会公开。加强物流安全体系建设。完善物流安全管理制度，加强对物流企业的监督管理和日常安全抽查，推动企业严格落实安全生产主体责任。提高物流企业承运物品、客户身份等信息登记规范化水平，加强运输物品信息共享和安全查验部门联动，实现物流活动全程跟踪，确保货物来源可追溯、责任能倒查。

专栏 11　物流标准化推进工程

研究制定现代物流标准化发展规划，完善现代物流标准体系。加强多式联运、应急物流、逆向物流、绿色物流等短板领域标准研究与制订。制修订一批行业急需的物流信息资源分类与编码、物流单证、智慧物流标签标准，以及企业间物流信息采集、信息交互标准和物流公共信息服务平台应用开发、通用接口、数据传输等标准。完善包装、托盘、周转箱等标准，加强以标准托盘为基础的单元化物流系统系列标准制修订，加快运输工具、载运装备、设施体系等标准对接和系统运作，提高全社会物流运行效率。推动完善货物运输、物流园区与冷链、大件、药品和医疗器械、危化品等物流标准规范。推进危险货物在铁路、公路、水路等运输环节标准衔接。加快制定智慧物流、供应链服务、电商快递、即时配送、城乡物流配送等新兴领域标准。推进面向数字化与智慧化需求的物流装备设施标准制修订。积极参与国际物流标准制修订。

（三）打造创新实用的科技与人才体系

强化物流科技创新支撑。依托国家企业技术中心、高等院校、科研院所等开展物流重大基础研究和示范应用，推动设立一批物流技术创新平台。建设物流专业人才队伍。发挥物流企业用人主体作用，加强人才梯队建设，完善人才培养、使用、评价和激励机制。加强高等院校物流学科专业建设，提高专业设置的针对性，培育复合型高端物流人才。

附录5　国务院关于印发"十四五"国家应急体系规划的通知

国发〔2021〕36号

各省、自治区、直辖市人民政府，国务院各部委、各直属机构：

现将《"十四五"国家应急体系规划》印发给你们，请认真贯彻执行。

国务院

2021年12月30日

（本文有删减）

"十四五"国家应急体系规划

为全面贯彻落实习近平总书记关于应急管理工作的一系列重要指示和党中央、国务院决策部署，扎实做好安全生产、防灾减灾救灾等工作，积极推进应急管理体系和能力现代化，根据《中华人民共和国国民经济和社会发展第十四个五年规划和2035年远景目标纲要》，制定本规划。

一、面临的形势

"十四五"时期，我国发展仍然处于重要战略机遇期。以习近平同志为核心的党中央着眼党和国家事业发展全局，坚持以人民为中心的发展思想，统筹发展和安全两件大事，把安全摆到了前所未有的高度，对全面提高公共安全保障能力、提高安全生产水平、完善国家应急管理体系等作出全面部署，为解决长期以来应急管理工作存在的突出问题、推进应急管理体系和能力现代化提供了重大机遇。但同时也要看到，我国是世界上自然灾害最为严重的国家之一，灾害种类多、分布地域广、发生频率高、造成损失重，安全生产仍处于爬坡过坎期，各类安全风险隐患交织叠加，生产安全事故仍然易发多发。

风险隐患仍然突出。我国安全生产基础薄弱的现状短期内难以根本改变，危险化学品、矿山、交通运输、建筑施工等传统高危行业和消防领域安全风险隐患仍然突出，各种公共服务设施、超大规模城市综合体、人员密集场所、高层建筑、地下空间、地下管网等大量建设，导致城市内涝、火灾、燃气泄漏爆炸、拥挤踩踏等安全风险隐患日益凸显，重特大事故在地区和行业间呈现波动反弹态势。随着全球气候变暖，我国自然灾害风险进一步加剧，极端天气趋强趋重趋频，台风登陆更加频繁、强度更大，降水分布不均衡、气温异常变化等因素导致发生洪涝、干旱、高温热浪、低温雨雪冰冻、森林草原火灾的可能性增大，重特大地震灾害风险形势严峻复杂，灾害的突发性和异常性愈发明显。

防控难度不断加大。随着工业化、城镇化持续推进，我国中心城市、城市群迅猛发展，人口、生产要素更加集聚，产业链、供应链、价值链日趋复杂，生产生活空间高度关联，各类承灾体暴露度、集中度、脆弱性大幅增加。新能源、新工艺、新材料广泛应用，新产业、新业态、新模式大量涌现，引发新问题，形成新隐患，一些"想不到、管得少"的领域风险逐渐凸显。同时，灾害事故发生的隐蔽性、复杂性、耦合性进一步增加，重特大灾害事故往往引发一系列次生、衍生灾害事故和生态环境破坏，形成复杂多样的灾害链、事故链，进一步增加风险防控和应急处置的复杂性及难度。全球化、信息化、网络化的快速发展，也使灾害事故影响的广度和深度持续增加。

应急管理基础薄弱。应急管理体制改革还处于深化过程中，一些地方改革还处于磨合期，亟待构建优化协同高效的格局。防汛抗旱、抗震救灾、森林草原防灭火、综合减灾等工作机制还需进一步完善，安全生产综合监管和行业监管职责需要进一步理顺。应急救援力量不足特别是国家综合性消防救援队伍力量短缺问题突出，应急管理专业人才培养滞后，专业队伍、社会力量建设有待加强。科技信息化水平总体较低，风险隐患早期感知、早期识别、早期预警、早期发布能力欠缺，应急物资、应急通信、指挥平台、装备配备、紧急运输、远程投送等保障尚不完善。基层应急能力薄弱，公众风险防范意识、自救互救能力不足等问题比较突出，应急管理体系和能力与国家治理体系和治理能力现代化的要求存在很大差距。

二、主要目标

总体目标：到 2025 年，应急管理体系和能力现代化建设取得重大进展，形成统一指挥、专常兼备、反应灵敏、上下联动的中国特色应急管理体制，建成统一领导、权责一致、权威高效的国家应急能力体系，防范化解重大安全风险体制机制不断健全，应急救援力量建设全面加强，应急管理法治水平、科技信息化水平和综合保障能力大幅提升，安全生产、综合防灾减灾形势趋稳向好，自然灾害防御水平明显提升，全社会防范和应对处置灾害事故能力显著增强。到 2035 年，建立与基本实现现代化相适应的中国特色大国应急体系，全面实现依法应急、科学应急、智慧应急，形成共建共治共享的应急管理新格局。

专栏 "十四五" 时期主要指标			
序号	指标	预期值	属性
1	生产安全事故死亡人数	下降 15%	约束性
2	重特大生产安全事故起数	下降 20%	约束性
3	单位国内生产总值生产安全事故死亡率	下降 33%	约束性
4	工矿商贸就业人员十万人生产安全事故死亡率	下降 20%	约束性
5	年均每百万人口因自然灾害死亡率	<1	预期性
6	年均每十万人受灾人次	<15000	预期性
7	年均因自然灾害直接经济损失占国内生产总值比例	<1%	预期性

应急管理体制机制更加完善。领导体制、指挥体制、职能配置、机构设置、协同机制更趋合理，应急管理队伍建设、能力建设、作风建设取得重大进展，应急管理机构基础设施、装备条件大幅改善，工作效率、履职能力全面提升。县级以上应急管理部门行政执法装备配备达标率达到80%。

灾害事故风险防控更加高效。安全风险分级管控与隐患排查治理机制进一步完善，多灾种和灾害链综合监测、风险早期感知识别和预报预警能力显著增强，城乡基础设施防灾能力、重点行业领域安全生产水平大幅提升，危险化学品、矿山、交通运输、建筑施工、火灾等重特大安全事故得到有效遏制，严防生产安全事故应急处置引发次生环境事件。灾害事故信息上报及时准确，灾害预警信息发布公众覆盖率达到90%。

大灾巨灾应对准备更加充分。综合救援、专业救援、航空救援力量布局更加合理，应急救援效能显著提升，应急预案、应急通信、应急装备、应急物资、应急广播、紧急运输等保障能力全面加强。航空应急力量基本实现2小时内到达灾害事故易发多发地域，灾害事故发生后受灾人员基本生活得到有效救助时间缩短至10小时以内。

应急要素资源配置更加优化。科技资源、人才资源、信息资源、产业资源配置更趋合理高效，应急管理基础理论研究、关键技术研究、重大装备研发取得重大突破，规模合理、素质优良的创新型人才队伍初步形成，应急管理科技信息化水平明显提高，"一带一路"自然灾害防治和应急管理国际合作机制逐步完善。县级以上应急管理部门专业人才占比达到60%。

共建共治共享体系更加健全。全社会安全文明程度明显提升，社会公众应急意识和自救互救能力显著提高，社会治理的精准化水平持续提升，规范有序、充满活力的社会应急力量发展环境进一步优化，共建共治共享的应急管理格局基本形成。重点行业规模以上企业新增从业人员安全技能培训率达到100%。

三、深化体制机制改革，构建优化协同高效的治理模式

（一）健全领导指挥体制

按照常态应急与非常态应急相结合，建立国家应急指挥总部指挥机制，省、市、县建设本级应急指挥部，形成上下联动的应急指挥部体系。按照综合协调、分类管理、分级负责、属地为主的原则，健全中央与地方分级响应机制，明确各级各类灾害事故响应程序，进一步理顺防汛抗旱、抗震救灾、森林草原防灭火等指挥机制。将消防救援队伍和森林消防队伍整合为一支正规化、专业化、职业化的国家综合性消防救援队伍，实行严肃的纪律、严密的组织，按照准现役、准军事化标准建设管理，完善统一领导、分级指挥的领导体制，组建统一的领导指挥机关，建立中央地方分级指挥和队伍专业指挥相结合的指挥机制，加快建设现代化指挥体系，建立与经济社会发展相适应的队伍编制员额同步优化机制。完善应急管理部门管理体制，全面实行准军事化管理。

（二）完善监管监察体制

推进应急管理综合行政执法改革，整合监管执法职责，组建综合行政执法队伍，健全监管执法体系。推动执法力量向基层和一线倾斜，重点加强动态巡查、办案等一线执法工作力量。制定应急管理综合行政执法事项指导目录，建立完善消防执法跨部门协作机制，构建消防安全新型监管模式。制定实施安全生产监管监察能力建设规划，负有安全生产监管监察职责的部门要加强力量建设，确保切实有效履行职责。加强各级矿山安全监察机构力量建设，完善国家监察、地方监管、企业负责的矿山安全监管监察体制。推进地方矿山安全监管机构能力建设，通过政府购买服务方式为监管工作提供技术支撑。

（三）优化应急协同机制

强化部门协同。充分发挥相关议事协调机构的统筹作用，发挥好应急管理部门的综合优势和各相关部门的专业优势，明确各部门在事故预防、灾害防治、信息发布、抢险救援、环境监测、物资保障、恢复重建、维护稳定等方面的工作职责。健全重大安全风险防范化解协同机制

和灾害事故应对处置现场指挥协调机制。

强化区域协同。健全自然灾害高风险地区，以及京津冀、长三角、粤港澳大湾区、成渝城市群及长江、黄河流域等区域协调联动机制，统一应急管理工作流程和业务标准，加强重大风险联防联控，联合开展跨区域、跨流域风险隐患普查，编制联合应急预案，建立健全联合指挥、灾情通报、资源共享、跨域救援等机制。组织综合应急演练，强化互助调配衔接。

（四）压实应急管理责任

强化地方属地责任。建立党政同责、一岗双责、齐抓共管、失职追责的应急管理责任制。将应急管理体系和能力建设纳入地方各级党政领导干部综合考核评价内容。推动落实地方党政领导干部安全生产责任制，制定安全生产职责清单和年度工作清单，将安全生产纳入高质量发展评价体系。健全地方政府预防与应急准备、灾害事故风险隐患调查及监测预警、应急处置与救援救灾等工作责任制，推动地方应急体系和能力建设。

明确部门监管责任。严格落实管行业必须管安全、管业务必须管安全、管生产经营必须管安全要求，依法依规进一步夯实有关部门在危险化学品、新型燃料、人员密集场所等相关行业领域的安全监管职责，加强对机关、团体、企业、事业单位的安全管理，健全责任链条，加强工作衔接，形成监管合力，严格把关重大风险隐患，着力防范重点行业领域系统性安全风险，坚决遏制重特大事故。

落实生产经营单位主体责任。健全生产经营单位负责、职工参与、政府监管、行业自律、社会监督的安全生产治理机制。将生产经营单位的主要负责人列为本单位安全生产第一责任人。以完善现代企业法人治理体系为基础，建立企业全员安全生产责任制度。健全生产经营单位重大事故隐患排查治理情况向负有安全生产监督管理职责的部门和职工大会（职代会）"双报告"制度。推动重点行业领域规模以上企业组建安全生产管理和技术团队，提高企业履行主体责任的专业能力。实施工伤预防行动计划，按规定合理确定工伤保险基金中工伤预防费的比例。

严格责任追究。健全灾害事故直报制度，严厉追究瞒报、谎报、漏报、迟报责任。建立完善重大灾害调查评估和事故调查机制，坚持事故查处"四不放过"原则，推动事故调查重点延伸到政策制定、法规修订、制度管理、标准技术等方面。加强对未遂事故和人员受伤事故的调查分析，严防小隐患酿成大事故。完善应急管理责任考评指标体系和奖惩机制，定期开展重特大事故调查处理情况"回头看"。综合运用巡查、督查等手段，强化对安全生产责任落实情况的监督考核。

四、夯实应急法治基础，培育良法善治的全新生态

（一）推进完善法律法规架构

加快完善安全生产法配套法规规章，推进制修订应急管理、自然灾害防治、应急救援组织、国家消防救援人员、矿山安全、危险化学品安全等方面法律法规，推动构建具有中国特色的应急管理法律法规体系。支持各地因地制宜开展应急管理地方性法规规章制修订工作。持续推进精细化立法，健全应急管理立法立项、起草、论证、协调、审议机制和立法后实施情况评估机制。完善应急管理规章、规范性文件制定制度和监督管理制度，定期开展规范性文件集中清理和专项审查。完善公众参与政府立法机制，畅通公众参与渠道。开展丰富多样的普法活动，加大典型案例普法宣传。

（二）严格安全生产执法

加大危险化学品、矿山、工贸、交通运输、建筑施工等重点行业领域安全生产执法力度，持续推进"互联网+执法"。综合运用"四不两直"、异地交叉执法、"双随机、一公开"等方式，加大重点抽查、突击检查力度，建立健全安全生产典型执法案例报告制度，严厉打击非法生产经营行为。全面推行行政执法公示、执法全过程记录、重大执法决定法制审核三项制度，以及公众聚集场所投入使用、营业前消防安全检查告知承诺制。健全安全生产行政处罚自由裁量标准，细化行政处罚等级。严格事故前严重违法行为责任追究，严格执行移送标准和程序，规

范实施行政执法与刑事司法衔接机制。加强执法监督，完善内外部监督机制。

（三）推动依法行政决策

将应急管理行政决策全过程纳入法治化轨道，对一般和重大行政决策实行分类管理。完善公众参与、专家论证、风险评估、合法性审查、集体讨论决定等法定程序和配套制度，健全并实施应急管理重大行政决策责任倒查和追究机制。定期制定和更新决策事项目录和标准，依法向社会公布。建立依法应急决策制度，规范启动条件、实施方式、尽职免予问责等内容。深化应急管理"放管服"改革，加强事前事中事后监管和地方承接能力建设，积极营造公平有序竞争的市场环境。

（四）推进应急标准建设

实施应急管理标准提升行动计划，建立结构完整、层次清晰、分类科学的应急管理标准体系。构建完善应急管理、矿山安全等相关专业标准化技术组织。针对灾害事故暴露出的标准短板，加快制修订一批支撑法律有效实施的国家标准和行业标准，研究制定应急管理领域大数据、物联网、人工智能等新技术应用标准，鼓励社会团体制定应急产品及服务类团体标准。加快安全生产、消防救援领域强制性标准制修订，尽快制定港区消防能力建设标准，开展应急管理相关国家标准实施效果评估。推动企业标准化与企业安全生产治理体系深度融合，开展国家级应急管理标准试点示范。鼓励先进企业创建应急管理相关国际标准，推动标准和规则互认。加大应急管理标准外文版供给。

五、防范化解重大风险，织密灾害事故的防控网络

（一）注重风险源头防范管控

加强风险评估。以第一次全国自然灾害综合风险普查为基准，编制自然灾害风险和防治区划图。加强地震构造环境精细探测和重点地区与城市活动断层探察。推进城镇周边火灾风险调查。健全安全风险评估管理制度，推动重点行业领域企业建立安全风险管理体系，全面开展城市安全风险评估，定期开展重点区域、重大工程和大型油气储存设施等安全风险评估，制定落实风险管控措施。开展全国工业园区应急资源和能力全面调查，指导推动各地建设工业园区应急资源数据库。

科学规划布局。探索建立自然灾害红线约束机制。强化自然灾害风险区划与各级各类规划融合，完善规划安全风险评估会商机制。加强超大特大城市治理中的风险防控，统筹县域城镇和村庄规划建设，严格控制区域风险等级及风险容量，推进实施地质灾害避险搬迁工程，加快形成有效防控重大安全风险的空间格局和生产生活方式布局。将城市防灾减灾救灾基础设施用地需求纳入当地土地利用年度计划并予以优先保障。完善应急避难场所规划布局，健全避难场所建设标准和后评价机制，严禁随意变更应急避难场所和应急基础设施的使用性质。

（二）强化风险监测预警预报

充分利用物联网、工业互联网、遥感、视频识别、第五代移动通信（5G）等技术提高灾害事故监测感知能力，优化自然灾害监测站网布局，完善应急卫星观测星座，构建空、天、地、海一体化全域覆盖的灾害事故监测预警网络。广泛部署智能化、网络化、集成化、微型化感知终端，高危行业安全监测监控实行全国联网或省（自治区、直辖市）范围内区域联网。完善综合风险预警制度，增强风险早期识别能力，发展精细化气象灾害预警预报体系，优化地震长中短临和震后趋势预测业务，提高安全风险预警公共服务水平。建立突发事件预警信息发布标准体系，优化发布方式，拓展发布渠道和发布语种，提升发布覆盖率、精准度和时效性，强化针对特定区域、特定人群、特定时间的精准发布能力。建立重大活动风险提示告知制度和重大灾害性天气停工停课停业制度，明确风险等级和安全措施要求。推进跨部门、跨地域的灾害事故预警信息共享。

（三）深化安全生产治本攻坚

严格安全准入。加强工业园区等重点区域安全管理，制定危险化学品、烟花爆竹、矿山、工贸等"禁限控"目录，完善危险化学品登记管理数据库和动态统计分析功能，推动建立高危行业领域建设项目安全联合审批制度，强化特别管控危险化学品全生命周期管理。建立更加严格规范的安全准入体系，加强矿用、消防等设备材料安全管理，优化交通运输和渔业船舶等安全技术和安全配置。严格建设项目安全设施同时设计、同时施工、同时投入生产和使用制度，健全重大项目决策安全风险评估与论证机制。推动实施全球化学品统一分类和标签制度。

加强隐患治理。完善安全生产隐患分级分类排查治理标准，制定隐患排查治理清单，实现隐患自查自改自报闭环管理。建立危险化学品废弃报告制度。实行重大事故隐患治理逐级挂牌督办、及时整改销号和整改效果评价。推动将企业安全生产信息纳入政府监管部门信息平台，构建政府与企业多级多方联动的风险隐患动态数据库，综合分析研判各类风险、跟踪隐患整改清零。研究将安全风险分级管控和隐患排查治理列入企业安全生产费用支出范围。

深化专项整治。深入推进危险化学品、矿山、消防、交通运输、建筑施工、民爆、特种设备、大型商业综合体等重点行业领域安全整治，解决影响制约安全生产的薄弱环节和突出问题，督促企业严格安全管理、加大安全投入、落实风险管控措施。结合深化供给侧结构性改革，推动安全基础薄弱、安全保障能力低下且整改后仍不达标的企业退出市场。统筹考虑危险化学品企业搬迁和项目建设审批，优先保障符合条件企业的搬迁用地。持续推进企业安全生产标准化建设，实现安全管理、操作行为、设施设备和作业环境规范化。推动淘汰落后技术、工艺、材料和设备，加大重点设施设备、仪器仪表检验检测力度。推动各类金融机构出台优惠贷款等金融类产品，大力推广新技术、新工艺、新材料和新装备，实施智能化矿山、智能化工厂、数字化车间改造，开展智能化作业和危险岗位机器人替代示范。强化危险废物全过程监管，动态修订《国家危险废物名录》，修订危险废物鉴别、贮存以及水泥窑协同处置污染控制等标准，制定完善危险废物重点监管单位清单。建立废弃危险化学品等危险废物监管协作和联合执法工作机制，加强危险废物监管能力与应急处置技术支持能力建设。

专栏 2 安全生产治本攻坚重点

1. 危险化学品。化工园区本质安全整治提升、企业分类治理整顿、非法违法"小化工"整治、重大危险源管控、硝酸铵等高危化学品和精细化工等高危工艺安全风险管控、自动化控制、特殊作业安全管理、城区内化学品输送管线、油气站等易燃易爆剧毒设施；化学品运输、使用和废弃处置等环节。

2. 烟花爆竹。生产、储存、运输等设施；生产、经营、进出口、运输、燃放、销毁、处置等环节。

3. 矿山。煤与瓦斯突出、冲击地压、水文地质类型复杂或极复杂等灾害严重煤矿，30万吨/年以下煤矿，开采深度超过1200米的大中型及以上煤矿；入井人数超过30人、井深超过800米的金属非金属地下矿山，边坡高度超过200米的金属非金属露天矿山，尾矿库"头顶库"、无生产经营主体尾矿库、长期停用尾矿库。

4. 工贸。冶金企业高温熔融金属、煤气工艺环节，涉粉作业人数30人以上的金属粉尘、木粉尘企业，铝加工（深井铸造）企业、农贸市场重大事故隐患整治。

5. 消防。超高层建筑、大型商业综合体、城市地下轨道交通、石油化工企业等高风险场所；人员密集场所、"三合一"场所、群租房、生产加工作坊等火灾易发场所；博物馆、文物古建筑、古城古村寨等文物、文化遗产保护场所和易地扶贫搬迁安置场所；电动汽车、电动自行车、电化学储能设施和冷链仓库、冰雪运动娱乐等新产业新业态；船舶、船闸、水上加油站等水上设施。

6. 道路运输。急弯陡坡、临水临崖、长下坡、危桥、危隧、穿村过镇路口、农村马路市场等路段及部位；非法违规营运客车、校车、"大吨小标"、超限超载、非法改装货车等运输车辆；变型拖拉机；常压液体危险货物罐车。

7. 其他交通运输（民航、铁路、邮政、水上和城市轨道交通）和渔业船舶。民航运输：可控飞行撞地、空中相撞、危险品运输，跑道安全、机场净空安全、鸟击、通用航空安全；铁路运输：沿线环境安全、危险货物运输、公铁水并行交汇地段、路外伤害安全；邮政快递：末端车辆安全、作业场所安全；水上运输：商渔船碰撞、内河船舶非法从事海上运输、港口客运和危险货物运输；城市轨道交通：

运营保护区巡查，违规施工作业、私搭乱建、堆放易燃易爆危险品等；渔业船舶：船舶脱检脱管、不适航、配员不足、脱编作业、超员超载、超风级超航区冒险航行作业，船员不适任、疏忽瞭望值守。

8. 城市建设。利用原有建筑物改建改用为酒店、饭店、学校、体育馆等人员聚集场所；高层建筑工程、地下工程、改造加固工程、拆除工程、桥梁隧道工程；违法违规转包分包；城镇燃气及燃气设施安全管理。

9. 工业园区等功能区。化工园区安全风险评估分级；仓储物流园区安全管理；港口码头等功能区安全管理。

10. 危险废物。危险废物贮存、利用、处置环节；违规堆存、随意倾倒、私自填埋危险废物。

（四）加强自然灾害综合治理

改善城乡防灾基础条件。开展城市重要建筑、基础设施系统及社区抗震韧性评价及加固改造，提升学校、医院等公共服务设施和居民住宅容灾备灾水平。加强城市防洪排涝与调蓄设施建设，优化和拓展城市调蓄空间。增强公共设施应对风暴和地质灾害的能力，完善公共设施和建筑应急避难功能。统筹规划建设公共消防设施，加密消防救援站点。实施农村危房改造和地震高烈度设防地区农房抗震改造，逐步建立农村低收入人口住房安全保障长效机制。完善农村道路安全设施。推进自然灾害高风险地区居民搬迁避让，有序引导灾害风险等级高、基础设施条件较差、防灾减灾能力较弱的乡村人口适度向灾害风险较低的地区迁移。

提高重大设施设防水平。提升地震灾害、地质灾害、气象灾害、水旱灾害、海洋灾害、森林和草原火灾等自然灾害防御工程标准和重点基础设施设防标准。加强城市内涝治理，实施管网和泵站建设与改造、排涝通道建设、雨水源头减排工程。科学布局防火应急道路和火灾阻隔网络。完善网络型基础设施空间布局，积极推进智能化防控技术应用，增强可替代性，提升极端条件下抗损毁和快速恢复能力。加快推进城市群、重要口岸、主要产业及能源基地、自然灾害多发地区的多通道、多方式、多路径交通建设，提升交通网络系统韧性。推进重大地质灾害隐患工程治理，开展已建治理工程维护加固。开展重点岸段风暴潮漫滩漫堤联合预警，推进沿海地区海堤达标和避风锚地建设，构建沿海防潮防台减灾体系。加强国家供水应急救援基地建设。防范海上溢油、危险化学品泄漏等重大环境风险，提升应对海洋自然灾害和突发环境事件能力。加快京津冀平原沉降综合防治和地质灾害安全管理。

主要参考文献

中文专著

曹杰、于小兵编著《突发事件应急管理研究与实践》，科学出版社，2021。

陈安、陈宁、倪慧荟等：《现代应急管理理论与方法》，科学出版社，2009。

程惠霞：《多维度透视公共危机管理》，清华大学出版社，2017。

丁文喜：《突发事件应对与公共危机管理》，光明日报出版社，2009。

韩秀景：《公共危机管理理论与实践》，南京师范大学出版社，2012。

计雷、池宏、陈安等：《突发事件应急管理》，高等教育出版社，2006。

李尧远主编《应急预案管理》，北京出版社，2013。

林毓铭：《社会保障与公共危机管理研究》，人民出版社，2016。

刘家国：《供应链弹性：跨越冲击 赢得竞争》，经济科学出版社，2014。

罗伯特·希斯：《危机管理》，王成、宋炳辉、金瑛译，中信出版社，2001。

迈克尔·K. 林德尔、卡拉·普拉特、罗纳德·W. 佩里：《公共危机与应急管理概论》，王宏伟译，中国人民大学出版社，2016。

米红、冯广刚主编《公共危机管理：理论、方法及案例分析》，北京大学出版社，2018。

赵林度编著《供应链风险管理——基于体制、机制和法制的视界》，中国物资出版社，2008。

周晓丽：《灾害性公共危机治理》，社会科学文献出版社，2008。

朱新球：《应对突发事件的弹性供应链研究》，社会科学文献出版社，2015。

中文期刊

宝晓峰、刘铁民、吴志强等：《新时代应急管理与中国制度优势》，《人民论坛》2020年第33期。

樊雪梅、卢梦媛：《新冠疫情下汽车企业供应链韧性影响因素及评价》，《工业技术经济》2020年第10期。

葛亮、张翠华：《供应链协同技术与方法的发展》，《科学学与科学技术管理》2005年第6期。

耿瑞利、徐建国、金燕等：《重大突发公共卫生事件下公众信息获取行为与错失焦虑研究——以新型冠状病毒肺炎疫情为例》，《图书情报工作》2020年第15期。

桂华明、马士华：《基于供应驱动的供应链协同运作模式》，《湖北大学学报》（哲学社会科学版）2012年第1期。

季学伟、翁文国、倪顺江等：《突发公共事件预警分级模型》，《清华大学学报》（自然科学版）2008年第8期。

李春华、谢泗薪：《新冠肺炎疫情大考下物流企业多式联运的效果评价与优化攻略》，《价格月刊》2020年第10期。

李旭东、王耀球、王芳：《突发公共卫生事件下基于区块链应用的应急物流完善研究》，《当代经济管理》2020年第4期。

梁锷：《突发公共卫生事件应急物流管理制度研究》，《中国应急管理科学》2020年第7期。

林跃勤、郑雪平、米军：《重大公共卫生突发事件对"一带一路"的影响与应对》，《南京社会科学》2020年第7期。

马卫峰、杨赛霓、潘耀忠等：《自然灾害下的应急物流协调研究》，《北京师范大学学报》（自然科学版）2011年第5期。

闪淳昌、周玲、秦绪坤等：《我国应急管理体系的现状、问题及解决路径》，《公共管理评论》2020 年第 2 期。

沈国兵、徐源晗：《疫情全球蔓延对我国进出口和全球产业链的冲击及应对举措》，《四川大学学报》（哲学社会科学版）2020 年第 4 期。

宋传平：《我国应急物流系统的构建和保障条件》，《中国流通经济》2011 年第 4 期。

王红伟：《我国突发公共卫生事件应急管理体系建设研究》，《卫生经济研究》2021 年第 9 期。

王丽杰：《供应链管理中的合作伙伴关系研究》，《经济纵横》2006 年第 3 期。

王利冬：《互联网企业财务风险防范机制探究》，《财会通讯》2016 年第 17 期。

王瑞彬：《亚太地区宏观政治经济环境新探》，《人民论坛》2020 年第 36 期。

王媛：《突发公共卫生事件应急管理的分析框架及能力现代化建设》，《湖北农业科学》2021 年第 5 期。

魏际刚、张瑗：《加快应急物流体系建设 增强应急物资保障能力》，《中国流通经济》2009 年第 5 期。

吴群、唐亚辉、李梦晓等：《物流技术创新对供应链柔性的影响：一个有调节的中介模型》，《管理评论》2020 年第 11 期。

杨子晖、陈雨恬、张平淼：《重大突发公共事件下的宏观经济冲击、金融风险传导与治理应对》，《管理世界》2020 年第 5 期。

欧忠文、王会云、姜大立等：《应急物流》，《重庆大学学报》（自然科学版）2004 年第 3 期。

外文文献

Adini B., Goldberg A., Laor D., et al., "Assessing Levels of Hospital Emergency Preparedness," *Prehospital and Disaster Medicine* 21 （6）

（2006）.

Alem D. , Clark A. , Moreno A. , "Stochastic Network Models for Logistics Planning in Disaster Relief," *European Journal of Operational Research* 255（1）（2016）.

Andersson M. , Berglund M. , Flodén J. , et al. , "A Method for Measuring and Valuing Transport Time Variability in Logistics and Cost Benefit Analysis," *Research in Transportation Economics* 66（2017）.

Azi N. , Gendreau M. , Potvin J. Y. , "An Exact Algorithm for a Single - Vehicle Routing Problem with Time Windows and Multiple Routes," *European Journal of Operational Research* 178（3）（2007）.

Benavides A. D. , Nukpezah J. , Keyes L. M. , et al. , "Adoption of Multilingual State Emergency Management Websites: Responsiveness to the Risk Communication Needs of a Multilingual Society," *International Journal of Public Administration* 44（5）（2021）.

Berger J. O. , *Statistical Decision Theory and Bayesian Analysis Second Edition* （Berlin: Springer, 1985）.

Berkoune D. , Renaud J. , Rekik M. , et al. , "Transportation in Disaster Response Operations," *Socio-Economic Planning Sciences* 46（1）（2012）.

Bijman J. , Hendrikse G. , "Co-Operatives in Chains: Institutional Restructuring in the Dutch Fruit and Vegetable Industry," *Journal on Chain and Network Science* 3（2）（2003）.

Bjerkholt O. , "On the Founding of the Econometric Society," *Journal of the History of Economic Thought* 39（2）（2017）.

Blome C. , Schoenherr T. , "Supply Chain Risk Management in Financial Crises—A Multiple Case-Study Approach," *International Journal of Production Economics* 134（1）（2011）.

Boin A. , "Meeting the Challenges of Transboundary Crises: Building Blocks for Institutional Design," *Journal of Contingencies and Crisis Manage-*

ment 17 （4） （2009）.

Bryson J. M. , Crosby B. C. , Stone M. M. , "The Design and Implementation of Cross-Sector Collaborations: Propositions from the Literature," *Public Administration Review* 66 （2010）.

Burkholder B. T. , Toole M. J. , "Evolution of Complex Disasters," *The Lancet* 346 （8981） （1995）.

Cao M. , Zhang Q. , "Supply Chain Collaboration: Impact on Collaborative Advantage and Firm Performance," *Journal of Operations Management* 29 （3） （2011）.

Carr L. J. , "Disaster and the Sequence-Pattern Concept of Social Change," *American Journal of Sociology* 38 （2） （1932）.

Chakravarty D. , Hsieh Y. Y. , Schotter A. P. J. , et al. , "Multinational Enterprise Regional Management Centres: Characteristics and Performance," *Journal of World Business* 52 （2） （2017）.

Chen S. W. , Wang X. S. , Xiao S. P. , "Urban Damage Level Mapping Based on Co-Polarization Coherence Pattern Using Multitemporal Polarimetric SAR Data," *IEEE Journal of Selected Topics in Applied Earth Observations and Remote Sensing* 11 （8） （2018）.

Cigler B. A. , "Hurricane Katrina: Two Intergovernmental Challenges," *Public Manager* 35 （4） （2006）.

Clausen J. , Larsen J. , Larsen A. , et al. , "Disruption Management-Operations Research between Planning and Execution," *ORMS Today* 28 （5） （2001）.

Daskin M. S. , *Network and Discrete Location: Models, Algorithms, and Applications* （Seconded, New York: Wiley, 2013）.

Donaldson L. , "Coping with Crises: The Management of Disasters, Riots and Terrorism," *Australian Journal of Management* 16 （1） （1991）.

图书在版编目（CIP）数据

物流企业应急管理能力提升：基于突发公共卫生事
件应对视角 / 李健著 . -- 北京：社会科学文献出版社，
2025.1. --（陕西社科丛书）. -- ISBN 978-7-5228
-4732-0

Ⅰ. F253；R199.2

中国国家版本馆 CIP 数据核字第 2024LU4274 号

陕西社科丛书

物流企业应急管理能力提升：基于突发公共卫生事件应对视角

著　　者 / 李　健

出 版 人 / 冀祥德
组稿编辑 / 陈凤玲
责任编辑 / 田　康
文稿编辑 / 赵亚汝
责任印制 / 王京美

出　　版 / 社会科学文献出版社·经济与管理分社（010）59367226
　　　　　　地址：北京市北三环中路甲 29 号院华龙大厦　邮编：100029
　　　　　　网址：www.ssap.com.cn
发　　行 / 社会科学文献出版社（010）59367028
印　　装 / 三河市尚艺印装有限公司

规　　格 / 开　本：787mm×1092mm　1/16
　　　　　　印　张：21.75　字　数：310 千字
版　　次 / 2025 年 1 月第 1 版　2025 年 1 月第 1 次印刷
书　　号 / ISBN 978-7-5228-4732-0
定　　价 / 128.00 元

读者服务电话：4008918866